西晉聶道眞居士
譯經考

釋永東 著

蘭臺出版社

本書《西晉聶道真居士譯經考》收錄了近五年來，筆者在教學中對西晉本土在家居士聶道真，尚存漢譯佛經所做的種種研究。早期中國佛教不少參與漢譯佛經的本土居士，不但國學造詣深厚且精通梵文，譯經文辭典雅流暢，卻常被忽視而尟少有研究問世。筆者極力爬梳這些被隱沒的居士譯經，以重新探討及定位他們對中國佛教的貢獻，表彰他們不遜於外來僧師的譯經文本，能重現於世，澤被大眾。第一位即是跟隨西晉竺法護譯經筆錄的聶道真居士，是早期中國佛教少有既譯經又編經錄的在家居士。筆者考據其尚存的六部譯經與一部經錄，共發表了下列六篇論文─〈聶道真譯經研究〉、〈論《菩薩受齋經》之生命轉化教育〉、〈《三曼陀颰陀羅菩薩經》與《普賢行願品》之比較研究〉、〈無垢施與維摩詰問難之比較研究〉、〈《大寶積經‧無垢施菩薩應辨會》之譬喻及其特色研究〉、與〈《聶道真錄》之研究〉等。這些論文涉及譯者判定、講經先後、經錄還原、弘跡追蹤等多面向的研究視角，盼能彰顯早期中國佛教居士譯經的貢獻，與彌補西晉佛教學術研究文獻之不足，特將之收錄成本書。前五章為聶道真相關譯經考據，第六章為其經錄研究，各章內容略述如下：

　　第一章〈聶道真之譯經風格與考據〉：針對《大正藏》所收錄聶道真僅留存的六部譯經做初步的探討，先判定譯者的真實性，再分別從六經的簡介、與異譯本的比

對、經首六成就的有無，以及梵文直譯用法等面向，來窺探聶道真譯經風格的轉變、其在中國佛教譯經事業轉化過程中的貢獻，以及對後來中國佛教宗派成立的影響。

第二章〈論《菩薩受齋經》之生命轉化教育〉：闡述釋迦牟尼在菩提樹下證悟緣起法而成佛，其漫長的成佛過程，是始於自覺人生的生、老、病、死、苦，再經由學習和修正滅除這些苦後所完成的生命轉化。佛教所謂的三藏十二部，即是釋尊成佛後一次次傳授轉化生命方法的結集。本章探討的《菩薩受齋經》就是其中之一，是以菩薩定期密集齋戒修行為主的一部很奇特的經，早在四世紀初即由聶道真居士漢譯出，卻未具有佛經的格式，菩薩齋戒日持守的十戒和十念內容亦異於其他經論而獨樹一幟。本章透過歷史角度以《菩薩受齋經》與其相關的《佛說齋經》、《優陂夷墮舍迦經》和《佛說八關齋經》三經的比較，以釐清本經齋戒內容的演變和發展。再由哲學觀點探討《菩薩受齋經》的齋戒內容，以辨析其生命轉化的教育。

第三章〈《三曼陀颰陀羅菩薩經》與《普賢行願品》之比較〉：《三曼陀颰陀羅菩薩經》一經，為西晉聶道真於其師竺法護寂歿（316）後譯出。印順法師曾質疑「華嚴法門」原本的「普賢行願」與《三曼陀颰陀羅菩薩經》有密切關係，之後學界卻尟少有全面的比較研究問

世。本章先就《三曼陀颰陀羅菩薩經》的經題、異譯本、音譯辭彙及內容，全面探討之，再分別就文體、內容、源流、時代與地域等面向，比較本經與華嚴《普賢行願品》的同異，來釐清兩者的關係。

第四章〈無垢施與維摩詰問難之比較〉：透過與佛教界耳熟能詳的維摩詰問難的比較，來認識無垢施女的問難與轉身論。印度社會有歧視女性的嚴重風氣，古婆羅門教制定的《摩奴法典》認為女性是情欲與性愛的表徵，強調女性的不淨與污穢。同樣發源於印度的佛教亦受到影響，綜觀原始《阿含經》到大乘佛經中，不乏貶抑女性的內容，然而在這些經典中，又不時出現盛讚女性即身證悟，蒙佛授記成佛的記載。本章探討的《大寶積經》卷第一百《無垢施菩薩應辯會》，即是十二歲女無垢施問難進入舍衛城乞食途中，佛的主要八大聲聞弟子與八大菩薩的作念，並與維摩詰居士對十大聲聞與三十二位菩薩眾的問難做比較，以瞭解兩組問難之間的同異。

第五章〈聶道真翻譯《大寶積經‧無垢施菩薩應辯會》之譬喻及其特色〉：主要探討聶道真翻譯《大寶積經‧無垢施菩薩應辯會》女主角無垢施童女，在面對婆羅門執著撞見沙門不利的迷信之後，一一問難佛陀的八大聲聞弟子與八大菩薩眾，再請佛開示十八種成佛四法，到蒙佛授成佛記的轉身論實例。本章內容爬梳聶道真翻譯

《無垢施菩薩應辯會》之譬喻與特色，對其在戲劇性的轉變過程中，所使用的三十六個譬喻的象徵與意涵一一加以析論，並從中找出透露兩性平等觀點的譬喻。

　　第六章〈《聶道真錄》之研究〉：旨在釐清《聶道真錄》是否就是《竺法護錄》的疑點。佛教傳入中國後，譯著漸富，部帙漸增，不同譯本不斷出現。為綜理存佚，研核異同，因而創制經錄，使佛教書籍，有典可征。兩晉《聶道真錄》為中國佛教保存了西晉部分譯經目錄，卻已佚失，鮮為人知。如今完整存留經錄以梁僧佑《出三藏記集》（約成於天監九至十三年（510-514））為最早，卻未明載有收錄上述經錄。稍後在隋費長房所撰寫史傳類的《歷代三寶紀》（597）中，卻可尋得該經錄之痕跡。本章首先彙整《歷代三寶紀》註有「道真錄」之經錄，再回溯到較早撰寫的《出三藏記集》，並透過與後代編撰的《大唐內典錄》、《開元釋教錄》與《貞元新定釋教目錄》等經錄來還原《聶道真錄》，藉以辨明《竺法護錄》與《聶道真錄》的關係，以及聶道真所譯諸經之確實年代、譯經之存佚等有關議題。

釋永東　於佛光雲水軒
2014年二月

 目　錄

第一章　聶道真譯經之風格與考據

第一節　緒論

　　源於印度的佛教，自東漢傳入中國，即藉由漢譯佛經逐漸傳播開來，也型塑出中國佛教的雛形。發展到了西晉，所謂的西晉佛教，是說從晉武帝泰始元年（265）到愍帝建興四年（316）建都在洛陽，共五十一年間的佛教。

　　此西晉時期，竺法護、安法欽、彊梁婁至等人為當時著名的佛教學者，分別在敦煌、洛陽、天水、長安、嵩山、陳留、淮陽、相州、廣州等地，或翻譯經典，或弘傳教義，或從事其他佛教活動，因此佛教比起前代來有了相當的發展。[1]但主要活動還是以譯經為主。透過譯經工作也吸收了不少學養豐富、文筆流暢的本地學佛優婆塞投入譯經事業，其中聶承遠、聶道真父子即是跟隨竺法護在關中（即洛陽今陝西省地方）譯經的兩位重要的在家居士。西晉一代的佛典翻譯，還沒有成熟，所以後世少有研誦者。[2]但西晉譯

【1】黃懺華（1947），《中國佛教史略》，東方出版社，頁9。

【2】黃懺華（1947），《中國佛教史略》，東方出版社，頁10。

經事業卻已承續三國時期佛經譯事，開啓未來中國佛教開宗立派輝煌的歷史。

　　黃懺華《中國佛教史略》一書中認爲西晉的佛教義學，繼承後漢、三國，以方等、般若爲正宗，並提出當時幾位著名譯人的譯籍爲證。如竺法護，雖然譯出許多重要典籍，但他的中心思想仍是繼承支讖、支謙傳弘方等、般若之學。他的譯出《光贊》，和支讖譯出《道行》、支謙譯出《明度》，是一脈相承的。[3] 竺法護歿於愍帝建興四年（316），同年西晉滅亡（216~316），五胡十六國時代開始，也是東晉佛教的開始，即是從晉元帝建武元年（317）到恭帝元熙二年（420）共一百零四年間的佛教。逢此巨變，聶道真即結束其跟隨竺法護筆受的生涯，自行譯經數十卷，內容則以方等、華嚴爲主。

　　東晉時北方有匈奴、羯、鮮卑、氐、羌等民族所建立的二趙、三秦、四燕、五涼及夏、成（成漢）等十六國。這些地區的統治者，多數爲了利用佛教以鞏固其統治而加以提倡，其中佛教在後趙、前後秦、北涼均十分流行。特別是二秦的佛教，在中國佛教史上占極重要的地位，其代表人物爲道安和鳩摩羅什。聶道真初跟隨竺法護筆受於今陝西省的關中，至晉惠帝西奔關中擾亂百姓流移，竺法護與門徒東下避至澠池（今河南）。[4] 東晉王朝時期，關中與澠池兩地都在佛教受帝王保護的境內，有利於聶道真日後自譯佛

【3】黃懺華（1947），《中國佛教史略》，東方出版社，頁10。

【4】梁・釋慧皎撰，《高僧傳》卷一〈竺曇摩羅剎八〉，《大正藏》冊50，第2059號，頁326下。

經。南方爲東晉王朝所保有，其文化是西晉文化的延長，一向和清談玄理交流的佛教，也隨著當時名僧不斷地南移，形成了廬山和建康兩地的佛教盛況，其代表人物則爲慧遠和佛陀跋陀羅。[5]

　　聶道真雖非西晉或東晉佛教的代表者，但其在西晉時代即跟隨竺法護筆受。東晉朝初年即開始自譯佛經共五十四部合六十六卷，並編輯經錄一部。有其獨特性與時代性，值得藉聶道真譯經來瞭解晉朝時期漢譯佛經部帙之完整性問題，以及縱貫西晉與東晉長時間內，聶道真譯經風格的師承與轉變，是否對中國佛教譯經事業有所影響？對中國佛教後來宗派的成立是否有所助益？

　　迄今尙未有任何碩博士論文專就聶道真或其譯經做研究，唯有柯惠馨碩士論文《華嚴經中普賢菩薩之研究》第六章從顯教經典《三曼陀跋陀羅經》了解普賢菩薩本生、因緣與乘象座的立像因由，文中略提到聶道真譯《三曼陀跋陀羅經》[6]。期刊論文則只有筆者撰寫的〈論《菩薩受齋經》之生命轉化教育〉[7]、〈《三曼陀颰陀羅菩薩經》與《普賢行願品》之比較研究〉[8]，

【5】參閱湯用彤（2001），《漢魏兩晉南北朝佛教史（上）》，北縣：佛光出版社，頁369-423。

【6】柯惠馨（2006），《華嚴經中普賢菩薩之研究》，東海大學中國文學系碩士論文。

【7】釋永東（2009），〈論《菩薩受齋經》之生命轉化教育〉，《新世紀宗教研究》，2009年12月第八卷第二期，頁83-122。

【8】釋永東（2013），〈《三曼陀颰陀羅菩薩經》與《普賢行願品》之比較研究〉，《新世紀宗教研究》，2013年6月第十一卷第四期，頁1-47。

與〈《聶道真錄》之研究〉[9] 等三篇，都是針對聶道真相關譯經做探討。其餘專書僅有印順《初期大乘佛教之起源與開展》，在書中第十三章華嚴法門第六節普賢行願中，印順認為「華嚴法門」原本的「普賢行願」與《三曼陀颰陀羅菩薩經》的悔過懺禮，願樂助其歡喜，請勸諸佛轉法輪與住世，以及施與等是有關連的。[10] 該書亦略微提到《諸菩薩求佛本業經》相當於《華嚴經》〈昇須彌山頂品〉與〈須彌頂上偈讚品〉的序起部分。[11] 另外，Jan Nattier（那體慧）在 *Few Good Men: The Bodhisattva Path According to the Inquiry of Ugra*（*Ugrapaiprccha*）書中，曾考據各經錄並對照相關諸經經文，指出《諸菩薩求佛本業經》應是失譯經（譯者原本未載），懷疑非後世聶道真與竺法護所譯，應上溯自公元二世紀的支婁迦讖。[12] Dr. Lewis R. Lancaster（藍卡斯特）編纂的 *The Korean Buddhist Canon: A Descriptive Catalogue* 則認為《諸菩薩求佛本業經》是聶道真於西晉太康年間（280-289）譯出。經查隋朝大業年間（605-617）僧智苑發心創立的《房山石經》未收錄此經，直至北宋年間（971-983）開刻的《開寶藏》No.96、《毘盧藏》No.92

【9】釋永東（2014），〈《聶道真錄》之研究〉，《新世紀宗教研究》，2014年3月第十二卷第二期，頁139-190。

【10】印順（2011），《初期大乘佛教之起源與開展》（下），北京：中華書局，頁967。

【11】印順（2011），《初期大乘佛教之起源與開展》（下），北京：中華書局，頁439。

【12】JanNattier（那體慧），*Few Good Men: The Bodhisattva Path According to the Inquiry of Ugra Ugrapaiprccha*, Honolulu: University of Hawaii Press, 2003, 頁334-335。

（1115-1150）、與《磧砂藏》No.94（約1231-1322）都記載此經是西晉清信士聶道眞譯。

下面將分爲聶道眞生平、六經籍譯者判定與簡介、聶道眞譯經格式與聶道眞譯經風格四節，依序做綜合的探討。

第二節　聶道眞生平史略

根據《歷代三寶紀》記載，聶道眞是佛教的在家居士，與父聶承遠清悟皆以度語爲業。於晉武帝太康年（280）至懷帝永嘉末年（312），諮詢竺法護爲之筆受，及護歿於晉愍帝建興四年（316）後眞遂自譯，于華嚴部中譯出二十四品二十八卷。該錄卷六中更列舉聶道眞總譯經五十四部合六十六卷及經錄一部，其中華嚴內涵的譯經佔總譯經數四成二，摘錄聶道眞譯經如下：

> 謂十住經（十二卷）。諸佛要經（二卷）。觀世音授記經（一卷）。寂音菩薩願經（一卷）。大光明菩薩百四十八願經（一卷）。文殊師利般涅槃經（一卷）。師子步雷菩薩問發心經（一卷）。大雲密藏問大海三昧經（一卷）。溥首童眞經（一卷）。寂音菩薩問五濁經（一卷）。無言菩薩流通法經（一卷）。菩薩戒要義經（一卷）。菩薩呵睡眠經（一卷）。菩薩呵家過經（一卷）。菩薩如意神通經（一卷）。菩薩苦行經（一卷）。菩薩宿命經（一卷）。菩薩受齋經（一卷）。菩薩導示行經（一卷）。菩薩求佛本業經（一卷）。菩薩奉施詣塔作願念經（一卷）。菩薩本願行品經（一卷）。菩薩求五眼法經（一卷）。菩薩出要行無礙法門經（一卷）。菩薩初發心

時經（一卷）。大方廣菩薩十地經（一卷）。菩薩戒身自
在經（一卷）。菩薩三法經（一卷）。無言菩薩經（一
卷）。菩薩道行六法經（一卷）。三曼陀跋陀羅菩薩經
（一卷）。無垢施菩薩分別報應經（一卷）。菩薩初地
經（一卷）。儒童菩薩經（一卷）。菩薩十道地經（一
卷）。光味菩薩造七寶梯經（一卷）。菩薩緣身五十事經
（一卷）。菩薩戒自在經（一卷）。菩薩十法住經（一
卷）。波斯匿王欲伐鴦掘魔羅經（一卷）。轉輪聖王七寶
具足經（一卷）。轉輪聖王發心求淨土經（一卷）。文
殊師利與離意女論義經（一卷）。文殊師利淨律經（一
卷）。初發意菩薩行易行法（一卷）。菩薩布施懺悔法
（一卷）。菩薩戒獨受檀文（一卷）。菩薩懺悔法（一
卷）。菩薩離行法（一卷）。菩薩所行四法（一卷）。菩
薩五法行經（一卷）。菩薩六法行經（一卷）。異出菩薩
本起經（一卷）。眾經目錄（一卷）。[13]

　　在上述聶道真的五十四部譯經中，只有《十住經》（十二卷）
和《諸佛要經》（二卷），較大部頭，其他五十二部均為單卷小
經。其譯經經題冠「菩薩」者四十二部，近八成的高比例。在此
四十二部中的三十部，都是泛談菩薩的行持，本書第二章探討的
《菩薩受齋經》即是其中之一；另十二部專探討某尊菩薩，如《師
子步雷菩薩問發心經》、《無垢施菩薩分別報應經》、和《儒童菩
薩經》等。其他六部未冠以「菩薩」經題者，亦大都在談菩薩，

【13】隋・費長房撰，《歷代三寶紀》，《大正藏》冊49，
　　　no.2034，頁65下~66上。

如《觀世音授記經》、《文殊師利般涅槃經》、《文殊師利與離意女論義經》、和《文殊師利淨律經》等。由上述諸經題的屬性來看，聶道真堪稱為當時的在家譯經菩薩。其餘事蹟與生卒年均不詳。【14】

　　然而，依上述比例來看，顯然聶道真刻意選譯冠有「菩薩」經題的佛經。為何他要專挑菩薩經典來譯？筆者推測：主要原因是受了竺法護譯風的影響。聶道真於晉武帝太康年（280）至懷帝永嘉末年（312）長達32年期間，諮詢竺法護為之筆受，直到竺法護沒（316）後真遂自譯，應該受到竺法護很大的影響。竺法護祖先為月支人，世居敦煌。其時，關內京邑雖禮拜寺廟、圖像，然諸大乘經典未備，竺法護乃立志西行，遍通西域三十六國語文。據《法華傳記》卷一載，師於武帝泰始元年（265）攜帶大批胡本經典至東土，居於長安、洛陽，專事譯經，有聶承遠、竺法乘、陳士倫等人參與筆受、校對等工作。太康六年（286）所譯之《正法華經》問世後，我國人始知觀音之名，且因而有靈驗之說與觀音信仰之開始。時人稱之為月氏菩薩、敦煌菩薩、敦煌開士、本齋菩薩。【15】可見竺法護的譯經以大乘經為主，並開起觀音信仰，時人又稱其為敦煌開士、本齋菩薩等，這些都是直接或間接影響聶道真日後以菩薩經為主要譯經對象的重要因素。

【14】摘錄自筆者（2009）〈論《菩薩受齋經》之生命轉化教育〉，《新世紀宗教研究》，2009年12月第八卷第二期，頁88-89。

【15】唐・僧詳撰，《法華傳記》卷2，《大正藏》冊51，no.2068，頁54中。

第三節　尚存聶道眞經籍譯者考

隋費長房撰《歷代三寶紀》所載聶道真五十四部譯經中，根據《大正藏》的收錄，目前僅存有《文殊師利般涅槃經》（一卷）、《菩薩受齋經》（一卷）、《菩薩求佛本業經》（一卷）、《三曼陀跋陀羅菩薩經》（一卷）、《無垢施菩薩分別報應經》（一卷）、與《異出菩薩本起經》（一卷）等六部。而這六部譯經又因時代久遠，且近於其時代的古代佛教文獻對其記載不足，故有必要先判定譯者的真實性。再進一步依其排序由大部多卷經至單卷經，在五十二部單卷經中，是否有譯出時間先後排序的探討？其次，聶道真生於三世紀菩薩思想發展的中期，這五十四部譯經是否與其師竺法護同衷大乘與般若義理？抑或有更進一步的轉變？將於下列探討。

一、六部經籍譯者判定

本節將運用目錄學的比對、譯筆風格與翻譯文句對比分析三種方法，來釐清上述西晉聶道真漢譯這六部佛經的真實性。

（一）目錄學比對

首先，梁僧祐撰（520-547）《出三藏記集》卷4〈新集續撰失譯雜經錄第一〉列有「文殊師利般涅槃經一卷」、[16]「無垢施

【16】梁・僧祐撰，《出三藏記集》，《大正藏》冊55，no.2145，頁22中。

菩薩分別應辯經一卷（即是異出離垢經）」、「三曼陀颰陀羅菩薩經一卷」、「異出菩薩本起經一卷」、[17]「菩薩求佛本業經一卷」、「菩薩受齋經一卷」[18]六經，但譯者均不詳。之後隋代費長房撰（597）《歷代三寶紀》卻將此六部經都歸爲聶道真所漢譯。[19]

　　經查費長房撰《歷代三寶紀》，是依據東晉初期預章沙門支敏度所編撰的《別錄》，來判斷此六部佛經譯者都是聶道真。摘錄如下：

> 文殊師利般涅槃經一卷
>
> 菩薩受齋經一卷
>
> 菩薩求佛本業經一卷[20]
>
> 三曼陀跋陀羅菩薩經一卷
>
> 無垢施菩薩分別應報經一卷（即是異出離垢地經亦云應辯經）
>
> 異出菩薩本起經一卷（或無起字）
>
> 眾經錄目一卷

【17】三經均出自梁・僧祐撰，《出三藏記集》，《大正藏》冊55，no.2145，頁22下。

【18】二經均出自梁・僧祐撰，《出三藏記集》，《大正藏》冊55，no.2145，頁23上。

【19】隋・費長房撰，《歷代三寶紀》卷6，《大正藏》冊49，no.2034，頁65下-66上。

【20】隋・費長房撰，《歷代三寶紀》卷6，《大正藏》冊49，no.2034，頁65下。

右五十四經合六十六卷。聶承遠子道真。惠帝之世始太康
年迄永嘉末。其間詢稟諮承。法護筆受之外。及護沒後真
遂自譯前件雜經。誠師護公真當其稱。頗善文句辭義分
炳。此並見在別錄所載。[21]

　　上述摘錄自《歷代三寶紀》的最後一句所提的「別錄」，是支
敏度在東晉初期成帝世代（326-342），總校群經，合古今目錄為
一家，撰成了《經論都錄》和《別錄》各一卷，前者是自東漢以來
各代譯經的總目錄，收有東漢支讖、安世高、西晉竺法護、支法
度等人的譯籍，並且緒補了東晉的譯籍，較為流行；[22] 後者《別
錄》或是這些譯籍的分類目錄，較不普及。[23] 唯兩者均已佚失。

　　依據上述，目前《大正藏》收錄的六部聶道真譯經有其可信
度，但為能更全面地檢視此六部譯經譯者的真實性，下面兩段將分
別針對此六經的譯筆風格與翻譯文句做對比分析。

（二）譯筆風格比對分析

　　從譯筆風格來比對聶道真留存的六部譯經，首先，如表1.1所
列《異出菩薩本起經》一卷、《諸菩薩求佛本業經》一卷、《菩薩
受齋經》一卷與《三曼陀跋陀羅菩薩經》一卷等前四經，都有採用

【21】隋・費長房撰，《歷代三寶紀》卷6，《大正藏》冊49，
　　　no.2034，頁66上。

【22】梁・慧皎撰，《高僧傳》卷4，《大正藏》冊50，
　　　no.2059，頁347上。

【23】陳士強（2012），〈漢傳佛教目錄學小史〉，《內明》第
　　　二四二期，2012.1.14，頁3。

梵音直譯法,尤其是《諸菩薩求佛本業經》一卷、《菩薩受齋經》
一卷與《三曼陀跋陀羅菩薩經》一卷,三經都有「漚和拘舍羅、薛
荔」等一致的梵音直譯辭,唯獨後兩部《無垢施菩薩應辯會》一卷
與《佛說文殊師利般涅槃經》一卷未見任何梵音譯辭。

其次,依經文內容可見聶道真的慣譯辭「逮」字,出現在《諸
菩薩求佛本業經》一卷、《菩薩受齋經》一卷、《三曼陀跋陀羅菩
薩經》一卷與《無垢施菩薩應辯會》一卷等四經中,此「逮」字在
經文中有「獲得」義,在《諸菩薩求佛本業經》一卷中出現四次、
在《菩薩受齋經》一卷中出現一次、在《三曼陀跋陀羅菩薩經》一
卷與《無垢施菩薩應辯會》一卷中則各出現兩次(見表1.1「譯筆風
格」欄)。在如下兩組摘錄比對《無垢施菩薩應辯會》一卷與竺法
護異譯本《佛說離垢施女經》一卷,更可見聶道真慣用「逮」字的
程度。第一組聶道真與竺法護兩個版本都譯爲「逮得己利」;第二
組聶道真譯爲「逮不退轉」,竺法護則未再採譯「逮」字,而譯爲
「悉不退轉法輪」。

聶道真《無垢施菩薩應辯會》:逮得己利盡諸有結。得正智解
脫。心得善解脫。慧得善解脫。其心調伏如大象王。心得自在到於
彼岸。入八解脫。唯除阿難一人。[24]

【24】聶道真譯,《無垢施菩薩應辯會》一卷,《大正藏》冊
11,no.310,頁556上。

竺法護《佛說離垢施女經》：棄捐重擔逮得己利，盡除終始諸所結縛。[25]

聶道真《無垢施菩薩應辯會》：復有諸菩薩摩訶薩。皆大莊嚴眾所知識。逮不退轉。盡一生補處。[26]

竺法護《佛說離垢施女經》：菩薩萬人，皆成大阿羅漢——皆一切聖達神通己暢，悉不退轉法輪——[27]

在六部譯經中只有第一部《異出菩薩本起經》一卷與最後一部《佛說文殊師利般涅槃經》一卷未見聶道真「逮」字慣譯辭。但第一部《異出菩薩本起經》一卷有採用「夫妻多摩國、缽摩訶」等二個梵音直譯，最後一部《佛說文殊師利般涅槃經》一卷不但沒有梵音直譯法，亦無聶道真慣譯辭「逮」的譯經風格。若此，則聶道真是否漢譯《佛說文殊師利般涅槃經》一卷就存有爭議性了。下面將更進一步透過此六部經文的翻譯文句做對比分析，以釐清聶道真漢譯《佛說文殊師利般涅槃經》一卷的真實性。

（三）翻譯文句對比分析

從翻譯文句來比對分析聶道真留存的六部譯經，如表1.1最後一欄所示：第一部《異出菩薩本起經》一卷共有5867字合計930句，

【25】竺法護譯，《佛說離垢施女經》一卷，《大正藏》冊12no.338頁89中。

【26】聶道真譯，《無垢施菩薩應辯會》一卷，《大正藏》冊11，no.310，頁556上。

【27】竺法護譯，《佛說離垢施女經》一卷，《大正藏》冊12no.338頁89中。

其中不規則四字格有312句，占33.5%，其他句子則字數不定。第二部《諸菩薩求佛本業經》一卷共有5877字合718句，不規則四字格78句，僅占10.8%，其他句子則字數不定。第三部《菩薩受齋經》一卷全文共1147字計38句，四字格20句，占52.6%，其他句子字數不定。第四部《三曼陀跋陀羅菩薩經》一卷共3169字316句，四字格15句，僅占4.74%，其他句子字數不定。第五部《大寶積經第100卷‧無垢施菩薩應辯會（無垢施菩薩分別應半辯經一卷）》一卷共11555字合計1529句，四字格31句，僅占2%，五言有482句，七言有44句，其他句子字數不定。最後一部《佛說文殊師利般涅槃經》一卷則與前五部經「不規則」與「句子字數不定」的翻譯文句模式迥異，本經全文共有1962字合計227句，其中四字格76句，八字格75句，兩者共151句，彼此互相穿插，占全經文66.5%的高比例。75句八字句中有22組連句，76句四字句中有15組連兩句四字句，猶如一八字句（如下摘錄文畫有底線者）。因此讀誦起來極為順暢易懂，顯然與前五部譯本非同一人所譯。下列摘錄僅為全文的一小段，其他部分亦皆如是結構：

> 爾時，會中有菩薩摩訶薩，名跋陀波羅，<u>此瑞現時，跋陀波羅即從房出</u>，禮佛精舍，到阿難房，告阿難言：「<u>汝應知時</u>，今夜世尊現神通相，為饒益眾生，<u>故說妙法，汝鳴捷椎</u>。」爾時，<u>阿難白言</u>：「大士！<u>世尊今者入深禪定，未被敕旨云何集眾</u>？」[28]

【28】《佛說文殊師利般涅槃經》一卷《大正藏》冊14，
　　　no.463，頁480中

若僅經由梁僧祐撰《出三藏記集》卷4〈新集續撰失譯雜經錄第一〉與隋代費長房撰《歷代三寶紀》的目錄學比對，《大正藏》收錄的《異出菩薩本起經》一卷、《諸菩薩求佛本業經》一卷、《菩薩受齋經》一卷、《三曼陀跋陀羅菩薩經》一卷、《無垢施菩薩分別報應經》一卷、與《佛說文殊師利般涅槃經》一卷等六部經似乎全是聶道真親譯。但再進一步透過六部經的譯筆風格與翻譯文句做對比分析，《佛說文殊師利般涅槃經》一卷不但沒有梵音直譯法，亦無聶道真慣譯「逮」辭的譯經風格。翻譯文句的內容則與前五部經「不規則」與「句子字數不定」的翻譯文句模式迥異，全經文只有1962字227句，較有規則的四字格與八字格卻占全經文66.5%的高比例。讀誦起來極為流利順暢，顯然與前五部譯本非同一人所譯。故本章自下一節起不再將此經列為聶道真譯經。

表1.1：聶道真六譯經譯筆風格與文句比對表

#	經名	譯筆風格	文句比對
1	《異出菩薩本起經》一卷《大正藏》冊3，no.188，p.617b	1.夫妻多摩國、缽摩訶等2個梵音直譯	共5867字930句，不規則四字格312句，其他句子字數不定
2	《諸菩薩求佛本業經》一卷《大正藏》冊10，no.282，p.451a	1.漚和拘舍羅、薜荔等4個梵音直譯 2.身所行口所言心所念。無能逮者。無有能動轉者。p451a早逮得深經。p452a皆使安隱。逮得如佛安隱。p453a皆使無有能逮見佛頭上者。p453c	共5877字718句，不規則四字格78句，其他句子字數不定
3	《菩薩受齋經》一卷《大正藏》冊24，no.1502，p.115c	1.漚和拘舍羅、薜荔等9個梵音直譯 2.如我受[廿/別]當得惟逮波羅蜜。一心坐禪當得禪波羅蜜。p1116a	共1147字38句，不規則四字格20句，其他句子字數不定

#	經名	譯筆風格	文句比對
4	《三曼陀跋陀羅菩薩經》一卷《大正藏》冊14，no.483，p.666c	1.漚惒拘舍羅、薛荔等11個梵音直譯 2.某諸所作罪。不能及逮聞法。或聞法其心不能受法。p667a 若有逮佛慧者所當願樂。某已願樂也。p667c	共3169字316句，不規則四字格15句，其他句子字數不定
5	《無垢施菩薩應辯會》一卷《大正藏》冊11，no.310，p.5556a	1.無梵音直譯。 2.如是我聞。一時佛在……比丘眾千人俱。皆是阿羅漢。諸漏已盡無復煩惱。於諸法中皆得自在。所作已辦捨於重擔。逮得己利盡諸有結。得正智解脫。心得善解脫。慧得善解脫。……心得自在到於彼岸。入八解脫。唯除阿難一人。復有諸菩薩摩訶薩。皆大莊嚴眾所知識。逮不退轉。盡一生補處。	共11555字1529句不規則四字格31句，五言482句，七言44句，其他句子字數不定
6	《佛說文殊師利般涅槃經》一卷《大正藏》冊14，no.463，p.480b	1.無梵音直譯。 2.無「逮」字。	共1962字227句，規則四字格76句，八字格75句，合計151句。75句八字句中有22組連句，76句四字句中有15組連兩句四字句，猶如一八字句。

二、聶道眞譯經簡介

　　如上所述，聶道眞一生跟隨竺法護投入佛教譯經事業，共譯出五十四部經合六十六卷及經錄一部。惜年代久遠佚失，若剔除《佛說文殊師利般涅槃經》，迄今僅留存有如上表1.1第1-5部經，其中《菩薩受齋經》沒有異譯本，《異出菩薩本起經》與《三曼陀跋陀羅菩薩經》則有疑似異譯本，分別介紹如下：

（一）《異出菩薩本起經》一卷[29]

　　本經爲佛傳屬性。佛傳經典可分爲北傳梵語系統與南傳巴利語系統。北傳佛傳之內容通常分爲八大項目，稱爲八相成道，即：降兜率，託胎，降誕，出家，降魔，成道，轉法輪，入涅槃。南傳佛傳之內容則僅分四項，稱爲四大佛事，即：誕生，成道，初轉法輪，入涅槃。

　　北傳佛傳之特點，乃詳載佛陀之本生譚、出家、成道等之事跡。以部帙最龐大之漢譯經典而言，重要的佛傳經典就有十五部之

【29】西晉・聶道眞譯，《異出菩薩本起經》卷1，《大正藏》冊3，no.188，頁617中。

多 [30]。聶道真譯《異出菩薩本起經》（本經）即是其中之一，內容自布髮受記之本生譚敘述至三迦葉歸依 [31]，無異譯本。但內容與十五部中之三國吳支謙於魏明帝太和二年（228）譯出二卷《太

【30】 修行本起經二卷，東漢竺大力、康孟詳合譯。自佛陀之過去世敘述至降魔、成道。太子瑞應本起經二卷，三國吳之支謙譯。自釋尊於過去世蒙受定光如來授記之本生譚敘述至成道、三迦葉入門。普曜經八卷，西晉竺法護譯。梵本名為Lailitavistara。自佛陀降生敘述至初轉法輪。方廣大莊嚴經十二卷，唐代日照譯，為普曜經之異譯本。異出菩薩本起經一卷，西晉聶道真譯。自布髮受記之本生譚敘述至三迦葉歸依。中本起經二卷，東漢曇果、康孟詳合譯。敘述佛陀轉法輪以後之事跡。過去現在因果經四卷，劉宋求那跋陀羅譯。含有過去世之因與現在之果的意義。自過去世生為善慧仙人敘述至成道、教化大迦葉。興起行經二卷，東漢康孟詳譯。敘述佛陀十個本生譚。佛本行集經六十卷，隋代闍那崛多譯。係法藏部所傳之佛傳，內容包括佛陀之本生譚、出家、成道、教化弟子、弟子列傳等，羅列詳備。眾許摩訶帝經十三卷，宋代法賢譯。自佛陀誕生，敘述至釋迦族諸王子出家。佛所行讚五卷，馬鳴菩薩造，北涼曇無讖譯。梵本名為Buddhacarita。以五字一句之偈頌，自佛陀誕生敘述至八國均分舍利之事跡。佛本行經七卷，劉宋寶雲譯。係佛所行讚之異譯本。僧伽羅剎所集經三卷。前秦僧伽跋澄譯。敘述佛陀前世之修行，及今世之攝化度生。有部毘奈耶破僧事二十卷，唐代義淨譯。卷一至卷九為眾許摩訶帝經之異譯本。四分律卷三十一至卷三十五之受戒犍度，佛陀耶舍與竺佛念共譯。

【31】 慈怡主編（1988），《佛光大辭典》，高雄：佛光出版社，頁2729中下。

子瑞應本起經》【32】，劉宋求那跋陀羅於宋文帝元嘉十七年（440）譯四卷《過去現在因果經》【33】，以及隋代闍那崛多於文帝開皇十一年二月（591）譯出六十卷《佛本行集經》【34】較相近。

　　根據《歷代三寶紀》聶道真在竺法護歿後才開始自譯佛經的記載，【35】雖然無從考據聶道真譯出本經的正確時間，但可以確認至少在竺法護入滅（316）後，約晚於支謙譯出二卷《太子瑞應本起經》百年之後。而非如印順推測的西元三〇〇年頃譯出。【36】

（二）《諸菩薩求佛本業經》一卷【37】

　　西晉聶道真譯《諸菩薩求佛本業經》一卷，主要論述諸菩薩初

【32】吳‧支謙譯，《太子瑞應本起經》卷1，《大正藏》冊3，no.185，頁472上-483上。

【33】劉宋‧求那跋陀羅譯，《過去現在因果經》卷1，《大正藏》冊3，no.189，頁620下-653中。

【34】隋‧闍那崛多譯，《佛本行集經》卷1，《大正藏》冊3，no.189，頁655上-932上。

【35】隋‧費長房撰，《歷代三寶紀》，《大正藏》冊49，no.2034，頁65下。

【36】印順（2011），《初期大乘佛教之起源與開展》，北京：中華書局，頁579。

【37】西晉‧聶道真譯，《諸菩薩求佛本業經》卷1，《大正藏》冊10，no.282，頁451上。

學的行業，屬於修行的行門，是《華嚴經・淨行品》的別本[38]。除房山石經《宋藏遺珍》《嘉興藏新文豐版》與《新纂卍續藏》未收錄該經外，其他自《開寶藏》、《崇寧藏》、《毘盧藏》、《圓覺藏》、《趙城金藏》、《資福藏》、《磧砂藏》、《高麗藏》、《普寧藏》、《至元錄》、《洪武南藏》、《永樂南藏》、《永樂北藏》、《嘉興藏》、《乾隆藏》、《縮刻藏》、《卍正藏》、《大正藏》、《佛教大藏經》、至《中華藏》等藏經均有收錄，並歸在華嚴部。其中《崇寧藏》、《圓覺藏》、《趙城金藏》、《資福藏》、《普寧藏》、《永樂南藏》等六藏未記錄此經為聶道真所譯。

　　《諸菩薩求佛本業經》一卷，依藍卡斯特（Lewis Lancaster）*The Korean Buddhist Canon: A Descriptive Cataloguer* [39] 考據該經乃聶道真譯於西晉武帝太康元年至十年間（280-289），但筆者認為聶道真在竺法護於晉愍帝建興四年（316）歿後才自譯佛經，《諸菩薩求佛本業經》的譯出應在316年之後，較為可信。

【38】東晉・佛陀跋陀羅譯，《大方廣佛華嚴經》（六十卷）卷7，《大正藏》冊9，no.278，頁430上。唐・實叉難陀譯，《大方廣佛華嚴經》（八十卷）卷11，《大正藏》冊10，no.279，頁69中。

【39】藍卡斯特（Lewis Lancaster）（1979），*The Korean Buddhist Canon: A Descriptive Cataloguer*。

（三）《菩薩受齋經》一卷 [40]

聶道真譯《菩薩受齋戒經》，又稱《菩薩受齋戒經》、《受齋經》。收于《大正藏》第二十四冊。內容載述，於特定之齋日，為策勵行道而行齋戒，修行六波羅蜜，修念十念、十戒等；既得清淨生活，並修行救度眾生之心。其中，所修念之十念，與一般之佛、法、僧、戒、施、天、止觀、安般、身、死等十念不同，而是當念過去佛、未來佛、現在佛、戒波羅蜜、禪波羅蜜、方便善巧、般若波羅蜜、禪三昧六萬菩薩在阿彌陀佛國、和上、阿闍梨等十念。又所述之十戒，亦與沙彌十戒有異。此外，諸經錄對本經之譯者有不同說法，如《歷代三寶紀》卷六、《開元釋教錄》卷二等，謂譯者為聶道真，[41]《大唐內典錄》卷二則謂譯者不詳。[42]

（四）《三曼陀跋陀羅菩薩經》一卷 [43]

《三曼陀颰（跋）陀羅菩薩經》為西晉聶道真（270-?）於竺法護寂歿（316）後譯出。被收錄在除了《嘉興藏新文豐版》與《新

【40】西晉・聶道真譯，《菩薩受齋經》卷1，《大正藏》冊24，no.1502，頁1115下。

【41】隋・費長房撰，《歷代三寶紀》卷6，《大正藏》冊49，no.2034，頁63中。唐・智昇撰，《開元釋教錄》卷2，《大正藏》冊55，no.2154，頁496上。

【42】唐・道宣撰，《大唐內典錄》卷2，《大正藏》冊55，no.2149，頁234上。星雲《佛光大辭典》，高雄市：佛光出版社，1988，頁5220。

【43】西晉・聶道真譯，《三曼陀颰（跋）陀羅菩薩經》卷1，《大正藏》冊14，no.483，頁666下。

纂卍續藏》兩版外的其它漢文佛教藏經中。《開寶藏》首將其歸在大乘律中，晚出的《高麗藏》、《永樂南藏》、《永樂北藏》、《嘉興藏》、《乾隆藏》、《縮刻藏》、《卍正藏》及近出《佛教大藏經》亦隨之，直到《大正藏》始歸於經集部。內容方面《大正藏》分為序品第一、悔過品第二、願樂品第三、請勸品第四、法行品第五、與譬福品第六等六品；《乾隆藏》則只有五品，除少了法行品第五外，並將第一序品改為五蓋品。大體概括了《普賢行願品》的內容，似乎是它的異譯；不過因為翻譯的不甚善巧，譯文只有簡略的長行，看來與本經的文字外形不一致。[44]

（五）《大寶積經第100卷・無垢施菩薩應辯會（無垢施菩薩分別應半辯經一卷）》一卷 [45]

西晉聶道真譯《大寶積經第100卷・無垢施菩薩應辯會（無垢施菩薩分別應半辯經一卷）》一卷，與西晉竺法護於晉武帝太康十年二月二日（289）譯出《佛說離垢施女經》一卷 [46] 及元魏瞿曇般若流支於文帝興和三年（541）在鄴都金華寺譯出《得無垢施女

【44】 釋永東（2013），〈《三曼陀颰（跋）陀羅菩薩經》與〈普賢行願品〉之比較研究〉，《新世紀宗教研究》第十一卷第四期，2013，頁43。

【45】 西晉・聶道真譯，《大寶積經第100卷・無垢施菩薩應辯會（無垢施菩薩分別應半辯經一卷）》卷1（*A Discourse on Ready Eloquence*），《大正藏》冊11，no.310，頁556上。

【46】 西晉・竺法護譯，《佛說離垢施女經》，《大正藏》冊12，no.338，頁89上-97下。

經》一卷[47]爲同本異譯。《佛說離垢施女經》主要內容爲波斯匿
王女離垢施,責難來乞食的──聲聞八大弟子、八大菩薩,使他們
默然無言。然後與大眾見佛,問菩薩行。原來離垢施女的發心,比
文殊師利還早得多。[48]據《佛說離垢施女經》載,除憂尊者曾在
舍衛國祇樹孤獨園聽佛陀講法,他受佛的教誨,當時已盡除世俗的
塵垢,捐棄人生的憂愁與煩惱,脫離了因果轉世的束縛,成爲聰
慧、通達、明智的仁人。釋尊涅槃後,除憂尊者居於胎藏界曼荼羅
地藏院,發願要解除一切眾生的憂愁煩惱及一切無益的冥想。[49]

　　上述聶道真五部譯經題中,均冠有「菩薩」兩字,可見聶道真
譯經以菩薩經爲主。再者,五部譯經中只有《諸菩薩求佛本業經》
一卷與《無垢施菩薩應辯會》一卷確定有異譯本。《異出菩薩本起
經》一卷與《三曼陀跋陀羅菩薩經》一卷則有似異譯本。(見表
1.2)

【47】元魏・瞿曇般若流支譯,《得無垢施女經》,《大正藏》
　　　冊12,no.339,頁97下-107上。

【48】西晉・竺法護譯,《佛說離垢施女經》,《大正藏》冊
　　　12,no.338,頁89中。

【49】西晉・竺法護譯,《佛說離垢施女經》,《大正藏》冊
　　　12,no.338,頁89中。

表1.2：聶道真六譯經分類表

#	聶道真六譯經經名	異譯本	經首	梵文直譯
1	《異出菩薩本起經》一卷《大正藏》冊3，no.188，p.617b。	似吳支謙《太子瑞應本起經》二卷《大正藏》冊3，no.185，p.472c。	—	夫妻多摩國鉢摩訶等2個
2	《諸菩薩求佛本業經》一卷《大正藏》冊10，no.282，p.451a。	吳支謙譯《佛說菩薩本業經》一卷《大正藏》冊10，no.281，pp.446b-450c東晉佛陀跋陀羅譯《大方廣佛華嚴經·淨行品》《大正藏》冊9，no.278（7），p.430a。唐實叉難陀譯《大方廣佛華嚴經·淨行品》《大正藏》冊10，no.279，p.69b。	—	漚和拘舍羅薛荔等4個
3	《菩薩受齋經》一卷《大正藏》冊24，no.1502，p.1115c。	—	—	漚和拘舍羅薛荔等9個

#	聶道真六譯經經名	異譯本	經首	梵文直譯
4	《三曼陀跋陀羅菩薩經》一卷《大正藏》冊14，no.483，p.666c。	內容似唐般若譯《大方廣佛華嚴經‧普賢行願品》《大正藏》冊10，no.293，pp.844b-866b。	聞如是	漚惒拘舍羅薛荔等11個
5	《無垢施菩薩應辯會》一卷《大正藏》冊11，no.310，p.556a。	西晉竺法護譯《佛說離垢施女經》《大正藏》冊12，no.338，pp.89b-97c。元魏瞿曇般若流支譯《得無垢施女經》《大正藏》冊12，no.339，pp.97c-107a。	如是我聞	—
6	《佛說文殊師利般涅槃經》一卷，《大正藏》冊14，no.463，p.480b。	—	如是我聞	—

根據《歷代三寶紀》記載，竺法護歿（316）後聶道真遂自譯佛經，于華嚴部中譯出二十四品二十八卷，佔其總譯經量六十六卷的四成多。比較其師竺法護一百五十四部譯經，以般若法華經為主，華嚴部只佔五部二十九卷[50]來看，聶道真在竺法護歿後譯經的義理轉向華嚴為宗，這些譯經雖然大都均已佚失，但由其經題可見這些譯經的求法故事內容，仍不離在家菩薩弘法的形跡。[51]

　　下列兩節將依表1.2「經首」與「梵文直譯」兩欄所列內容，分別做更詳細的比對與闡釋。

第四節　聶道真譯經之經首六成就

　　聶道真僅留存的五部譯經首，可分為三類如表1.2：第一類為缺乏佛經六成就的經首，計有《異出菩薩本起經》一卷、《諸菩薩求佛本業經》一卷，與《菩薩受齋經》一卷等三卷經；第二類為以

【50】西晉・竺法護譯，《菩薩十住行道品》一卷（《大正藏》冊10，no.283，頁454中-456下。）相當於《華嚴經・十住品》；《漸備一切智德經》五卷（《大正藏》冊10，no.285，頁458上-497中。）相當於《華嚴經・十地品》；《等目菩薩所問三昧經》三卷（《大正藏》冊10，no.288，頁574下-591下。）相當於《華嚴經・十定品》；《佛說如來興顯經》四卷（《大正藏》冊10，No.291，頁592下-617中。）相當於《華嚴經・性起品/十忍品》；《度世品經》六卷（《大正藏》冊10，no292，頁517中-659下。）相當於《華嚴經・離世間品》。

【51】印順（2011），《初期大乘佛教之起源與開展》，北京：中華書局，頁1272。

「聞如是」起經的《三曼陀跋陀羅菩薩經》一卷；第三類則為以「如是我聞」起經的《大寶積經第100卷・無垢施菩薩應辯會（無垢施菩薩分別應半辯經一卷）》一卷。分別說明如下：

一、無六成就經首

在聶道真存留的五部譯經中，此類譯經有如下三部，將逐部比對分析，以瞭解此類譯經是否為聶道真早期譯經？或只是大部經的一卷？

（一）《異出菩薩本起經》一卷

西晉聶道真譯《異出菩薩本起經》一卷與吳支謙於吳大帝黃武年間（228）譯出《太子瑞應本起經》二卷，都從然燈佛授記說起，到化三迦葉止。前者只有一卷，後者有二卷。兩經皆名為「本起經」但都無經首六成就。《佛本起經》，出於部派佛教，而為「大乘佛法」的前奏。[52]印順《初期大乘佛教之起源與開展》依據《五分律》所說：「如瑞應本起中說」，認為《太子瑞應本起經》可能是化地部的佛傳。[53]含概「三藏」所沒有的新內容：無生法忍的「不起法忍」，發菩提心的「學佛意」，菩薩修行的「六度」法門，菩薩修學的「十地」歷程，生在兜率天，再一生就要成

【52】印順（2011），《初期大乘佛教之起源與開展》，北京：中華書局，頁579。

【53】印順（2011），《初期大乘佛教之起源與開展》，北京：中華書局，頁581。

佛的「一生補處」，與十八佛不共法的「佛十八法」。[54]

　　西晉永嘉二年（308）竺法護另譯出同本異譯《佛說普曜經》八卷，自佛陀降生敍述至初轉法輪。則說到菩薩在兜率天上，為天子們說「百八法明門」[55]，此經有經首六成就「聞如是：一時佛在舍衛國祇樹給孤獨園，與大比丘眾俱，比丘萬二千，……」[56]顯然聶道真譯無經首六成就的《異出菩薩本起經》一卷，非承續其師竺法護所譯《佛說普曜經》的譯法。《異出菩薩本起經》與支謙譯《太子瑞應本起經》卷一經首兩相比對，文字雖非一致，但內容意義相近。聶道真譯《異出菩薩本起經》一卷云：「釋迦文佛，前世宿命為人時，在夫妻多摩國，世世為善，無數世乃得為佛。」[57]吳支謙譯《太子瑞應本起經》卷一言：「佛言：「吾自念宿命，無數劫時，本為凡夫。初求佛道已來，精神受形，周遍五道。一身死壞，復受一身，生死無量。譬喻盡天下草木，斬以為籌，計吾故身，不能數矣。……」[58]上列兩經經首均在描述：成佛前不可計數的人生輪迴。可見兩經為相近的異譯本，但看不出

【54】印順（2011），《初期大乘佛教之起源與開展》，北京：中華書局，頁583。

【55】印順（2011），《初期大乘佛教之起源與開展》，北京：中華書局，頁583。

【56】西晉・竺法護譯，《佛說普曜經》卷1，《大正藏》冊3，no186，頁483上。

【57】西晉・聶道真譯，《異出菩薩本起經》一卷，《大正藏》冊3，no.188，頁617中。

【58】吳・支謙譯，《太子瑞應本起經》卷1，《大正藏》冊3，no.185，頁472下。

聶道真譯《異出菩薩本起經》一卷有仿吳支謙《太子瑞應本起經》
的譯法。再者,《異出菩薩本起經》只採用「夫妻多摩國」與城
名「鉢摩訶」兩個梵音直譯法,《大正藏》也未將此兩經歸爲同本
異譯。筆者推測《異出菩薩本起經》一卷,是聶道真中晚期譯經之
一,且僅是大部經其中的一卷,故無佛經經首的六成就。

　　劉宋求那跋陀羅於宋文帝元嘉十七年(440)譯出四卷《過
去現在因果經》[59],以及隋代闍那崛多於文帝開皇十一年二月
(591)譯出六十卷《佛本行集經》[60],雖亦相近於聶道真譯一卷
《異出菩薩本起經》。但晚出的兩經分別爲四卷與六十卷的較大部
經,也都有「如是我聞」等六成就的經首,應非承襲自西晉聶道真
《異出菩薩本起經》的譯法。

(二)《諸菩薩求佛本業經》一卷

　　西晉聶道真譯《諸菩薩求佛本業經》一卷,旨在論諸菩薩初學
的行業,卷首:「若那師利菩薩問文殊師利菩薩:「菩薩何因,身
有所行不令他人得長短、口所言不令他人得長短、心所念不令他人
得長短?……。」[61]未見「如是我聞」等經首六成就。

　　更早於三國時期月氏(即今之西康省)人優婆塞支謙譯
(251)《佛說菩薩本業經》一卷。此經內容有三部分,第一部分

【59】劉宋・求那跋陀羅譯,《過去現在因果經》四卷,《大正
　　　藏》冊3,no.189,頁620下-636中。

【60】隋・闍那崛多譯,《佛本行集經》60卷,《大正藏》冊
　　　3,no.190,頁655上-932上。

【61】西晉・聶道真譯,《諸菩薩求佛本業經》一卷,《大正
　　　藏》冊10,no.282,頁451上。

與《兜沙經》相當，第二部分〈願行品〉「智首菩薩。問敬首曰。
本何修行。成佛聖道。身口意淨。不念人惡。亦使天下不得其短。
仁慈至大。內性明了。殊過弟子別覺之上。一切眾邪莫能迴動。
出生端正。色相無比。」[62] 則與以文殊為會主的《華嚴經·淨行
品》「爾時，智首菩薩問文殊師利菩薩言：「佛子！菩薩云何得無
過失身、語、意業？云何得不害身、語、意業？云何得不可毀身、
語、意業？云何得不可壞身、語、意業？云何得不退轉身、語、意
業？……。」[63] 相當，第三部分〈十地品〉大致是集成本的十住
的內涵。[64] 由上述聶道真譯《諸菩薩求佛本業經》一卷的摘錄，
足見本卷經確是《華嚴經·淨行品》的別本[65]，亦是上述支謙譯
《佛說菩薩本業經》一卷「願行品」第二的異譯本。

　　支謙譯《佛說菩薩本業經》一卷「聞如是。一時佛遊於摩竭道
場。初始得佛。光景甚明。自然蓮華寶師子座。古昔諸佛所坐皆

【62】吳·支謙譯，《佛說菩薩本業經》，《大正藏》冊10，
　　　no.281，頁447中。

【63】唐·實叉難陀譯，《大方廣佛華嚴經·淨行品》，《大正
　　　藏》冊10，no.279，頁69中。

【64】參閱印順（2011），《初期大乘佛教之起源與開展》，北
　　　京：中華書局，頁439。

【65】東晉·佛陀跋陀羅譯，《大方廣佛華嚴經·淨行品》，
　　　《大正藏》冊9，no.278（7），頁430上。唐·實叉難陀
　　　譯，《大方廣佛華嚴經·淨行品》，《大正藏》冊10，
　　　no.279，頁69中。

爾。道德威儀相好如一。身意清淨...」[66]是有「聞如是」經首。聶道真譯《諸菩薩求佛本業經》的「若那師利菩薩」在支謙《佛說菩薩本業經》譯本中，譯爲智首菩薩。可見聶道真譯《諸菩薩求佛本業經》一卷，只是《華嚴經》之〈淨行品〉的別本與《佛說菩薩本業經》一卷中之一品而已，故無經首六成就。

　　支謙譯一卷《佛說菩薩本業經》菩薩願行品第二，與聶道真譯《諸菩薩求佛本業經》一卷都有表菩薩初學行業佛制【三皈依】，第一句支謙本譯爲「自皈依佛，當願眾生，體解大道，發無上意。」[67]；聶道真本譯爲「菩薩自歸於佛時，心念言：『十方天下人皆使無不歡樂於佛法，悉生極好處。』」[68]、第二句支謙本譯爲「自皈依法，當願眾生，深入經藏，智慧如海。」[69]；聶道真本譯爲「菩薩自歸於經時，心念言：『十方天下人皆使無不得深經藏，所得智慧如大海。』」[70]第三句支謙本譯爲「自歸於僧，

【66】吳・支謙譯，《佛說菩薩本業經》，《大正藏》冊10，no.281，頁446中。

【67】吳・支謙譯，《佛說菩薩本業經》，《大正藏》冊10，no.281，頁448中。

【68】西晉・聶道真譯，《諸菩薩求佛本業經》一卷，《大正藏》冊10，no.282，頁452上。

【69】吳・支謙譯，《佛說菩薩本業經》，《大正藏》冊10，no.281，頁448中。

【70】西晉・聶道真譯，《諸菩薩求佛本業經》一卷，《大正藏》冊10，no.282，頁452上。

當願眾生，依附聖眾，從正得度。」[71]；聶道真本譯爲「菩薩自歸於僧時，心念言：『十方天下人皆使無不得依度，如比丘僧有所依度，樂於佛道德。』」[72]。由上比對，支謙本【三皈依】的譯法簡潔易懂，也較接近目前佛門的用法。只是第一句由原譯「無上意」現改爲「無上心」，第三句原譯「依附聖眾，從正得度。」現改爲「統理大眾，一切無礙。」而聶道真譯本則較仔細繁瑣，可能是聶道真早期的自譯經，順暢度尚嫌不足，導致後代乏人閱讀研究。

（三）《菩薩受齋經》一卷

聶道真譯《菩薩受齋經》一卷，無任何異譯本，不易比對。此經一開始：「菩薩受齋法言：「某自歸佛，自歸法，自歸比丘僧。某身所行惡，口所言惡，意所念惡，今已除棄。某若干日、若干夜，受菩薩齋，自歸菩薩，如前六萬菩薩，皆持是齋。我是菩薩，如先行菩薩文殊師利，洹那鳩樓、阿蕱陀、曇無迦、彌勒、阿惟樓尸利、沙門陀樓檀那、羅首楞及陀宿命菩薩所持齋。我是菩薩，持菩薩齋。」[73]上述摘錄文中聶道真「比丘僧」的譯法，亦出現在上節《諸菩薩求佛本業經》中，且此經採用了相當多梵文直譯名相，如洹那鳩樓、阿蕱陀、曇無迦、彌勒、阿惟樓尸利、沙門陀樓

【71】吳·支謙譯，《佛說菩薩本業經》，《大正藏》冊10，no.281，頁448中。

【72】西晉·聶道真譯，《諸菩薩求佛本業經》一卷，《大正藏》冊10，no.282，頁452上。

【73】西晉·聶道真譯，《菩薩受齋經》一卷，《大正藏》冊24，no.1502，頁1115下-1116上。

檀那、羅首楞及陀宿命菩薩等,應屬聶道真早期自行漢譯佛經。雖無從比對此經來確認是否為大部經之一卷,但從前兩部無經首譯經均出自多卷經之一卷,不難看出聶道真習慣單譯大部經之一卷,對於初始自譯佛經,不愧是一種容易上手的好方法。加上佛教初傳入中國以來,是以精靈報應之說,與齋戒祠祀之方,逐漸深入民間。[74]《菩薩受齋經》具上述屬性,不難推測此經屬聶道真早期譯經。

二、「聞如是」經首

在聶道真存留的五部譯經中,只有一部採用此類「聞如是」經首譯法,是否為聶道真較晚期的譯法?分析說明如下:

(一)《三曼陀跋陀羅菩薩經》一卷

聶道真譯一卷《三曼陀跋陀羅菩薩經》,不似上節所述三部單經無六成就經首。此經以「聞如是」起經,摘錄如下:「聞如是。一時佛在摩竭提國清淨法處自然金剛座。光影甚明無所不遍照。與眾摩訶薩等無央數菩薩共會坐。三曼陀跋陀羅菩薩。文殊師利菩薩最第一。文殊師利菩薩問三曼陀跋陀羅菩薩言。若有人求菩薩道者。善男子善女人。欲得無蓋清淨者。當施行何等法自致得之乎。」[75]

【74】 湯用彤(2001),《漢魏兩晉南北朝佛教史(上)》,北縣:佛光出版社,頁236。

【75】 西晉・聶道真譯,《三曼陀跋陀羅菩薩經》》一卷,《大正藏》冊14,no.483,頁666下。

經首採用「聞如是」譯法，早出現在後漢康居國三藏康孟詳於後漢獻帝建安年間（196-218）譯《佛說興起行經》二卷，經云「聞如是：一時，佛在摩竭國。普為眾生故，止於竹園中，佛語諸比丘，及神足羅漢：「各齎所乞食，共至阿耨泉。」路由五姓國，將諸比丘眾，於中共乞食，比丘五百人。」[76]此經雖只兩卷卻包含舍利弗問佛十事宿緣：《佛說孫陀利宿緣經第一》[77]、《佛說奢彌跋宿緣經第二》[78]、《佛說頭痛宿緣經第三》[79]、《佛說骨節煩疼因緣經第四》[80]、《佛說背痛宿緣經第五》[81]、《佛說木槍刺腳因緣經第六》[82]、《佛說地婆達兜擲石緣經第

【76】後漢・康孟詳譯，《佛說興起行經》卷1，《大正藏》冊4，no.197，頁164上。

【77】後漢・康孟詳譯，《佛說孫陀利宿緣經第一》，《大正藏》冊4，no.197，頁164中。

【78】後漢・康孟詳譯，《佛說奢彌跋宿緣經第二》，《大正藏》冊4，no.197，頁166上。

【79】後漢・康孟詳譯，《佛說頭痛宿緣經第三》，《大正藏》冊4，no.197，頁166下。

【80】後漢・康孟詳譯，《佛說骨節煩疼因緣經第四》，《大正藏》冊4，no.197，頁167上。

【81】後漢・康孟詳譯，《佛說背痛宿緣經第五》，《大正藏》冊4，no.197，頁167下。

【82】後漢・康孟詳譯，《佛說木槍刺腳因緣經第六》，《大正藏》冊4，no.197，頁168上。

七》[83]、《佛說婆羅門女栴沙謗佛緣經第八》[84]、《佛說食馬麥宿緣經第九》[85]、《與佛說苦行宿緣經第十》[86]等，亦都一致採用「聞如是」起經。

　　吳支謙譯《佛說菩薩本業經》一卷，爲聶道真譯《菩薩求佛本業經》一卷的同本異譯，此經經首亦爲「聞如是」。[87]加上竺法護亦有「聞如是」的譯法，如晉懷帝永嘉元年（307）譯出《阿差末菩薩經》云：「聞如是。一時佛在如來所遊居土。於寶嚴淨巍巍道場。悉是正覺之所建立。大德莊嚴而依積累神妙行業。成佛報應諸菩薩宮。宣揚無量如來變化。」[88]可見自二世紀後漢時期迄四世紀東晉期間，「聞如是」是漢譯佛經經首的普遍譯法。竺法護歿後初期，聶道真自譯《三曼陀跋陀羅菩薩經》時順理延用「聞如是」的譯法。晚期之後，聶道真佛經經首「聞如是」的譯法轉爲「如是我聞」，說明如下。

【83】後漢・康孟詳譯，《佛說地婆達兜擲石緣經第七》，《大正藏》冊4，no.197，頁170中。

【84】後漢・康孟詳譯，《佛說婆羅門女栴沙謗佛緣經第八》，《大正藏》冊4，no.197，頁170下。

【85】後漢・康孟詳譯，《佛說食馬麥宿緣經第九》，《大正藏》冊4，no.197，頁172上。

【86】後漢・康孟詳譯，《佛說食馬麥宿緣經第九》，《大正藏》冊4，no.197，頁172下。

【87】吳・支謙譯，《佛說菩薩本業經》，《大正藏》冊10，no.281，頁446中。見註49。

【88】西晉・竺法護譯，《阿差末菩薩經》，《大正藏》冊13，no.403，頁583上。

三、「如是我聞」經首

在聶道真存留的五部譯經中,只有一部經的經首採用「如是我聞」譯法,應是聶道真較晚期的譯經?說明如下:

《大寶積經第100卷·無垢施菩薩應辯會 （無垢施菩薩分別應半辯經）》一卷

西晉聶道真譯《無垢施菩薩分別應半辯經》一卷,另有西晉竺法護譯《佛說離垢施女經》一卷與元魏瞿曇般若流支譯《得無垢女經》一卷兩同本異議。茲分別摘錄其經首六成就如下:

《無垢施菩薩分別應半辯經》第三十三序品第一:「如是我聞。一時佛遊舍衛國祇樹給孤獨園。與大比丘眾千人俱。皆是阿羅漢。諸漏已盡無復煩惱。於諸法中皆得自在。所作已辦捨於重擔。逮得己利盡諸有結。得正智解脫。心得善解脫。慧得善解脫。其心調伏如大象王。心得自在到於彼岸。入八解脫。唯除阿難一人。復有諸菩薩摩訶薩。皆大莊嚴眾所知識。逮不退轉。盡一生補處。」[89]

《佛說離垢施女經》:「聞如是:一時佛在舍衛國祇樹給孤獨園,與大比丘眾俱,比丘千人皆阿羅漢──諸漏已盡得已辦,無復塵垢而得自在,棄捐重擔逮得己利,盡除終始諸所結縛,度以聰慧通達明智悉為仁賢,猶如大龍心得自在──其大人賢者阿難;菩薩萬人,皆成大阿羅漢──皆一切聖達神通已暢,悉不退轉法

【89】西晉·聶道真譯,《無垢施菩薩分別應半辯經》一卷,《大正藏》冊11,no.310,頁556上。

輪——」[90]

《得無垢女經》：「如是我聞：一時婆伽婆，住舍婆提城祇陀
樹林給孤獨園，與大比丘眾千二百五十人俱，皆是阿羅漢——諸漏
已盡，無復煩惱，心得自在，善得心解脫，善得慧解脫，人中大
龍，應作者作，所作已辦，離諸重擔，逮得己利，盡諸有結，善得
正智心，解脫一切，心得自在，到第一彼岸——唯除一人尊者阿
難，餘者悉是大阿羅漢。諸大菩薩十千人，俱皆不退轉。」[91]

　　為便於比對上述三同本異譯經的經首六成就，特製如下表1.3以
利說明於後。

【90】西晉・竺法護譯，《佛說離垢施女經》一卷，《大正藏》
　　　冊12，no.338，頁89下。

【91】元魏・瞿曇般若流支譯，《得無垢女經》，《大正藏》冊
　　　12，no.339，頁97下。

表1.3：《無垢施女經》三異譯本經首比對表

經名	《佛說離垢施女經》	《大寶經・無垢施菩薩應辯會》	《得無垢女經》（論義辯才法門）
譯者	西晉竺法護	西晉聶道真	元魏婆羅門瞿曇般若流支
出處	《大正藏》冊12 no.338 p.89b	《大正藏》冊11 no.310 p.556a	《大正藏》冊12 no.339 p.97c
經首	聞如是：	如是我聞。	如是我聞：
	一時	一時	一時
	佛	佛	婆伽婆，
	在	遊	住
	舍衛國祇樹給孤獨園，	舍衛國祇樹給孤獨園。	舍婆提城祇陀樹林給孤獨園，
	與大比丘眾俱，比丘千人	與大比丘眾千人俱。	與大比丘眾千二百五十人俱。
	皆阿羅漢	皆是阿羅漢	皆是阿羅漢
	諸漏已盡 逮得己辦，無復塵垢	諸漏已盡，無復煩惱，	諸漏已盡，無復煩惱，

經名	《佛說離垢施女經》	《大寶經‧無垢施菩薩應辯會》	《得無垢女經》（論義辯才法門）
經首	而得自在	於諸法中皆得自在。	心得自在，
	度以聰慧通達明智悉為仁賢，猶如大龍心得自在。		善得心解脫，善得慧解脫，人中大龍，應作者作，
	棄捐重擔逮得己利，盡除終始諸所結縛，	所作已辦捨於重擔。逮得己利盡諸有結。	所作已辦，捨於重擔，逮得己利，盡諸有結。
	度以聰慧通達明智悉為仁賢，猶如大龍心得自在其大人賢者阿難；	得正智解脫。心善解脫。慧得善解脫。其心調伏如大象王。心得自在到於彼岸。入八解脫。唯除阿難一人。	善得正智心，解脫一切，心得自在，到第一彼岸──唯除一人尊者阿難，
	菩薩萬人，皆成大阿羅漢──皆一切聖達神通已暢，悉不退轉法輪──	復有諸菩薩摩訶薩。皆大莊嚴眾所知識。逮不退轉。盡一生補處。	餘者悉是大阿羅漢。諸大菩薩十千人，俱皆不退轉，

首先，三部同本異譯經中，西晉竺法護最早譯出《佛說離垢施女經》，西晉聶道真譯《大寶積經・無垢施菩薩應辯會》與元魏婆羅門瞿曇般若流支譯《得無垢女經》均爲晚出譯經。前者譯爲「聞如是」，晚出兩經都譯爲「如是我聞」，由此推測中國佛教譯經史上，「聞如是」譯法早於「如是我聞」。其次，元魏瞿曇般若流支譯《得無垢女經》分別以「婆伽婆」、「舍婆提城」與「大比丘眾千二百五十人俱」，取代竺法護與聶道真譯本的「佛」字、「舍衛國」與「大比丘眾千人俱」的譯法。竺法護與聶道真譯本的譯法較爲一致，《得無垢女經》中「婆伽婆」是梵語Bhagavat的音譯，與「舍婆提城」是梵名Srāvastī的音譯，顯然爲較早期的梵音直譯法，而「大比丘眾千二百五十人俱」卻又是較晚期的譯法。

　　就西晉聶道真尚留存的五部譯經，如表1.2依異譯本的有無與譯出時間，以及梵音直譯詞彙的有無與多寡比對後，聶道真譯《異出菩薩本起經》一卷雖早有吳支謙《太子瑞應本起經》異譯本，加上僅有兩個梵音直譯詞彙，用字較爲白話，顯然是聶道真中晚期的譯經，且只是譯自大部經的其中一卷，故無佛經經首的六成就。《諸菩薩求佛本業經》一卷則是《華嚴經・淨行品》的別本與《佛說菩薩本業經》一卷中之一品而已，故無經首六成就。《菩薩受齋經》一卷無異譯本，同上述《佛說菩薩本業經》都無經首六成就，但都採用了「漚和拘舍羅」（Upala譯曰方便）與「薛荔」等梵文直譯法，生澀饒舌不易讀誦，筆者推測這兩部同屬聶道真早期譯經。另外《三曼陀跋陀羅菩薩經》一卷雖亦有「漚和拘舍羅」與「薛荔」梵文直譯詞彙，但有「聞如是」經首，應屬聶道真中晚期的譯經。《無垢施菩薩分別應辯經》一卷是以「如是我聞」爲經首，無梵

文直譯名相，由此可以推測這部經屬聶道真晚期的譯經。

第五節　聶道眞譯經風格

本節將透過聶道真尚留存五部譯經的音譯名相，來比對聶道真與其師竺法護和後漢支婁迦讖，與吳支謙的譯辭手法，將其分爲如下五類來梳理聶道真的譯風。

一、承襲自支婁迦讖

西晉聶道真在《三曼陀跋陀羅菩薩經》中只有一個漢譯辭彙非承自竺法護，而是延用自後漢支婁迦讖的譯法，摘錄說明如下：

（一）迦羅蜜

「有惡於一切諸佛諸菩薩諸迦羅蜜諸父母阿羅漢……」[92] 聶道真

「若欲求飲食。離於迦羅蜜。親附於惡師。於本佛所無功德者。」[93] 支婁迦讖

「云何當親近於迦羅蜜（漢云善友）。云何離於惡師。云何而等住。云何而捨（二「十九）。菩薩報言。其教導菩

【92】西晉・聶道真譯，《三曼陀颺陀羅菩薩經》，《乾隆藏》冊67，no.10-1099，頁835上。

【93】後漢・支婁迦讖譯，《文殊師利問菩薩署經》卷1，《大正藏》冊14，no.458，頁437上。

薩道。是則為迦羅蜜。令離菩薩心。是則為惡師。」[94]
支婁迦讖

　　「迦羅蜜」對譯"kalyānamitra"，指善知識。在諸佛教漢譯藏
經中，「迦羅蜜」的譯法唯有出現在聶道真譯《三曼陀颰陀羅菩薩
經》和後漢支婁迦讖所譯《文殊師利問菩薩署經》與《佛說伅真陀
羅所問如來三昧經》的三部經中，可見聶道真「迦羅蜜」的譯法是
承襲自後漢支婁迦讖的譯法。

一、承襲自吳支謙

　　聶道真譯《菩薩受齋經》中出現的九個梵文漢譯名相中，僅有
一個是聶道真承襲自吳支謙的譯法。摘錄說明如下：

（一）阿蕪陀

　　「我是菩薩。如先行菩薩文殊師利。洹那鳩樓阿蕪陀曇無
　　迦彌勒……。」[95] 聶道真
　　「曇摩為法。阿曷為當來。薩為常。波輪為淚出。阿蕪陀
　　為命不可數。」[96] 支謙

　　「阿蕪陀」對譯"ayuta"，為命不可數，只出現在上述兩部
譯經的摘錄中，後者支謙譯《惟日雜難經》一卷雖無法確實其譯出

【94】後漢‧支婁迦讖譯，《佛說伅真陀羅所問如來三昧經》卷
　　　2，《大正藏》冊15，no.624，頁360上。
【95】西晉‧聶道真譯，《菩薩受齋經》卷1，《大正藏》冊
　　　24，no.1502，頁1115下。
【96】吳‧支謙譯，《惟日雜難經》卷1，《大正藏》冊17，
　　　no.760，頁608中。

年代，但可以確定支謙是在吳黃武元年至建興年中（222-253）的三十餘年間譯出。【97】至少早於聶道真譯出《菩薩受齋經》一卷半個世紀，故可以推斷聶道真採用「阿蕪陀」譯法，是承襲自支謙。

二、承襲自支婁迦讖與竺法護：

此類漢譯名相計有五個分五組說明如下：

（一）乾陀羅

「及諸天龍鬼神乾陀羅......」【98】聶道真

「一切天龍鬼神。捷沓和。阿須倫。......人與非人。」【99】竺法護

「虛空亦有乾陀羅。亦有諸龍。其虛空。而無增減。」【100】竺法護

「乾陀羅鬼神。阿須倫鬼神。......人非人。皆思樂欲見是菩薩。」【101】支婁迦讖

【97】梁・僧祐撰，《出三藏記集》，《大正藏》冊55，no.2145，頁97下。

【98】西晉・聶道真譯，《三曼陀颰陀羅菩薩經》，《乾隆藏》冊67，no.10-1099，頁838上。

【99】西晉・竺法護譯，《漸備一切智德經》卷4，《大正藏》冊10，no.285，頁480下。

【100】西晉・竺法護譯，《等目菩薩所問三昧經》卷2，《大正藏》冊10，no.288，頁584中。

【101】後漢・支婁迦讖譯，《般舟三昧經》卷2，《大正藏》冊13，no.418，頁913上。

「乾陀羅」對譯 "gandha"，意譯香。上述摘錄中，聶道真漢譯「乾陀羅」與後漢支婁迦讖的譯法相同。竺法護則有「乾陀羅」與「揵沓和」兩種譯法。

（二）阿須倫迦留羅

「及諸天龍鬼神乾陀羅<u>阿須倫迦留羅</u>甄陀羅摩休勒人非人」【102】聶道真

「一切天龍鬼神。揵沓和。<u>阿須倫。迦留羅</u>。真陀羅。摩睺勒。人與非人。」【103】竺法護

「知一切諸天龍神。揵沓和。<u>阿須輪。迦留羅</u>。甄陀羅。摩休勒。」【104】竺法護

「諸天龍<u>阿須輪</u>諸夜叉<u>迦樓羅</u>甄陀羅摩睺勒等。」【105】支婁迦讖

「乾陀羅鬼神。<u>阿須倫</u>鬼神。<u>迦留羅</u>鬼神。真陀羅鬼神。摩睺勒鬼神。」【106】支婁迦讖

【102】西晉・聶道真譯，《三曼陀颰陀羅菩薩經》，《乾隆藏》冊67，no.10-1099，頁838上。

【103】西晉・竺法護譯，《漸備一切智德經》卷4，《大正藏》冊10，no.285，頁480下。

【104】西晉・竺法護譯，《度世品經》卷2，《大正藏》冊10，no.292，頁624中。

【105】後漢・支婁迦讖譯，《般舟三昧經》卷2，《大正藏》冊13，no.418，頁898上。

【106】後漢・支婁迦讖譯，《般舟三昧經》卷2，《大正藏》冊13，no.418，頁913上。

「阿須倫」對譯 "Asura"，意譯非天；「迦留羅」對譯 "Kimnara"，意譯爲疑人、疑神。如上摘錄，西晉竺法護與後漢支婁迦讖，在「阿須倫」這個名相的漢譯是一致的，不僅用「阿須倫」，亦採用「阿須輪」，但西晉聶道真則僅採用「阿須倫」。聶道真在漢譯「迦留羅」上則效法竺法護，支婁迦讖在其《般舟三昧經》亦出現「迦留羅」的漢譯，但同經亦出現「迦樓羅」的譯法。可見在這兩個漢譯名相上，聶道真完全承襲自竺法護的譯法。

（三）甄陀羅

「及諸天龍鬼神乾陀羅阿須倫迦留羅<u>甄陀羅</u>……」[107] 聶道真

「調化一切天龍鬼神捷沓和阿須倫迦留羅<u>甄陀羅</u>……。」[108] 竺法護

「諸天龍阿須輪諸夜叉迦樓羅<u>甄陀羅</u>……。」[109] 支婁迦讖

「甄陀羅」對譯 "Kimnara"，意譯爲疑人、疑神人非人。上述摘錄，西晉聶道真「甄陀羅」漢譯法來自竺法護，但此種譯法非始於竺法護，早在後漢支婁迦讖即已譯出「甄陀羅」。

【107】西晉・聶道真譯，《三曼陀颰陀羅菩薩經》，《乾隆藏》冊67，no.10-1099，頁838上。

【108】西晉・竺法護譯，《度世品經》卷2，《大正藏》冊10，no.292，頁624下。

【109】後漢・支婁迦讖譯，《般舟三昧經》卷2，《大正藏》冊13，no.418，頁898上。

（四）摩休勒

「及諸天龍鬼神……**摩休勒**人非人」[110] 聶道真

「諸天龍神……**摩休勒**人與非人。」[111] 竺法護

「一切天龍鬼神……**摩睺勒**。……。」[112] 竺法護

「一切天龍鬼神揵沓和……**摩睺勒**。」[113] 竺法護

「諸天龍……諸夜叉……**摩睺勒**等。」[114] 支婁迦讖

　　「摩睺勒」對譯 "Mahoraga"，意譯作大蟒蛇。漢譯「摩睺勒」詞語時，竺法護除承襲支婁迦讖的譯法，兼有「摩休勒」之譯法，聶道真則承襲竺法護後者「摩休勒」漢譯法。

（五）薛荔

　　「菩薩未得飯時。心念言。十方天下人。皆使莫復墮泥犂。禽獸。薛荔。監樓。惡道中。」[115] 聶道真

【110】西晉・聶道真譯，《三曼陀颰陀羅菩薩經》，《乾隆藏》冊67，no.10-1099，頁838上。

【111】西晉・竺法護譯，《諸佛要集經》卷1，《大正藏》冊17，no.810，頁756下。

【112】西晉・竺法護譯，《漸備一切智德經》卷4，《大正藏》冊10，no.285，頁480下。

【113】西晉・竺法護譯，《度世品經》卷2，《大正藏》冊10，no.292，頁624下。

【114】後漢・支婁迦讖譯，《般舟三昧經》卷2，《大正藏》冊13，no.417，頁898上。

【115】西晉・聶道真譯，《諸菩薩求佛本業經》卷1，《大正藏》冊10，no.282，頁453中。

「泥黎薛荔禽獸諸勤苦者早得解脫。」[116]聶道真

「剎中無有泥犁禽獸薛荔。但有菩薩及天與人。」[117]竺
法護

「沙門如是多諷經。高才不去情欲。於情欲中渴欲死。
坐入泥犁禽獸薛荔中。譬如醫滿一具器藥。不能自愈其
病。」[118]支婁迦讖

　　「薛荔」對譯"preta"，意指惡鬼。由上述摘錄之比對，可見
聶道真「薛荔」之譯法不但因襲自其師竺法護，更可追溯至後漢支
婁迦讖。

　　除了上述五組漢譯名相外，三者譯經經首均採用「聞如是」譯
法。[119]可見聶道真沿襲支婁迦讖與竺法護的譯詞是其譯法之一。

三、承襲自竺法護

　　聶道真曾任竺法護筆受，故承襲竺法護譯法責無旁貸，在其漢

【116】西晉·聶道真譯，《三曼陀颰陀羅菩薩經》，《乾隆
　　　　藏》冊67，no.10-1099，頁838上。

【117】西晉·竺法護譯，《佛說阿闍貰王女阿術達菩薩經》卷
　　　　1，《大正藏》冊12，no.337，頁89上。

【118】後漢·支婁迦讖譯，《佛說遺日摩尼寶經》卷1，《大正
　　　　藏》冊12，no.350，頁193上。

【119】後漢·支婁迦讖譯，《般舟三昧經》，《大正藏》冊
　　　　13，no.417，頁897上。西晉·竺法護譯，《度世品經》
　　　　卷2，《大正藏》冊10，no.292，頁617下。西晉·聶道
　　　　真譯，《三曼陀颰陀羅菩薩經》，《乾隆藏》冊67，
　　　　no.10-1099，頁834下。

譯《菩薩受齋經》、《諸菩薩求佛本業經》、與《三曼陀颰陀羅菩薩經》中，至少有三個實例可茲證明，分別摘錄比對說明如下：

（一）陀鄰尼

「皆具足陀鄰尼清淨三昧一心不動搖」[120] 聶道真

「是諸菩薩不樂餘話。但議菩薩陀鄰尼金剛行法三品清淨。」[121] 竺法護

「一者意作陀鄰尼行不可盡。二者陀鄰尼所入行不可盡……。」[122] 竺法護

「陀鄰尼」對譯 "dhārani"，意譯總持、能持、能遮。由上述摘錄之比對，可見聶道真「陀鄰尼」之譯法因襲自其師竺法護。

（二）漚和拘舍羅

「當念漚惒拘舍羅。是菩薩法。」[123] 聶道真

「心念言。十方天下人。皆使還漚惒拘舍羅波羅蜜悉得

【120】西晉・聶道真譯，《三曼陀颰陀羅菩薩經》，《乾隆藏》冊67，no.10-1099，頁839上。

【121】西晉・竺法護譯，《佛說方等般泥洹經》卷1，《大正藏》冊12，no.378，頁918上。

【122】西晉・竺法護譯，《無極寶三昧經》卷1，《大正藏》冊15，no.636，頁510上。

【123】西晉・聶道真譯，《菩薩受齋經》卷1，《大正藏》冊24，no.1502，頁1116上。

經。」[124] 聶道真

「一切漚惒拘舍羅。是為諸經中尊。」[125] 聶道真

「悉得五旬深入微妙漚和拘舍羅。總持空法藏門。」[126] 竺法護

「欲聞無底法如意不異念。欲意受漚和拘舍羅。」[127] 竺法護

「漚惒拘舍羅」對譯 "upāya-kausalya"，意譯方便善巧。「漚惒拘舍羅」譯法不只出現在聶道真《三曼陀颰陀羅菩薩經》，亦出現在《菩薩受齋經》中。《大正藏》版將「漚惒拘舍羅」的「惒」改為「和」[128]，故由上述摘錄中，可見聶道真的此種譯法承襲自其師竺法護。

（三）阿惟三佛

「現在佛阿耨多羅三耶三菩及至阿惟三佛其已成悉等知未

【124】西晉・聶道真譯，《諸菩薩求佛本業經》卷1，《大正藏》冊10，no.282，頁451下。

【125】西晉・聶道真譯，《三曼陀颰陀羅菩薩經》，《乾隆藏》冊67，no.10-1099，頁835上。

【126】西晉・竺法護譯，《佛說阿闍貰王女阿術達菩薩經》卷1，《大正藏》冊12，no.337，頁84上。

【127】西晉・竺法護譯，《無極寶三昧經》卷1，《大正藏》冊15，no.636，頁509下。

【128】西晉・聶道真譯，《三曼陀跋陀羅菩薩經》，《大正藏》冊14，no.483，頁666下、667中、668中。

轉法輪者」[129] 聶道真

「疾逮阿耨多羅三耶三菩。成阿惟三佛。」[130] 竺法護

　　「阿惟三佛」對譯 "abhisambuddha"，意譯現等覺。由上述摘錄之比對，可見聶道真「阿惟三佛」之譯法因襲自其師竺法護。

四、聶道真自創譯詞

　　聶道真漢譯《菩薩受齋經》、《諸菩薩求佛本業經》、《三曼陀颰陀羅菩薩經》與《異出菩薩本起經》時，除了因襲竺法護、後漢支婁迦讖與吳支謙上述譯詞外，亦自行開創了如下十五個新譯詞彙，分別摘錄如下：

　　現存聶道真譯《菩薩受齋經》出現在《翻梵語》中之九個梵文漢譯名相中有如下五個亦是聶道真自創：

（一）洹那鳩樓（應云婆那鳩樓　譯曰婆那者林鳩樓者作）

（二）曇無迦（應云曇摩迦　譯曰樂（午教反））

（三）阿惟樓尸利（應云阿梨耶尸利　譯曰聖告）

（四）陀樓檀那（譯曰陀樓者木檀那者施）

（五）拘樓檀（應云拘樓檀那　譯曰拘樓者作檀那者施）[131]

【129】西晉・聶道真譯，《三曼陀颰陀羅菩薩經》，《乾隆藏》冊67，no.10-1099，頁837下。

【130】西晉・竺法護譯，《光讚經》卷1，《大正藏》冊8，no.222，頁155下。

【131】信行撰，《翻梵語》卷1，《大正藏》冊54，no.2130，頁990中下。

《諸菩薩求佛本業經》亦有二個聶道真自創梵文漢譯名相，摘錄如下：

（一）若那師利菩薩：「若那師利菩薩問文殊師利菩薩：『菩薩何因，身有所行不令他人得長短、口所言不令他人得長短、心所念不令他人得長短？』」[132]

（二）監樓：菩薩未得飯時。心念言。十方天下人。皆使莫復墮泥犁。禽獸。薜荔。監樓。惡道中。[133]

　　「若那師利菩薩」對譯"Jnanasuri"，譯為「智首菩薩。」。「監樓」對譯"Asura"，意譯「非天」。

　　《三曼陀颰陀羅菩薩經》計有六個聶道真自創漢譯詞語：

（一）兜沙陀比羅：般若波羅蜜兜沙陀比羅經[134]

（二）三曼陀颰陀羅：三曼陀颰陀羅經[135]

（三）怛沙竭：於諸佛諸菩薩諸迦羅蜜父母阿羅漢辟支佛怛沙竭護怛沙竭寺神怛沙竭法中[136]

【132】西晉・聶道真譯，《諸菩薩求佛本業經》卷1，《大正藏》冊10，no.282，頁451上。

【133】西晉・聶道真譯，《諸菩薩求佛本業經》卷1，《大正藏》冊10，no.282，頁453中。

【134】西晉・聶道真譯，《三曼陀颰陀羅菩薩經》，《乾隆藏》冊67，no.10-1099，頁835上。

【135】西晉・聶道真譯，《三曼陀颰陀羅菩薩經》，《乾隆藏》冊67，no.10-1099，頁834下。

【136】西晉・聶道真譯，《三曼陀颰陀羅菩薩經》，《乾隆藏》冊67，no.10-1099，頁835上。

（四）多沙竭：若欲犯若已犯其多沙竭所教誡若犯之……【137】

（五）須呵摩提：皆令生須呵摩提阿彌陀佛剎【138】

（六）泥黎：「泥黎薜荔禽獸諸勤苦者早得解脫」【139】聶道真

「我為一眾生故。一劫之中代受泥黎苦。」【140】符秦‧僧
伽跋澄等

「有如從泥黎中死。泥黎中陰現在前生泥黎。」【141】符
秦‧僧伽跋澄等

「世尊告諸比丘。有四大泥黎之人。」【142】

　　第1「兜沙陀比羅」對譯"sukhāmati"，意譯為「行業
經」。第2「三曼陀颰陀羅」對譯"samantabhadra"，指「普賢菩
薩」。第4「多沙竭」應即第3「怛沙竭」，對譯"tathāgata"，
指「如來」，是聶道真自創之漢譯法。第5「須呵摩提」，對譯
"sukhāmati"，指「西方極樂淨土」。

【137】西晉‧聶道真譯，《三曼颰跋陀羅菩薩經》，《乾隆
藏》冊67，no.10-1099，頁835下。

【138】西晉‧聶道真譯，《三曼陀颰陀羅菩薩經》，《乾隆
藏》冊67，no.10-1099，頁838下。

【139】西晉‧聶道真譯，《三曼陀颰陀羅菩薩經》，《乾隆
藏》冊67，no.10-1099，頁838上。

【140】符秦‧僧伽跋澄等譯，《僧伽羅剎所集經》卷3，《大正
藏》冊4，no.194，頁143上。

【141】符秦‧僧伽跋澄等譯，《尊婆須蜜菩薩所集論》卷5，
《大正藏》冊28，no.1549，頁758中。

【142】東晉‧瞿曇僧伽提婆譯，《增壹阿含經》卷48，《大正
藏》冊2，no.125，頁810中。

上述第6「泥黎」對譯 "niraya"，意即「地獄」，該項目中第二筆與第三筆摘錄分別出自《僧伽羅刹所集經》與《尊婆須蜜菩薩所集論》，均為符秦僧伽跋澄等譯於東晉孝武帝太元九年（384）七月間，第四筆摘錄自《增壹阿含經》，為瞿曇僧伽提婆譯於東晉孝武帝太元十年（385）。這三筆譯出時間雖然較接近聶道真譯出《三曼陀颰陀羅菩薩經》的時間，但都晚於後者的譯出。

　　《異出菩薩本起經》只採用「夫婁多摩國」與城名「缽摩訶」兩個漢譯名相。[143] 經曰「釋迦文佛，前世宿命為人時，在夫婁多摩國，世世為善，無數世乃得為佛。」[144]

　　由上摘錄與比對，可見聶道真漢譯《菩薩受齋經》、《諸菩薩求佛本業經》、《三曼陀颰陀羅菩薩經》、與《異出菩薩本起經》時，除了因襲竺法護、後漢支婁迦讖與吳支謙譯詞外，亦自行採用了如上十五個新譯詞，其中十四個譯詞分別見於前三經，唯一「泥黎」雖見於其他經論中，但譯出時間都晚於此三經的譯出，故可以斷定「泥黎」一詞亦是聶道真的創新譯法。總結聶道真的譯風，除了部分傳承自其師竺法護外，少數承襲吳支謙，甚至遠溯後漢支婁迦讖，主要歸功於佔六成高比例的自創新譯詞藻的譯經風格，對於印度佛教在中國的弘傳是有貢獻的。

【143】西晉・聶道真譯，《異出菩薩本起經》一卷，《大正藏》冊3，no.188，頁617中。

【144】西晉・聶道真譯，《異出菩薩本起經》一卷，《大正藏》冊3，no.188，頁617中。

第六節　結論

　　聶道真雖非西晉佛教著名譯經師，但跟隨竺法護漢譯大量佛經的筆受經驗，在法護歿後，即自譯佛經五十四部合六十六卷及經錄一部，惜因時代久遠這些譯經大半佚失，僅存收錄在《大正藏》等的六部譯經。本章考核最早經錄《出三藏記集》與《歷代三寶紀》有關此六經的摘錄，再比對分析此六經的譯筆風格與翻譯文句的結構，發現這六部經籍中的《文殊師利般涅槃經》既無梵音直譯，亦無聶道真「逮」字慣譯辭的譯筆風格，文本中規則的四句或八句翻譯文句又迥異於其他五經的不規則無定數文句，懷疑此經並非聶道真所譯。再進一步比較這五部經的同本異譯，與經首六成就的有無與譯法，輔以漢譯詞彙的追溯比對，發現聶道真除了堪稱早期中國佛教的居士典範外，在中國佛教漢譯佛經發展史上是有如下貢獻的。

　　聶道真五十四部譯經中，目前僅存各一卷的《菩薩受齋經》、《菩薩求佛本業經》、《三曼陀跋陀羅菩薩經》、《無垢施菩薩分別報應經》、與《異出菩薩本起經》等五部。這五部譯經題中，均冠有「菩薩」兩字，可見聶道真譯經以菩薩經為主，深受竺法護宗譯大乘經的影響，但較偏向華嚴經的在家菩薩弘法的形跡，這多少與其在家身份有關。再者，五部譯經中《菩薩受齋經》一卷無異譯本，此經為後世研究菩薩齋戒提供了原始文獻。

　　依異譯本的有無與譯出時間，梵音直譯詞彙的有無與多寡，以及經首六成就的譯法，比對聶道真尚留存的五部譯經譯出時間先後，依序為《菩薩受齋經》、《佛說菩薩本業經》、《三曼陀跋陀羅菩薩經》、《異出菩薩本起經》與《無垢施菩薩分別應半辯

經》，譯文是逐步白話與通暢。亦可見隋・費長房撰《歷代三寶紀》經錄所載聶道真譯經，非依出經年代先後排序。

聶道真尚存五部譯經的譯法可分為五類：延用後漢支婁迦讖的譯詞一個，承襲自支婁迦讖與竺法護漢譯名相計有五個，延用吳支謙的譯詞一個，承襲自竺法護漢譯辭藻至少有三個，聶道真自創譯詞十五個。在前述五類中，以聶道真自創新譯詞佔六成的最高比例，其次為習自支婁迦讖與其師竺法護譯詞佔二成。可見聶道真的譯風直接受其師竺法護影響甚大，其次承襲自後漢支婁迦讖與吳支謙，再結合大量自創新譯辭藻，可謂是經由繼承到開創的譯經風格。由聶道真漢譯佛經使用的譯詞，多少可窺見漢魏兩晉譯經詞語的轉變脈絡，由胡語音譯過渡至意譯詞語、由繼承過渡到開創新譯詞、由單卷經過渡至多卷經、由外來譯經僧傳授本地譯經居士，過渡至本土在家居士獨立大量譯經，甚至編纂經錄，後來甚至造就了許多出色的本地僧眾的開宗立派，奠定了中國佛教的特色。

聶道真的譯經典範，見證了早期印度佛教初傳入中國，在中國本土化的過程，為中國文學注入了大量的美麗辭藻，促成佛教在中國的生根與繁榮。尤其聶道真與其父聶承遠同為竺法護筆受，後來聶道真譯經數量遠超過其父，更見證佛教在中國傳播的多元管道，及蘊含家族信仰傳承的內涵。

自朱士行提倡《般若》迄於鳩摩羅什，《般若》為魏晉南北朝佛教義學之大宗。聶道真處於這期間，其師竺法護一百五十四部譯經，以大乘般若法華經為主。聶道真在竺法護歿後，四成以上自譯佛經的義理轉宗華嚴菩薩思想與行持，對宋武帝永初二年（421）佛陀跋陀羅漢譯六十卷《大方廣佛華嚴經》與後世華嚴宗的創立雖無直接關係，但不無影響。

參考書目

一、原典

後漢・康孟詳譯，《佛說興起行經》卷1，《大正藏》冊4，no.197。

後漢・支婁迦讖譯，《佛說遺日摩尼寶經》卷1，《大正藏》冊12，no.350。

後漢・支婁迦讖譯，《般舟三昧經》卷2，《大正藏》冊13，no.418。

後漢・支婁迦讖譯，《文殊師利問菩薩署經》卷1，《大正藏》冊14，no.458。

後漢・支婁迦讖譯，《佛說伅真陀羅所問如來三昧經》卷2，《大正藏》冊15，no.624。

吳・支謙譯，《惟日雜難經》卷1，《大正藏》冊17，no.760。

西晉・竺法護譯，《生經》卷5，《大正藏》冊3，no.154。

西晉・竺法護譯，《過去世佛分衛經》卷1，《大正藏》冊3，no.180。

西晉・竺法護譯，《佛說普曜經》卷1，《大正藏》冊3，no.186。

西晉・竺法護譯，《光讚經》卷1，《大正藏》冊8，no.222。

西晉・竺法護譯，《漸備一切智德經》卷4，《大正藏》冊10，no.285。

西晉・竺法護譯，《等目菩薩所問三昧經》卷2，《大正藏》冊10，no.288。

西晉・竺法護譯，《度世品經》卷2，《大正藏》冊10，no.292。

西晉・竺法護譯，《佛說阿闍貰王女阿術達菩薩經》卷1，《大正藏》冊12，no.337。

西晉・竺法護譯，《佛說離垢施女經》一卷，《大正藏》冊12，

no.338。

西晉・竺法護譯，《慧上菩薩問大善權經》卷1，《大正藏》冊12，no.345。

西晉・竺法護譯，《佛說方等般泥洹經》卷1，《大正藏》冊12，no.378。

西晉・竺法護譯，《阿差末菩薩經》，《大正藏》冊13，no.403。

西晉・竺法護譯，《無極寶三昧經》卷1，《大正藏》冊15，no.636。

西晉・竺法護譯，《諸佛要集經》卷1，《大正藏》冊17，no.810。

西晉・聶道真譯，《三曼陀颰陀羅菩薩經・序品第一》，《乾隆藏》冊67，no.10-1099。

西晉・聶道真譯，《諸菩薩求佛本業經》卷1，《大正藏》冊10，no.282。

西晉・聶道真譯，《大寶積經第100卷・無垢施菩薩分別應半辯經》一卷，《大正藏》冊11，no.310。

西晉・聶道真譯，《菩薩受齋經》卷1，《大正藏》冊24，no.1502。

元魏・瞿曇般若流支譯，《得無垢女經》，《大正藏》冊12，no.339。

梁・釋慧皎撰，《高僧傳竺曇摩羅剎八》卷1，《大正藏》冊50，no.2059。

梁・僧祐撰，《出三藏記集》，《大正藏》冊55，no.2145。

隋・闍那崛多譯，《佛本行集經》60卷，《大正藏》冊3，no.190。

隋・費長房撰，《歷代三寶紀》卷6，《大正藏》冊49，no.2034。

唐・道宣撰，《大唐內典錄》卷2，《大正藏》冊55，no.2149。

唐・智昇撰，《開元釋教錄》卷2，《大正藏》冊55，no.2154。

信行撰，《翻梵語》卷1，《大正藏》冊54，no.2130。

二、專書

印順（2011），《初期大乘佛教之起源與開展》，北京：中華書局。

黃懺華（1947），《中國佛教史略》，東方出版社。

湯用彤（2001），《漢魏兩晉南北朝佛教史（上）》，北縣：佛光出版社。

慈怡主編（1988），《佛光大辭典》，高雄市：佛光出版社。

Lewis Lancaster（藍卡斯特）（1979），*The Korean Buddhist Canon: A Descriptive Cataloguer*。

Jan Nattier（那體慧）（2003）*Few Good Men: The Bodhisattva Path According to the Inquiry of Ugra Ugrapaiprccha, Honolulu: University of Hawai'i Press.*

三、論文

柯惠馨（2006），《華嚴經中普賢菩薩之研究》，東海大學中國文學系碩士論文。

陳士強（2012），〈漢傳佛教目錄學小史〉，《內明》第二四二期，2012.1.14。

釋永東（2009），〈論《菩薩受齋經》之生命轉化教育〉，《新世紀宗教研究》，2009年12月第八卷第二期。

釋永東（2013），〈《三曼陀跋陀羅菩薩經》與《普賢行願品》之比較研究〉，《新世紀宗教研究》，2013年6月第十一卷第四期，頁1-47。

釋永東（2014），〈《聶道真錄》之研究〉，《新世紀宗教研究》，2014年3月第十二卷第二期，頁139-190。

（本論文已於2013年5月26日經外審期刊《新世紀宗教研究》審查通過，接受刊登。）（接受刊登證明見附錄一）

第二章　論《菩薩受齋經》之生命轉化教育

第一節　緒論

近數十年來，「生命教育」的推廣蔚爲全世界的風潮。而「生命教育」含蓋的終極課題的探索與實踐、倫理思考與反省、和人格統整與靈性提升三大領域，幾乎和宗教密不可分。佛教的釋迦牟尼在菩提樹下證悟緣起法而成佛，其成佛過程就是經由自覺、漫長的學習和修正，所完成的生命轉化。釋迦牟尼一生的生命轉化實證歷程，可規納爲四點：一、從物質到精神的提昇──捨離王宮優渥生活過沙門頭陀行；二、從肉體到心靈的淨化──割愛辭親四處尋師訪道禪修不斷；三、從小我到大我的實踐──爲眾生尋找滅除生老病死苦之道；四、從有限到無限的完成──超越分段生死輪迴進入涅槃寂靜。佛教所謂的三藏十二部，即是釋尊成佛後一次次傳授其轉化生命理論和方法的結集。《菩薩受齋經》就是其中之一，內容載述，於特定之齋日，爲策勵行道而行齋戒，修行六波羅蜜，修念十念、十戒等；既得清淨生活，並修行救度眾生之心。有關「生命

轉化」的相關文獻，主要以吳怡的〈整體生命轉化的系統〉[1] 和〈從生命的轉化看中國人間佛教的開展〉[2] 為代表。後者談及何謂生命的轉化、佛陀對生命轉化的實證、中國哲學對生命轉化的功夫和中國佛學的人間意義等，可做為本章的研究參考。

「齋戒」這兩個字，在中文字典裏的解釋是：「古人在祭祀典禮的大事前，必須齋戒，以使其心志清淨。」「齋」是素食，「戒」是戒絕好欲。齋者，戒潔也。本作齊，謂齊一意志。又禁止六情，不染六塵；齊斷諸惡，具修眾善。古人祭祀之前，必先行齋，且齋必有所戒，故亦云齋戒。[3] 孔子對於齋戒，也很嚴格。如《論語・鄉黨》云：「齋必有明衣，布，齋必變色，齋必避席。」[4]「齋必避席」意思是要獨居，不能同別人在一起居住，在一起飲食。「齋必有明衣，布」意思是要穿布做的潔白衣裳，不是平常的便服。「齋必變色」意思是齋戒的人，不僅飲食起居與衣著和平常不一樣，甚至態度形色，都要變得莊嚴隆重和平常不一樣。齋亦有清淨之義，謂靜慮攝心，恬淡養志，以離諸過。又齋者，梵云Uposadha，音譯略為布薩。原古印度之祭法，乃每十五日

【1】吳怡（1996），〈整體生命轉化的系統〉3-50，《生命的轉化》，台北：東大。

【2】吳怡（2001），〈從生命的轉化看中國人間佛教的開展〉，《普門學報》第一期：頁96-119，（臺北：佛光山文教基金會）20011/3。

【3】釋有因編述（2002），《在家五戒八戒學處》，台中淨宗學會，頁117。

【4】謝冰瑩等譯編（1990），《新譯四書讀本》（鄉黨第十），台北：三民書局，頁174。

集會一次，令各自懺悔罪過、清淨身心，祭主並行斷食。至佛陀時，延用此法，聽僧團半月行事，誦戒羯磨，令比丘安住淨戒，以長養善法，惟不須斷食，此乃布薩由來。[5] 凡持齋者，須過午不食，伊斯蘭的「齋戒」，阿拉伯語音譯是「索亞穆」，本意是「自我克制」。可見許多宗教都非常重視齋戒的修行。

　　比較接近本章主題的相關齋戒的文獻，有林榮澤〈持齋戒殺：清代民間宗教的齋戒信仰研究〉，全文分三個主要的部份作論述，首先是就齋戒的淵源作探討，分別就大傳統與小傳統兩方面來分析。前者是就歷代皇帝推動齋戒禁屠的情形作探討，後者是論述民間宗教齋戒信仰的形成背景。其次是就清代官方檔案中有關齋戒活動的記載及《寶卷》《經籍》中有關齋戒信仰的教義內容作分析，以了解清代民間宗教齋戒信仰的特色。其三是就官方取締民間宗教齋戒活動，及這些民間齋戒活動的社會文化義涵作分析。該文所探討的齋戒信仰活動，是指利用「庵堂」、「齋堂」或「佛堂」等聚會場所舉辦之“吃齋”、“作會”、“齋供”等的宗教性活動。[6] 但該論文研究清代民間宗教的齋戒信仰，約晚於中原本土關洛人聶道真於西晉譯出的《菩薩受齋經》一千三百多年，故僅能供做本章的參考。再者，黃詩茹〈戰後台灣佛教僧俗關係的轉變

【5】 釋有因編述（2002），《在家五戒八戒學處》，台中淨宗
　　　學會，頁117。

【6】 林榮澤（2003），〈持齋戒殺：清代民間宗教的齋戒信仰
　　　研究〉，國立臺灣師範大學歷史研究所博士論文。

及意涵：由台中蓮社、大專青年齋戒會、香光尼僧團考察〉[7]和
張淨茵〈清修與律己—以「大專學生齋戒學會」學員之參與經驗為
例〉[8]都是以大專學生齋戒會實例的調查研究。其他較其次的文
獻則有劉技萬〈中國修齋考〉[9]考據修齋的典故和李輔仁《仁心
與持齋》[10]、戴玄之探討〈老官齋教〉[11]。另外，以素食為研
究主軸的論文如康樂〈潔淨、身分與素食〉[12]、林伯謙〈素食與
佛法行持〉[13]和〈北傳佛教與中國素食文化〉[14]等。

　　然而，迄今仍未見探討《菩薩受齋經》的任何相關研究，故本

【7】黃詩茹（2007），〈戰後台灣佛教僧俗關係的轉變及意
　　涵：由台中蓮社、大專青年齋戒會、香光尼僧團考察〉，
　　國立政治大學宗教研究所碩士論文。

【8】張淨茵（2006），〈清修與律己—以「大專學生齋戒學
　　會」學員之參與經驗為例〉慈濟大學宗教與文化研究所碩
　　士論文。

【9】劉技萬（1994），〈中國修齋考〉，氏著《中國民間信仰
　　論集》（台北：中研院民族學研究所，專刊之22。

【10】李輔仁（1985），《仁心與持齋》，台南：龘巨書局。

【11】戴玄之（1977），〈老官齋教〉，《大陸雜誌》54卷6
　　期。

【12】康樂（2001），〈潔淨、身分與素食〉，《大陸雜誌》
　　102卷1期。

【13】林伯謙（1998），〈素食與佛法行持〉，《第五屆中國飲
　　食文化學術研討會論文集》，台北：財團法人中國飲食文
　　化基金會，民國87年6月15日。

【14】林伯謙（1998），〈北傳佛教與中國素食文化〉，《東吳
　　中文學報》，民國87年5月。

章〈論《菩薩受齋經》之生命轉化教育〉有值得探討的價值。其研究方法將以質性研究的文獻觀察為主，一方面從歷史角度來追溯本經演變發展的脈絡；另一方面從哲學觀點來詮釋菩薩齋戒法的內容，希冀能從中找出菩薩齋戒法蘊含的生命轉化教育和思想。

　　不過在進入本論文的主題研究前，需先澄清本經如下的幾項疑點，

第二節　偽經之釋疑

　　《菩薩受齋經》全一卷，又稱《菩薩受齋戒經》、《受齋經》，收於《大正藏》第二十四冊，西晉中土佛教居士聶道真譯。是聶道真再譯其師竺法護《菩薩齋法經》的同本異譯。我們亦可從《大周刊定眾經目錄》中，窺知聶道真再譯竺法護已譯經典有五部之多：

　　1.竺法護《諸佛要集經》二卷→西晉聶道真譯《諸佛要集經》二卷（佚：開元錄十三）。（案祐錄作要集經；長房錄六同；開元錄作諸佛要集經。）[15]

　　2.竺法護《菩薩行五十緣身經》一卷→西晉聶道真譯《菩薩緣身五十事經》一卷（長房錄云：見竺道祖晉世雜錄；開元錄二云：見竺道祖錄及僧祐錄；考祐錄無此條，蓋智昇偶誤也）[16]

【15】唐・明佺等撰，《大周刊定眾經目錄》卷4，《大正藏》
　　　冊55，no.2153，頁396中。

【16】唐・明佺等撰，《大周刊定眾經目錄》卷5，《大正藏》
　　　冊55，no.2153，頁400上。

3.竺法護《菩薩十住行道品》一卷→西晉聶道真譯《菩薩十法經》二卷（佚）。（案祐錄二有菩薩十住經一卷；長房錄六亦有菩薩十住經一卷，注云：與菩薩十地經大同小異，內典錄同；法經錄以菩薩十住行道品標名；開元錄因之，注云：祐房二錄直云菩薩十地，即此行道品是。）[17]

4.竺法護《文殊師利淨律經》一卷→西晉聶道真譯《文殊師利淨律經》一卷（佚）。（案祐錄云：太康十年出；長房錄云：護於洛陽自馬寺遇西域沙門寂志誦出，經後尚有數品，悉忘，但宣憶者，聶道真筆受；內典錄二、開元錄二並同。）[18]

可惜，在上述聶道真四部譯本中，唯有《菩薩緣身五十事經》還存在，其他三部均已佚失。加上竺法護本《菩薩齋法經》→西晉聶道真譯《菩薩受齋經》則為五部。

本經的版本、格式和經題留下頗多疑議，今逐項釐清說明如下，

一、《菩薩受齋經》同本異譯考

根據明佺等於唐武后天冊萬歲元年（695）所撰《大周刊定眾經目錄》和智昇於唐開元18年（730）撰《開元釋教錄》的記載，此經前後有三譯，第一譯為西晉竺法護《菩薩齋法經》，第二譯

【17】唐‧明佺等撰，《大周刊定眾經目錄》卷1，《大正藏》冊55，no.2153，頁375上。

【18】唐‧明佺等撰，《大周刊定眾經目錄》卷6，《大正藏》冊55，no.2153，頁404上。

為聶道真《菩薩受齋經》，第三譯為東晉祇多蜜[19]《菩薩正齋經》一卷。[20]《大周刊定眾經目錄》分列竺法護的《菩薩齋經》和《菩薩齋法經》為不同的兩部經，而稍後的《開元釋教錄》則將倆經併為同經異名。《開元釋教錄》和之後圓照於唐德宗貞元15年（799）所撰《貞元新定釋教目錄》均有記載上述前後三譯，一存二闕，目前仍存在的即是聶道真的此第二譯本。[21] 然而，《貞元新定釋教目錄》又說本經三譯三闕，[22] 顯有自相矛盾的地方。其實本經失譯，早在僧祐於梁武帝天監15年（516）撰的《出三藏記

【19】祇多蜜（梵名Gitamitra）。為東晉（318-422）時代之譯經家。西域人，生卒年不詳。又作吉多蜜、祇蜜多。意譯作訶友、歌友、（言哥）友。識性通敏，聰達宏遠，志存弘化，不憚遠遊，東晉時來我國，譯出菩薩十住經、寶如來三昧經等諸經。關於其所譯之經數，出三藏記集卷二僅作「一部一卷」，開元釋教錄則作「二十三部四十五卷」。見《歷代三寶紀》卷7，《大正藏》冊49，no.2034，頁71下、《大唐內典錄》卷3，《大正藏》冊55，no.2149，頁247下、《貞元新定釋教目錄》卷7，《大正藏》冊55，no.2157，頁805下。

【20】唐・明佺等撰，《大周刊定眾經目錄》卷5，《大正藏》冊55，no.2153，頁403下。唐・智昇撰，《開元釋教錄》卷14，《大正藏》冊55，no.2154，頁636下。

【21】唐・智昇撰，《開元釋教錄》卷14，《大正藏》冊55，no.2154，頁606下636下；唐・圓照撰，《貞元新定釋教目錄》，《大正藏》冊55，no.2157，頁971中。

【22】唐・圓照撰，《貞元新定釋教目錄》，《大正藏》冊55，no.2157，頁940上。

集》中已有記載。[23]

　　再者，透過《翻梵語》列出《菩薩受齋經》中所出現的十六個梵文漢譯名相，其中漚和拘舍羅經[24]、洹那鳩樓、陀無陀、曇無迦、阿惟樓尸利、陀樓檀那、首楞、須摩提、拘樓檀等九個名相都出現在《翻梵語》第一卷，[25] 亦可見於現存的《菩薩受齋經》版本中（見表2.1），唯有「陀無陀」在現存本中被譯成「阿蕪陀」。另外散見於《翻梵語》的第一、第二、第五和第八卷的海陀梨祝術、鉢摩迦、鉢摩迦、披羅密多羅長者、脾闍耶密多羅、摩鉅境界、拘苦毘國等七個漢譯名相，[26] 卻未出現在現存的《菩薩受齋經》中，由此可以證明《菩薩受齋經》漢譯本至少有兩本以上，如上述《開元釋教錄》和《貞元新定釋教目錄》也都提到此經有三異譯本。且雖不見本經的梵文經題，但根據《翻梵語》列出《菩薩受齋經》的十六個梵文漢譯名相，也可以證實此經是依據梵文本漢譯出。

【23】梁・僧祐撰，《出三藏記集》卷4，《大正藏》冊55，no.2145，頁23上。

【24】漚和拘舍羅經即指upayakausalya（方便善巧）。

【25】信行撰，《翻梵語》卷1，《大正藏》冊54，no.2130，頁985上-990中下。

【26】信行撰，《翻梵語》卷1，《大正藏》冊54，no.2130，頁985上、1000中、1015下、1017上、1034上、1037中。

表2.1：現存《菩薩受齋經》出現在《翻梵語》中之九個梵文漢
譯名相

- 漚和拘舍羅經（譯曰方便）
- 洹那鳩樓（應云婆那鳩樓 譯曰婆那者林鳩樓者作）
- 陀無陀（譯曰歡壽與也）
- 曇無迦（應云曇摩迦 譯曰樂（午教反））
- 阿惟樓尸利（應云阿梨耶尸利 譯曰聖告）
- 陀樓檀那（譯曰陀樓者木檀那者施）
- 首楞（應云首楞伽聲 譯曰勇也）
- 須摩提（應云須三摩提 譯曰須好也三摩提一心）
- 拘樓檀（應云拘樓檀那 譯曰拘樓者作檀那者施）[27]

此外，《翻梵語》是在日本寬保元醉年（1741）僧正賢賀登醍醐山於光臺院覓得，乃飛鳥寺信行所撰集。[28]飛鳥寺前身法興寺，成立於用明天皇二年（587），信行撰集時間無從考據，但必在西元587年之後。但根據《翻梵語》中的海陀梨祝術、缽摩迦、缽摩迦、披羅密多羅長者、脾闍耶密多羅、摩鉏境界、拘毘國等七個漢譯名相，未出現在現存聶道真漢譯《菩薩受齋經》，筆者認為信行在撰集《翻梵語》時，在西晉竺法護第一譯《菩薩齋法經》

【27】信行撰，《翻梵語》卷1，《大正藏》冊54，no.2130，頁990中下。

【28】信行撰，《翻梵語》卷1，《大正藏》冊54，no.2130，頁98上。

和東晉祇多蜜第三譯《菩薩正齋經》之中，至少還有一個版本存在。據僧祐於梁武帝天監15年（516）撰的《出三藏記集》中已將《菩薩受齋經》列爲眾律失譯三之一，[29]直到唐智昇於開元18年（730）撰《開元釋教錄》時，即指出本經一存二闕。[30]保守推測：信行撰集《翻梵語》的時間約介於西元587-729年間。

二、經首無六成就

《菩薩受齋經》經首沒有一般佛經的「如是我聞，一時佛在……，與大比丘眾千二百五十人俱……，與大菩薩……爾時長老……」等信、聞、時、主、處和眾六成就，而是結齋法的說明，令人懷疑本經是部僞經。摘錄如下，

> 菩薩受齋法言。某自歸佛自歸法自歸比丘僧。某身所行惡。口所言惡。意所念惡。今已除棄。某若干日若干夜。受菩薩齋自歸菩薩。如前六萬菩薩皆持是齋。我是菩薩。……[31]

【29】梁・僧祐撰，《出三藏記集》卷2，《大正藏》冊55，no.214，頁8下。

【30】唐・智昇撰，《開元釋教錄》卷14，《大正藏》冊55，no.2154，頁636下。

【31】西晉・聶道真譯，《菩薩受齋經》卷1，《大正藏》冊24，no.1502，頁1115下-1116上。

然而，到了本經的第二段開始又突然出現主成就和當機眾須菩提如下：「佛告須菩提。菩薩有十念當護之……」[32] 筆者認為：本經以菩薩受齋法開始，文中主要傳授菩薩受齋和解齋的方法，類似戒壇所用的戒本，本經若改以《菩薩受齋法》名之，會更為貼切。經查早在隋文帝仁壽二年（602）彥琮所撰的《眾經目錄》即有如是記載：「菩薩齋法一卷（一名持齋，一名法齋）。」[33] 隨後唐靜泰增補彥琮《眾經目錄》所成的《眾經目錄》亦有相同的記載。[34] 之後約半個到一個多世紀後所撰的《大唐內典錄》、《開元釋教錄》和《貞元新定釋教目錄》則說：「《菩薩齋法經》一卷（或無經字一名《賢首菩薩齋法經》一名正齋一名持齋）。」[35] 更可以證明本經確非經，宜稱為正齋、持齋或法齋。然而為何本經沒有經的格式，卻冠以經名？

　　早期佛教經典的目錄，雖然稱為「經錄」，實際上並不限於「經」，「律」與「論」是一併包含在內的。為了表示它廣泛的內

【32】西晉・聶道真譯，《菩薩受齋經》卷1，《大正藏》冊24，no.1502，頁1116上。

【33】隋・彥琮撰，《眾經目錄》，《大正藏》冊55，no.2147，頁177上。

【34】唐・靜泰撰，《眾經目錄》，《大正藏》冊55，no.2148，頁214下。

【35】唐・道宣撰，《大唐內典錄》卷2，《大正藏》冊55，no.2149，頁232下；唐・智昇撰，《開元釋教錄》卷14，《大正藏》冊55，no.2154，頁636下；唐・圓照撰，《貞元新定釋教目錄》，《大正藏》冊55，no.2157，頁971中。

容，所以也叫做聖典目錄、法寶目錄、內典錄。在道安法師以前，佛教學者對於經律論的觀念和現在不同，他們對於「律」、「論」也稱之為「經」，譬如安世高譯的《阿毘曇五法經》【36】、《阿毘曇七法經》【37】，是品類足論一部分的別譯，而名之為「經」；又如律藏中的《沙彌十戒經》【38】、《舍利弗問經》【39】、《大愛道比丘尼經》【40】，雖然譯作「經」，實際上是「律」。所以東晉前後的人稱三藏目錄為經錄，是並不矛盾的。因之，初期的佛典目錄也名為經錄、經目錄、眾經錄、眾經目錄、佛經目錄。其後時代推移，教理的研究日趨進步，經與律、論的區別漸清。再加南北朝以後各地經藏興起，都是依經律論三藏而分類的，於是經的意義乃入於狹義，廣義的經錄之名稱，也隨之改變。譬如《出三藏記集》中標明經律論錄、經論錄；《歷代三寶紀》也以三寶為名，都是顯明的例子。雖然法經等仍以經錄為名，不過是沿用舊的稱謂而已。到唐代判別三藏的認識增強。便以內典錄、釋教目錄、釋教錄、聖教

【36】後漢・安世高譯，《阿毘曇行法經》，《大正藏》冊28，no.1557。

【37】東晉・瞿曇僧伽提婆譯，《中阿含七法品善法經》，《大正藏》冊1，no.26。

【38】漢失譯。

【39】劉宋・求那跋陀羅譯，《舍利弗問經》，《雜阿含經》卷26，第695經，《大正藏》冊2，no.99，頁188中。

【40】失譯，《大愛道比丘尼經》，《大正藏》冊24，no.1478。

目錄、法寶目錄等為名，經錄的名稱，便不再為人所使用。【41】

第三節　《菩薩受齋經》的歷史背景

本章將藉《菩薩受齋經》與八關齋經三異譯本的比對、菩薩十齋戒和沙彌十戒的比較，來探討《菩薩受齋經》形成的歷史背景。

一、《菩薩受齋經》與八關齋經的關係

《菩薩受齋經》齋戒內容的十念與傳統六念截然不同，其中十戒近似八關齋戒。此經是否受八關齋經影響或與該經有關？考據相關八關齋經典，計有三異譯本——最早是支謙譯《佛說齋經》、第二譯本為《優婆夷墮舍迦經》全一卷，又稱《優陂夷墮舍迦經》，譯者不詳、和第三譯本沮渠京聲譯《佛說八關齋經》。均收於《大正藏》第一冊，三經皆為《中阿含》卷五十五《持齋經》之別譯。內容為佛陀對優婆夷墮舍迦說齋戒之法及其功德。即於每月六齋日信持八戒，凡一日一夜，其功德遠勝於將十六大國之珍寶施與僧伽。【42】今為瞭解《菩薩受齋經》中的十念和十戒是否源自八關齋戒法，特列表2.2比較如下，

【41】晉仁（1977），〈經錄概說〉《大藏經研究彙編（上）》張曼濤主編，《現代佛教學術叢刊》（10）台北：大乘文化出版社，頁329-330。

【42】慈怡主編（1988），《佛光大辭典》，高雄市：佛光出版社，頁6407下。

表2.2：《菩薩受齋經》與《佛說齋經》三異譯本對照

項目	佛說齋經	優陂夷墮舍迦經	佛說八關齋經	菩薩受齋經
出處	《大正藏》冊1，no.87，pp.910c-912a	《大正藏》冊1，no.88，pp.912a-913a	《大正藏》冊1，no.89，p.913ab	《大正藏》冊24，no.1502，pp.1115c-1116c
年代	吳魏文帝黃初三年至建興年（222-253）	今附宋錄	劉宋孝武孝建二年（395）	西晉懷帝永嘉六年（312）
譯者	支謙（月氏居士）	失譯人名	居士北涼安陽侯沮渠京聲	聶道真（居士）
處	舍衛城東丞相家殿	舍衛國城東薰耶樓母家殿上	舍衛城祇樹給孤獨園。	？
眾	丞相母維耶與諸子婦俱出。	墮舍迦女人將七子婦	諸比丘。	須菩提
時	？	以月十五日朝	一時	？
說法內容	三齋：牧牛齋、尼揵齋和佛法齋。月六齋之日受八戒。受齋之日當習佛法眾戒天五念。	一月六日齋。月八日、十四日、十五日、二十三日、二十九日、三十日。齋日家中事意所念口所說。當如阿羅漢。	聖八關齋。	菩薩受齋法。十念。十戒。菩薩解齋法。不得犯不得教人犯。亦不得勸勉人犯。

果報	有施法盡精此隱。有信有聞奉佛命人生安隱。若人有戒有智有齋。當其時。皆六天上快樂。	使人得度世道。不復墮三惡處。所生常有福祐。亦從八戒本因緣致成佛。持八戒齋一日一夜不失者。勝持十六大國中珍寶物施與比丘僧。	如是眾多福不可稱計。諸比丘。譬如五大流水皆同一處。	
五念／十念		五念：佛、法、眾、戒、天。		十念。當念過去佛。當念未來佛。當念一切十方現在佛。當念尸波羅蜜持戒。當念禪波羅蜜。當念漚和拘舍羅。當念般若波羅蜜。當念禪三昧六萬菩薩在阿彌陀佛所。當念過去當來今現和上阿闍梨。是菩薩法。

八戒之一	盡一日一夜持。心如真人。無有殺意慈念眾生。不得賊害蠕動之類。不加刀杖。念欲安利莫復為殺。如清淨戒以一心習。	家中事意所念口所說。當如阿羅漢。阿羅漢無殺意。齋日持戒亦當如阿羅漢。無殺意無捶擊意。念畜生及虫蛾。使常生如阿羅漢意。	自今日始隨意所欲不復殺生。無怨恨心常懷慚愧。有慈心愍一切眾生。猶如阿羅漢。盡形壽不殺生。亦不教人殺。	不得著脂粉花香。
八戒之二	盡一日一夜持。心如真人。無貪取意思念布施。當歡喜與自手與。潔淨與恭敬與。不望與卻慳貪意。如清淨戒以一心習。	齋日持意當如阿羅漢無貪心。無所貪慕於世間。無貪毛菜之意。齋日如是持意如阿羅漢。富有布施者。當念作施。貧無有者。當當念施。	猶如阿羅漢。盡形壽不盜好施。亦不教人盜。常樂閑處。	不得歌舞捶鼓伎樂莊飾。
八戒之三	一日一夜持。心如真人。無婬意不念房室。修治梵行。不為邪欲心不貪色。如清淨戒以一心習。	齋日持意當如阿羅漢。阿羅漢不畜婦亦不念婦。亦不念女人亦無婬意。齋日如是持意如阿羅漢。	猶如阿羅漢。盡形壽不習不淨行。常修梵行清淨無穢而自娛樂。	不得臥高床上。

八戒之四	一日一夜持。心如真人。無妄語意思念至誠安定徐言。不為偽詐心口相應。如清淨戒以一心習。	齋日持意當如阿羅漢。不妄語不傷人意。語即說佛經。不語者但念諸善。齋日如是持意如阿羅漢。	猶如阿羅漢。盡形壽不妄語。常行審諦。	過中以後不得復食。
八戒之五	一日一夜持。心如真人。不飲酒不醉。不迷亂不失志。去放逸意。如清淨戒以一心習。	齋日持意當如阿羅漢。阿羅漢不飲酒。不念酒不思酒。用酒為惡。齋日如是持意如阿羅漢。	猶如阿羅漢。自今已後隨意所欲亦不飲酒。亦不教人使飲酒。	不得持錢刀金銀珍寶。
八戒之六	一日一夜持。心如真人。無求安意。不著華香。不傅脂粉。不為歌舞倡樂。如清淨戒以一心習。	齋日持意當如阿羅漢。阿羅漢意不在歌舞。聞亦不喜音樂聲。亦不在香華氣。齋日如是持意如阿羅漢。	猶如阿羅漢。盡形壽不犯齋。隨時食。一日一夜隨意所欲亦不犯齋。亦不教人使犯齋。隨時食。	不乘車牛馬。
八戒之七	一日一夜持。心如真人。無求安意。不臥好床。卑床草席。捐除睡臥。思念經道。如清淨戒以一心習。	齋日持意當如阿羅漢。阿羅漢不於高好床臥。意亦不念高好床上臥。齋日如是持意如阿羅漢。	猶如阿羅漢。盡形壽不於高好床坐。如是我字某名某。今一日一夜不於高廣床坐。亦不教人使坐。	不得捶兒子奴婢畜生。

八戒之八	一日一夜持。心如真人。奉法時食。食少節身。過日中後不復食。如清淨戒以一心習。	齋日持意當如阿羅漢。阿羅漢日中及食。日中已後至明不得復食。得飲蜜漿。齋日如是持意如阿羅漢。	猶如阿羅漢。盡形壽不習歌舞戲樂。亦不著紋飾香熏塗身。今一日一夜不習歌舞戲樂。亦不著紋飾香熏塗身。	從分檀布施得福。我是菩薩。如我念在泥梨中人薜荔中人畜生中人。令得解脫出生為人。從是分檀布施。當至須訶摩持拘樓檀阿彌陀佛前。受得三昧禪。
第九戒				不得飲食盡器中。
第十戒				不得與女人相形笑共坐席。女人亦爾。
譬喻		洗頭、淨身、浣衣、潔鏡。		

根據表2.2《菩薩受齋經》與《佛說齋經》、《優婆夷墮舍迦經》和《佛說八關齋經》三異譯本的比對，逐項分述如下，

　　一、在家譯者：除了《優婆夷墮舍迦經》譯者不詳外，其他三經──《菩薩受齋經》譯者聶道真、《佛說齋經》譯者支謙和《佛說八關齋經》譯者沮渠京聲都是在家居士身分。

　　二、翻譯時間：依翻譯年代來看，依序為支謙譯《佛說齋經》（222-253）、聶道真譯《菩薩受齋經》（312）、譯者不詳的《優婆夷墮舍迦經》（約早於395）、沮渠京聲譯《佛說八關齋經》（395）。《優婆夷墮舍迦經》的處成就「舍衛國城東蕪耶樓母家殿上」，和眾成就「墮舍迦女人將七子婦」，都比《佛說八關齋經》的「舍衛城祇樹給孤獨園」和「諸比丘」，更近似支謙譯《佛說齋經》的「舍衛城東丞相家殿」和「丞相母維耶與諸子婦俱出」。筆者認為《優婆夷墮舍迦經》極有可能早於《佛說八關齋經》的譯出，故將《優婆夷墮舍迦經》置於《佛說八關齋經》前。而《菩薩受齋經》只提到當機眾須菩提，並未提到處成就，與《佛說齋經》三異譯本相去極遠。

　　三、循序擴大：《佛說齋經》六受齋之日當習佛法眾戒天五念→《優婆夷墮舍迦經》六齋日家中事意所念口所說，當如阿羅漢→《優婆夷墮舍迦經》則為猶如阿羅漢，盡形壽不殺生，亦不教人殺→《菩薩受齋經》更進一步指菩薩受齋法，不但「不得犯不得教人犯」，更「亦不得勸勉人犯」。

　　四、齋月齋日：《佛說齋經》等三異譯本提到一月六日齋──月八日、十四日、十五日、二十三日、二十九日、三十日，和《菩薩受齋經》菩薩齋日法──正月十四日受十七日解、四月八日受

十五日解、七月一日受十六日解、九月十四日受十六日解[43]截然不同。

五、五念十念：《佛說齋經》受齋之日當習佛、法、眾、戒、天五念與《菩薩受齋經》的十念——當念過去佛、當念未來佛、當念一切十方現在佛、當念尸波羅蜜持戒、當念禪波羅蜜、當念漚和拘舍羅、當念般若波羅蜜、當念禪三昧六萬菩薩在阿彌陀佛所、當念過去當來今現和上阿闍梨，是菩薩法。懸殊極大，其中只有念佛和念戒略有交集。

六、八戒十戒：《菩薩受齋經》第一菩薩齋日「不得著脂粉花香」，與八關齋戒第七戒「不著華鬘瓔珞、不用香油塗身熏衣」相應；第二菩薩齋日「不得歌舞捶鼓伎樂莊飾」，與八關齋戒第八戒「不自歌舞、不得輒往觀聽」相應；第三菩薩齋日「不得臥高床上」，與八關齋戒第六戒「不坐高廣大床」相應。第十菩薩齋日「不得與女人相形笑共坐席，女人亦爾」，分別與《佛說齋經》、《優婆夷墮舍迦經》和《佛說八關齋經》第三戒「心如真人，無婬意不念房室，修治梵行，不爲邪欲心不貪色。」、「如阿羅漢不畜婦亦不念婦，亦不貪女人亦無婬意。」、「猶如阿羅漢，盡形壽不習不淨行，常修梵行清淨無穢而自娛樂。」相仿。其他第四菩薩齋日「過中以後不得復食」，相應於《佛說齋經》和《優婆夷墮舍迦經》第八戒，以及沙彌十戒的十離非時食；第五菩薩齋日「不得持錢刀金銀珍寶」，則相應於沙彌十戒的第九戒離蓄金銀錢寶。

【43】 西晉・聶道真譯，《菩薩受齋經》卷1，《大正藏》冊24，no.1502，頁1116上。

二、菩薩十齋戒與沙彌十戒

　　根據上述諸項比較，《菩薩受齋經》十齋日分別受持的十戒，雖有第一、第二、第三和第十戒等四戒相似於《佛說齋經》，第一、第二、第三、第四和第十戒等五戒與《優婆夷墮舍迦經》和《佛說八關齋經》雷同，但再加上戒條順序的一致性來看，早於《菩薩受齋經》譯出的《佛說齋經》，對《菩薩受齋經》的影響，就不如《沙彌十戒法并威儀》中的沙彌十戒。[44]

　　《菩薩受齋經》中齋日受持的十齋戒的第一至第五前五齋戒條依序分別相應於沙彌十戒的第六至第十後五戒（如表2.3）。第六菩薩齋日「不乘車牛馬」；第七菩薩齋日「不得捶兒子奴婢畜生」；第八菩薩齋日「菩薩皆持是齋，從分檀布施得福，我是菩薩，如我念在泥梨中人薜荔中人畜生中人，令得解脫出生為人，從是分檀布施，當至須訶摩持拘樓檀阿彌陀佛前，受得三昧禪。是菩薩齋日，不得見掃除。」第九菩薩齋日「不得飲食盡器中」；第十菩薩齋日「不得與女人相形笑共坐席，女人亦爾」等後五齋戒條，則多依循自原始佛教的戒法。如第六菩薩齋日「不乘車牛馬」和第十菩薩齋日「不得與女人相形笑共坐席，女人亦爾」。原始佛教制定1.比丘徒步走路；[45]2.患病時得乘牛車（不許乘馬車等貴族和軍隊的車乘）；3.不與女眾同座並行。與大乘佛教可以1.騎馬（例：玄奘取

【44】失譯，《沙彌十戒法並威儀》，《大正藏》冊24，no.1471，頁926中。

【45】東晉・竺曇無蘭譯，《佛說寂志果經》：「不樂治家。其心清淨。不妄執事。不畜象馬牛羊。不樂畜獸。其心清淨。不志車乘。」，《大正藏》冊1，no.22，頁273上。

經）、騎腳踏車、騎摩托車、自行開車；2.男女同乘車載等截然不同。

　　然而，第七菩薩齋日「不得捶兒子奴婢畜生」主要指在家佛教徒，似又與針對沙門的第六菩薩齋日「不乘車牛馬」有所矛盾。第九菩薩齋日「不得飲食盡器中」，不允許不將食物吃完而丟棄在容器中，此戒通原始佛教和大乘佛教，就是環保意識盛行的現代社會，也是極力在推動的觀念。第八菩薩齋日「菩薩皆持是齋，從分檀布施得福，我是菩薩，如我念在泥梨中人薜荔中人畜生中人，令得解脫出生爲人，從是分檀布施，當至須訶摩持拘樓檀阿彌陀佛前，受得三昧禪。……不得見掃除。」欲藉布施得福見持齋戒者或有難者，均要隨時助福，令三惡道轉生爲人，並生極樂世界阿彌陀佛前，受得三昧禪。則是全然的大乘菩薩思想。

　　再者，依《菩薩受齋經》受齋法一開始即「某自歸佛自歸法自歸比丘僧」和十戒的戒相，尤其第六菩薩齋日「不乘車牛馬」、和第七菩薩齋日「不得捶兒子奴婢畜生」來看，此齋戒法不像八關齋戒一定要在寺廟進行，應該也是此菩薩齋戒法的方便波羅蜜的行持之一。上述《菩薩受齋經》十齋戒既有在家與沙門，又有原始佛教與大乘佛教思想，尤其前五戒沙彌戒、第六戒沙門戒、第七指在家菩薩、第八擴大到三惡道皆往生極樂淨土、第九甚至於無情飲食都要珍惜不得浪費、到第十回到比丘應謹守的「不得與女人相形笑共坐席，女人亦爾」。菩薩齋日受持的十條戒法條條增上擴大，充滿轉換提昇生命的教育意涵，可推測本經是在以聲聞乘自覺自利爲主的原始佛教，轉到利他覺他菩薩行特色的大乘佛教過度期間形成的齋戒法。

表2.3：沙彌十戒與《菩薩受齋經》十齋戒對照表

項目	菩薩受齋經		沙彌十戒法并威儀
出處	T24 no.1502 pp.1115c-1116c		T24 no.1471 p.926b
年代	西晉懷帝永嘉六年（312）		今附東晉錄
譯者	聶道真（居士）		失譯人名
主	佛		佛
處	？		？
眾	須菩提		舍利弗
時	？		？

第一戒	不得著脂粉花香。	盡形壽不殺生 持沙彌戒。
第二戒	不得歌舞捶鼓伎樂莊飾。	盡形壽不盜 持沙彌戒。
第三戒	不得臥高床上。	盡形壽不婬 持沙彌戒。
第四戒	過中以後不得復食。	盡形壽不妄語 持沙彌戒。
第五戒	不得持錢刀金銀珍寶。	盡形壽不飲酒 持沙彌戒。
第六戒	不乘車牛馬。	盡形壽不著香華鬘不香 塗身持沙彌戒。
第七戒	不得捶兒子奴婢畜生。	盡形壽不歌舞倡妓不往 觀聽持沙彌戒。
第八戒	從分檀布施得福。我是菩薩。如我念在泥梨中人薜荔中人畜生中人。令得解脫出生為人。從是分檀布施。當至須訶摩持拘樓檀阿彌陀佛前。受得三昧禪。	盡形壽不坐高廣大床持 沙彌戒。
第九戒	不得飲食盡器中。	盡形壽不非時食 持沙彌戒。
第十戒	不得與女人相形笑共坐席。 女人亦爾。	盡形壽不捉持生像金銀 寶物持沙彌。

除了前述菩薩十齋戒外，在齋戒期間還須輔以何種修持才能達到有效轉化生命的教育功能？又是什麼樣的生命轉化？這些問題將透過《菩薩受齋經》的內容來剖析如下，

第四節　齋戒內容與其生命轉化教育

《菩薩受齋經》亦稱為菩薩受齋法，全文只有1008字，整個內容包含菩薩受齋法和解齋法，受齋法分為權教與實教兩種菩薩受齋法，權教菩薩受齋法又細分為菩薩六波羅蜜、菩薩十念和齋戒日十戒等三法。這些齋戒對菩薩行道者扮演何種生命轉化的教育功能，將藉由下列四項來探討，

一、六波羅蜜菩薩齋戒法

本經開始的第一段即描述菩薩齋戒法的主旨，『菩薩』（bodhisattva）是菩提薩埵之略稱，意譯為覺有情，即覺悟之有情眾生，大致分為權教菩薩與實教菩薩二種。此段旨在說明菩薩修六波羅蜜都是方便，最終目的在證得摩訶般若波羅蜜，即實教菩薩所修證轉化生命的境界，至此已指出明確的教育目標。如《菩薩受齋經》云：「我是菩薩。持菩薩齋。若我分檀布施當得檀波羅蜜。如我受戒當得惟逮波羅蜜。一心坐禪當得禪波羅蜜。如我說經當得般若波羅蜜。是為漚和拘舍羅。從是得摩訶般若波羅蜜。」[46] 此處布施（梵語dana，巴利語同）。音譯為檀那、柂那、檀。又稱施。

【46】西晉・聶道真譯，《菩薩受齋經》卷1，《大正藏》冊24，no.1502，頁1116上。

或為梵語daksina之譯，音譯為達嚫（嚫又作櫬）、大嚫、嚫，意譯為財施、施頌、嚫施。即以慈悲心而施福利與人之義。蓋布施原為佛陀勸導優婆塞等之行法，其本義乃以衣、食等物施與大德及貧窮者；至大乘時代，則為六波羅蜜之一，再加上法施、無畏施二者，擴大布施之意義。亦即指施與他人以財物、體力、智慧等，為他人造福成智而求得累積功德，以致解脫之一種修行方法。

　　小乘布施之目的，在破除個人吝嗇與貪心，免除未來世之貧困，大乘則與大慈大悲之教義聯結，用於超度眾生。布施乃六念之一（念施），四躡法之一（布施攝），六波羅蜜及十波羅蜜之一（布施波羅蜜、檀波羅蜜）。布施若以遠離貪心與期開悟為目的，則稱為清淨施；反之則稱不清淨。關於施、施波羅蜜之區別，據《優婆塞戒經》卷二載，聲聞、緣覺、凡夫、外道之施，及菩薩在初二阿僧祇劫所行之施，稱為施；而菩薩於第三阿僧祇劫所行之施，則稱為施波羅蜜。[47] 惟逮（virya），指精進波羅蜜。漚和拘舍羅（upayakausalya），指方便。而權教菩薩在修行過程中，是處處著相的染修，以其不了解三輪體空之道理，是故只能稱菩薩，不能稱菩薩摩訶薩。而實教菩薩之修行，是依實相理，修離相行。譬如發心修行布施波羅蜜，以自性本具之般若空慧，來觀照了知三輪體空，一切無著，不住於相。如果沒有無量無邊的「空觀」，就不能平等無私、無分別地遍及一切眾生，以「慈悲喜捨」四無量心，來服務大眾。唯有「畢竟空」的摩訶般若，才能救度三惡道眾生解脫出生為人而無所著，這樣的菩薩方得上品上生西方極樂淨土阿彌

【47】西晉・聶道真譯，《優婆塞戒經》卷2，《大正藏》冊24，no.1488，頁1045下。

陀佛前。唯有實教菩薩，才能稱爲菩薩摩訶薩。

　　在這段經文中亦有多處生命轉化教育的伏筆，摘錄說明如下，

　　（一）《菩薩受齋經》：「菩薩受齋法言。某自歸佛自歸法自歸比丘僧。」[48]做爲菩薩是自發性，故必須先敬三寶，因爲三寶即是一切眾生，良友福田，若能歸向者，則滅無量罪、長無量福，能令菩薩行者，離生死苦、得解脫樂。[49]但菩薩不可以對這些有任何的執著，故要歸依自性佛法僧三寶。此是藉著菩薩受齋法訓練菩薩從肉體到心靈的淨化、從小我到大我的實踐；和從有限到無限的完成的生命轉化教育。

　　（二）《菩薩受齋經》：「某身所行惡。口所言惡。意所念惡。今已除棄。」[50]凡受戒前，必須先懺除身口意三惡業，此時菩薩就需要有觀罪性本空之般若智慧，如《慈悲水懺法》卷上云：「觀罪性空者，罪無自性，無有實相。從因緣生，顛倒而有。既從因緣而生，亦從因緣而滅。從因緣而生者，狎近惡友，造作無端；從因緣而滅者，即是今日洗心懺悔。」[51]此是藉著菩薩受齋法訓練菩薩從肉體到心靈的淨化的生命轉化教育。

【48】西晉・聶道真譯，《菩薩受齋經》卷1，《大正藏》冊24，no.1502，頁115下-1116上。

【49】唐・知玄撰，《慈悲水懺法》卷上，《大正藏》冊45，no.1910，頁969上。

【50】西晉・聶道真譯，《菩薩受齋經》卷1，《大正藏》冊24，no.1502，頁1116上。

【51】唐・知玄撰，《慈悲水懺法》卷上，《大正藏》冊45，no.1910，頁969下。

（三）《菩薩受齋經》：「某若干日若干夜。受菩薩齋自歸菩薩。如前六萬菩薩皆持是齋。我是菩薩。」[52]生命的轉化關鍵在於「心」，菩薩於齋戒期，歸依自性菩薩，像前六萬菩薩皆持此菩薩齋戒，直下承擔我也是。此是藉著菩薩受齋法訓練菩薩從小我到大我的實踐的生命轉化教育。

　　（四）《菩薩受齋經》：「從是得摩訶般若波羅蜜。如念泥犁中人薜荔中人畜生中人。令得解脫出生為人。從是分檀布施。當到須摩提拘樓檀阿彌陀佛前。受得三昧禪。是為菩薩受齋法。」[53]須摩提拘樓檀之須摩提（sukhamati），指西方極樂世界。極樂淨土有邊地下生、凡聖同居、方便有餘和實相莊嚴等四種淨土，唯有花開見佛悟無生的三昧禪，方得直接往生實相莊嚴淨土阿彌陀佛前。這是藉著菩薩受齋法訓練菩薩從物質到精神的提昇、肉體到心靈的淨化、從小我到大我的實踐；和從有限到無限的完成的生命轉化教育。

　　（五）《菩薩受齋經》：「佛告須菩提。」[54]須菩提（Subhuti）是本經的當機眾，於佛陀之說法會中，常任佛陀之當機眾，屢見於般若經典中。係佛陀弟子中最善解空理者，被譽為「解空第一」。可見本齋戒法主旨在教育權教菩薩如何證得摩訶般若波

【52】西晉・聶道真譯，《菩薩受齋經》卷1，《大正藏》冊24，no.1502，頁1116上。

【53】西晉・聶道真譯，《菩薩受齋經》卷1，《大正藏》冊24，no.1502，頁1116上。

【54】西晉・聶道真譯，《菩薩受齋經》卷1，《大正藏》冊24，no.1502，頁1116上。

羅蜜，即是從物質到精神的提昇、肉體到心靈的淨化、從小我到大我的實踐；和從有限到無限的完成的生命轉化教育。

二、十念的生命轉化教育

本經第二段進入說明教學內容，即透過釋迦牟尼佛告須菩提，菩薩應守護十念。此十念，與一般之佛、法、僧、戒、施、天、止觀、安般、身、死等十念[55]不同，而是當念過去佛、未來佛、現在佛、戒波羅蜜、禪波羅蜜、方便善巧、般若波羅蜜、禪三昧六萬菩薩在阿彌陀佛國、和上、阿闍梨等十念。但規納此十念不離佛法僧三寶，如表2.4所示，

表2.4菩薩應守護的十念，第一當念過去佛、第二當念未來佛和第三當念一切十方現在佛等前三念，都屬於念佛，只是在時間上包含了過去、現在和未來，在空間上擴大為十方一切諸佛。第四當念尸波羅蜜持戒、第五當念禪波羅蜜、第六當念溫和拘舍羅和第七當念般若波羅蜜等四念，相應於念法，即戒、定、慧三學。第六當念溫和拘舍羅強調第四當念尸波羅蜜持戒、第五當念禪波羅蜜、第七當念般若波羅蜜等戒定慧三念，都是接引權教菩薩邁向實教菩薩過程中的方便。第八當念禪三昧六萬菩薩在阿彌陀佛所、第九當念過去當來今現和上和第十當念過去當來今現阿闍梨等最後三念，相應於念僧，在時間上亦包含了過去、現在和未來，在空間上擴大到西方極樂淨土阿彌陀佛所。超越了原始佛教的佛、法、僧、戒、施、天等六念。如前所述，因為三寶即是一切眾生，良友福田，若能歸

【55】東晉・瞿曇僧伽提婆譯，《增一阿含》卷34，《大正藏》
　　　冊2，no.125，頁740上。

向者，則滅無量罪、長無量福，能令菩薩行者，離生死苦、得解脫樂。故菩薩應守護此十念，猶如教育首重相關正確觀念的建立。此十念訓練菩薩從物質到精神的提昇、從肉體到心靈的淨化、從小我到大我的實踐和從有限到無限的完成的生命轉化教育。

表2.4：十念與三寶的關係

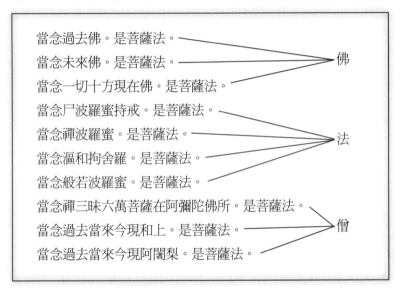

當念過去佛。是菩薩法。———
當念未來佛。是菩薩法。——— 佛
當念一切十方現在佛。是菩薩法。
當念尸波羅蜜持戒。是菩薩法。
當念禪波羅蜜。是菩薩法。
當念漚和拘舍羅。是菩薩法。 法
當念般若波羅蜜。是菩薩法。
當念禪三昧六萬菩薩在阿彌陀佛所。是菩薩法。
當念過去當來今現和上。是菩薩法。——— 僧
當念過去當來今現阿闍梨。是菩薩法。———

三、十戒的生命轉化教育

『菩薩齋十戒』與八關齋戒的關係，已於第三節探討過，此節將逐戒討論其內容、典故和扮演的生命轉化教育功能。從教育的觀點來看，十戒即是菩薩短期密集課程的教學內容。

佛告須菩提。菩薩齋日有十戒。如下，

第一菩薩齋日不得著脂粉華香：脂即臙脂；粉即水粉，華指華

鬘,西域人貫華作鬘,以嚴其首;此土則繒(細絹)絨(刮絨,即練熟絲。)金寶,製飾巾冠之類。香即脂粉之類,西域貴人,用名香為末,令青衣摩身;此土則配香、熏香、脂粉之類。上述皆塗香裝飾之屬,[56] 主要在遠離香觸二塵。佛制三衣,俱用氀衣麻布。獸毛蠶絲害物傷慈,非所應也。除年及七十,衰頹之盛。此戒主要為持戒和精進波羅蜜的修持,以趣向摩訶般若波羅蜜為最終目標。受持此條菩薩齋戒法,初發心菩薩可以培養從物質到精神的提昇、和肉體到心靈的淨化的生命轉化教育。

第二菩薩齋日不得歌舞捶鼓伎樂裝飾:歌指口出歌曲,舞即身為戲舞,而手足變弄曰戲舞。歌舞乃俳優雜戲。皆亂道心,增長過惡。故佛制戒,不許自作,亦不往觀,遠色聲塵,能令諸根收攝,離身口過,定慧易生。《大智度論》云:「聲相不停暫聞即滅,愚癡之人,不解聲相無常變失,故於音聲中妄生好樂,於已過之聲念而生著。有智之人,觀聲生滅,前後不俱,無相及者,作如是知,則不染著。」[57] 此戒主要透過持戒和精進波羅蜜的修持,以邁向摩訶般若波羅蜜為最終目標。受持此條菩薩齋戒法,初發心菩薩可以培養從物質到精神的提昇、和肉體到心靈的淨化、從小我到大我的實踐;和從有限到無限的實證摩訶般若波羅蜜的生命轉化教育。

【56】弘贊律師(1992),《沙彌律儀要略增註》,台北:佛陀教育基金會,頁36。

【57】後秦‧鳩摩羅什譯,《大智度論》卷17,《大正藏》冊25,no.1509,頁181中下。弘贊律師(1992),《沙彌律儀要略增註》,台北:佛陀教育基金會,頁45。

第三菩薩齋日不得臥高床上：佛制繩牀，高不過如來八指，即一尺六寸、闊四尺、長八尺，過此則犯。乃至漆彩雕刻，及紗絹帳褥之類，亦不宜用。古人用草爲座，宿於樹下。今有牀榻，亦既勝唉，何更高廣，縱恣幻軀？言幻軀者，地水火風四大假合不實，猶如夢幻。愚夫不了，執之爲實，是以恣情縱欲，增長漏業，長淪三有。[58]《摩訶僧祇律》云：「有二種。一高大名高。二妙好名高。」[59]本戒不臥高床，意在能身離觸塵。此牀座帳褥，乃四聖種中之一，名臥具。知足聖種於此知足，則能進修道業，證三菩提。[60]此戒主要透過持戒和精進波羅蜜的修持，以趣向摩訶般若波羅蜜爲最終目標。受持此條菩薩齋戒法，初發心菩薩可以培養從物質到精神的提昇、和肉體到心靈的淨化、從小我到大我的實踐；和從有限到無限的實證摩訶般若波羅蜜的生命轉化教育。

　　第四菩薩齋日過中已後不得復食：此戒與沙彌十戒、八關齋戒不過中食戒同，可見此戒在生命轉化教育中佔相當重的份量。過中已後不得復食與身體健康有直接的關係，如《佛說九橫經》中

【58】弘贊律師（1992），《沙彌律儀要略增註》，台北：佛陀教育基金會，頁47。

【59】東晉・佛陀跋陀羅共法顯譯，《摩訶僧祇律》卷22，《大正藏》冊22，no.1425，頁408中。

【60】宋・道誠集，《釋氏要覽》卷1，《大正藏》冊54，no.2127，頁271下。

佛說橫死九因，前四皆為飲食不慎，第五亦為腸胃不暢。[61] 又如《佛說處處經》云：「中後不食有五福：少淫、少睡、得一心、無下風、身得安隱。」[62] 若依佛制中後不食，則內無宿食、外無下風，心易定而少昏沉，身得安而無疾病，且云無宿食患。《藥師經》亦云：「若有病人，欲脫病苦者，當為其人，七日七夜受持八分齋戒。」[63] 律中於食，分時與非時。自明相出現乃至日中為時，從日中乃至明相未出為非時。時宜食，非時不宜食。齋者指時食言。所謂時與非時之差異，如《薩婆多論》云：「從晨至日中，世人營事作飲食，故名為時。從中至後夜分，燕會嬉戲自娛樂時，比丘遊行有所觸犯，故名非時。」[64] 又佛欲眾生斷六趣因故，令同三世佛食，謂晨朝是諸天食，日中是諸佛食，日西畜生食，日暮鬼神食。比丘學佛日中而食，此時食之義。《舍利弗問經》云：「佛言。非時食者。是破戒人是犯盜人。非時與者，亦破戒人是犯

【61】後漢・安世高譯，《佛說九橫經》，《大正藏》冊2，no.150B，頁883上。經云：「有九輩九因緣。命未盡便橫死。一者為不應飯為飯。二者為不量飯。三者為不習飯飯。四者為不出生。五者為止熟。六者為不持戒。七者為近惡知識。八者為入里不時不如法行。九者為可避不避。」

【62】後漢・安世高譯，《佛說處處經》卷1，《大正藏》冊17，no.730，頁527下。

【63】唐・玄奘譯，《藥師琉璃光如來本願功德經》卷1，《大正藏》冊14，no.450，頁407下。

【64】失譯，《薩婆多毘尼毘婆娑》卷9，《大正藏》冊23，no.1440，頁551下。

盜人。盜檀越物非施主意，施主無福以失物故。」^[65] 舌根離過中
之味塵，故曰不非時食。此戒亦是以持戒和精進波羅蜜爲主要修
持，期趣向摩訶般若波羅蜜爲最終目標。初發心菩薩受持此條菩薩
齋戒法，可以培養從物質到精神的提昇、和肉體到心靈的淨化、從
小我到大我的實踐；和從有限到無限的實證摩訶般若波羅蜜的生命
轉化教育。

　　第五菩薩齋日不得持刀金銀珍寶：此戒與沙彌第九離蓄金銀錢
寶戒同義。不得持錢刀金銀珍寶，令身離利欲，故曰不持刀金銀珍
寶。《摩訶僧祇律大比丘戒本》云：

> 生色似色是也。生色者謂金生本自黃色，不可變改也。似
> 色者，謂銀可染變爲黃色，如以石黃煮銀，令是金。寶
> 者，七寶之類，即一金、二銀、三毗琉璃、四頗梨，即水
> 玉、五（王車）璩、六瑪瑙、七赤珍珠，其餘珊瑚琥珀，
> 日珠月珠、摩尼珠等，皆寶之類。^[66]

　　乃至不得翫弄兵杖。金銀七寶，皆增長人貪愛之心，故妨廢修
行道業。故佛在世時，僧皆乞食，不立烟爨，衣服房室，悉任外
緣，置金銀於無用之地。捉持尚禁，清可知之。^[67] 然而，現代人
不能俱行乞食，或入叢林，或住庵院，或出遠方，亦未免有所花

【65】失譯，《舍利弗問經》卷1，《大正藏》冊24，no.1465，
　　　頁902中。

【66】東晉・佛陀跋陀羅譯，《摩訶僧祇律大比丘戒本》卷1，
　　　《大正藏》冊22，no.1426，頁551下。

【67】弘贊律師（1992），《沙彌律儀要略增註》，（佛陀教育
　　　基金會），頁56-57。

費。但必也知違佛制，生大慚愧，念他窮乏，常行布施，不營求、不畜積、不販賣，不以七寶粧飾衣器等物即可。[68]此戒亦是透過持戒和精進波羅蜜的修持，以邁向摩訶般若波羅蜜為最終目標。初發心菩薩受持此條齋戒法，可以培養從物質到精神的提昇、和肉體到心靈的淨化、從小我到大我的實踐；和從有限到無限的實證摩訶般若波羅蜜的生命轉化教育。

　　第六菩薩齋日不得乘車牛馬：有關菩薩齋日「不乘車牛馬」，原始佛教制定1.比丘徒步走路；2.患病時得乘牛車，不許乘馬車等貴族和軍隊的車乘。《佛說佛名經》云：「劫盜之罪，能令眾生墮於地獄惡鬼受苦。若在畜生，則受牛馬驢騾駱駝等形，以其所有身力血肉償他宿債。」[69]這些牛馬等也許是我們宿世的父母兄弟六親眷屬，我們忍心騎坐嗎？此齋戒主要協助新發意菩薩，遵守簡樸清貧的修道生活，並長養護生惜物的慈悲心，除非萬不得已患病時才得以乘牛車。然而，之後的大乘佛教，尤其傳到中國以後，逐漸可以騎馬、騎腳踏車、騎摩托車、甚至自行開車等，這些都是應時、應地、應人制宜的，其根本精神是不變的。在當前環境汙染生態惡化，提倡多步行不僅有益身體健康，還能慈悲善待環境，實一舉數得。此戒不但具有時代意義，亦是透過持戒和精進波羅蜜的修持，以證得摩訶般若波羅蜜為最終目標。因此，初發心菩薩受持此條齋戒法，可以培養從物質到精神的提昇、和肉體到心靈的淨化、

【68】弘贊律師（1992），《沙彌律儀要略增註》，（佛陀教育基金會），頁56-58。

【69】失譯，《佛說佛名經》卷6，《大正藏》冊14，no.441，頁212上。

從小我到大我的實踐；和從有限到無限的實證摩訶般若波羅蜜的生命轉化教育。

　　第七菩薩齋日不得捶兒子奴婢畜生：捶即捶打。一般視人與兒子、奴婢、畜生有三個不同等級的關係：兒子有血緣關係，愛護有加，捶打常是基於「愛之深，責之切」的情懷，除非彼此是怨憎會的冤親債主。而奴婢則是經由買賣行為取得，被視為僅供使喚的次等人，以致衣不蔽形、食不充口、貧窮困苦、人理殆盡。畜生就更卑下，不是供人宰殺庖煮，就是挑擔負重直到老死，稍不從力，雨鞭加身、苦不堪言。初發心菩薩就需破除此相執和分別，平等善待他們，培養「無緣大慈、同體大悲。」此戒亦是透過持戒和精進波羅蜜的修持，以趣向摩訶般若波羅蜜為最終目標。受持此條菩薩齋戒法，不但可以培養從物質到精神的提昇、和肉體到心靈的淨化、從小我到大我的實踐；更可以因此從有限到無限的實證摩訶般若波羅蜜的生命轉化教育。

　　第八菩薩齋日皆持是齋從分檀布施得福。菩薩齋日去臥時，於佛前叉手言，今日一切十方其有持齋戒者行六度者，某皆助安無量勸助歡喜福施。十方一切人非人等所在勤苦厄難之處，皆令得福解脫憂苦，出生為人安隱富樂無極。是菩薩齋日。不得見掃除。初發心菩薩受持此條菩薩齋戒法，除自行布施得福外，在齋戒日動靜當中亦迴向勸勉一切十方所有同持齋戒者行六度者，十方一切人非人等所在勤苦厄難之處，皆令得福解脫憂苦，出生為人安隱富樂無極。

　　以上一至七戒詞句簡潔明白，唯此第八戒最冗長，也最富菩薩行深意──自利利他、自覺覺他，可以說是十戒的總結和精華。此

戒主要透過布施、持戒和精進波羅蜜的修持，以趣向摩訶般若波羅蜜爲最終目標。此戒能令初發意菩薩培養從物質到精神的提昇、肉體到心靈的淨化、從小我到大我的實踐的生命轉化教育。

第九菩薩齋日不得飲食盡器中：意指食物未吃完而將其丟棄在容器中是不被允許的，此戒通原始佛教和大乘佛教，就是環保意識盛行的當今社會，不暴殄天物也是全球極力推動的觀念，更何況是發願上弘下化，欲做眾生馬牛的菩薩？此戒亦是以持戒愛物和精進波羅蜜爲主要修持，期邁向摩訶般若波羅蜜爲最終目標。故初發心菩薩受持此條菩薩齋戒法，可以從不浪費任何食物或物質，提昇到惜福愛物悲天憫人的精神生活、更進一步對色身的尊重到心靈貪瞋痴的淨化、從小我到大我的實踐；和從有限到無限的實證摩訶般若波羅蜜的生命轉化教育。

第十菩薩齋日不得與女人相形笑共坐席，女人亦爾：第十菩薩齋日「不得與女人相形笑共坐席，女人亦爾」，依循自原始佛教的戒法。原始佛教除制定比丘徒步走路；患病時得乘牛車；又制定不與女眾同座並行。與大乘佛教可以1.騎馬（例：玄奘取經）、騎腳踏車、騎摩托車、自行開車；2.男女同乘車載等截然不同。此戒主要在戒因色引發淫欲心的生起，相應於沙彌第三戒淫戒。此戒亦是以持戒和精進波羅蜜爲主要修持，以邁向摩訶般若波羅蜜爲最終目標。受持此條菩薩齋戒法，初發心菩薩可以培養從物質到精神的提昇、和肉體到心靈的淨化、從小我到大我的實踐；和從有限到無限的實證摩訶般若波羅蜜的生命轉化教育。

以上十戒皆以持戒和精進波羅蜜爲主要修持，唯有第八戒加了明顯的布施波羅蜜，第九和第十戒則是八關齋戒和沙彌十戒所沒

有。但這些都是助道因緣的方便法，最終旨趣在於證得摩訶般若波羅蜜。這十戒於菩薩齋日不得犯，不得教人犯，亦不得勸勉人犯。不得犯，即不得自作，自作從眼耳鼻舌等六根身業生罪。教人犯，則從口業生罪，亦不得犯。勸勉人犯，是從意業、口業生罪。這十齋戒，後三戒所列各項，可以色聲香味觸五者攝之，事雖小卻牽動五欲。五欲之為害於人，其始也微，將畢也鉅。星星之火，可以燎源。貪愛之水亦猶是，也治之於些小境界，正如本經菩薩的十齋戒。從現代人的觀點來看此十齋戒，也許微不足道，但對菩薩道行持者，卻需處處用心，時時關心，才能用小力而收效力。

　　上述十戒大半屬生活中的細微小戒，卻是培養初發意菩薩成為權教菩薩，再成就「悲智雙運」、「福慧雙修」實教菩薩過程當中所應具備的七項要件：（1）具大根（即世世生生培植無量福德善根）；（2）有大智（即到十方世界普度眾生，而不著於度眾生之相，處處離相，清淨無染）；（3）信大教（即深信般若大教，破除妄想煩惱，斷惑證真，離苦得樂）；（4）解大理（即若能返璞歸真，發心修行，決定可以成佛）；（5）修大行（即能精修六波羅蜜，發三心，修四攝，離相妙修，中道圓修）；（6）經大劫（即三祇修福慧因，百劫成相好果，大願大行，精進不退）；（7）證大果（即因圓果滿，福慧雙足，三覺齊備，萬德具足，終究得證『阿耨多羅三藐三菩提』）。[70]

【70】參閱妙音書院，http://blog.roodo.com/famscl，2006年3月30日。

四、齋戒果報

菩薩齋戒最終目標在證得摩訶般若波羅蜜，往生極樂世界親見彌陀的從有限轉化為無限。本節欲就菩薩受齋十戒的密集持守，檢驗其教育成效。根據諸經的說法，齋戒還能有現生從物質到精神的提昇、和從肉體到心靈的淨化、從小我到大我的實踐、和從有限到無限的擴大不等的生命轉化功能，分述如下，

（一）脫離病苦：《舊雜譬喻經》云：「一日持齋。有六十萬歲糧。復有五福。一日少病。二日身安隱。三日少婬意。四日少睡臥。五日得生天上。常識宿命所行也。」[71] 既云安隱，復不作病，則有病正宜戒之。古云禍從口出，病從口入。故《摩訶僧祇律》中，比丘有病即令斷食以瘥為度，名為天醫。[72] 現代流行的少吃或斷食療病，早在印度佛陀時代就已提倡。

（二）免除橫禍：菩薩持十齋戒，遠離歌舞捶鼓伎樂等是非地，斷除六根對外界色、聲、香、味、觸等六塵的貪染，不造惡業，身口意三業清淨，自然不易感招橫禍。齋戒能免除橫禍，在多部經典中均有記載，如《四天王經》云：「所在之處有持此戒者，惡鬼遠之，住處安隱，是故於六齋日持齋受戒，得福增多。」[73]

【71】吳・康僧會譯，《舊雜譬喻經》卷一，《大正藏》冊4，no.206，頁513上。

【72】東晉・佛陀跋陀羅共法顯譯，《摩訶僧祇律》卷28，《大正藏》冊22，no.1425，頁457上。弘贊律師（1992），《沙彌律儀要略增註》卷上，佛陀教育基金會，頁52。

【73】宋・智嚴共寶雲譯，《佛說四天王經》卷1，《大正藏》冊15，no.590，頁118下。

又《法句譬喻經》言：「優填王夫人於奉齋日，王召不應命，反覆三呼，執齋不移，王怒，遣人曳出，欲射殺之，箭反向王，數射亦爾。王時大怖，問有何述？乃致如此，夫人對曰：惟事如來，歸命三尊，朝奉齋法，過中不食，加行八事，飾不近身，必是世尊，哀顧若茲。王乃同往佛所，聽佛說法，一切心解。」[74]

（三）福報優厚：菩薩十齋戒中的不得著脂粉華香、不得臥高床上、不持金銀、不得飲食盡器中等戒，都是節儉惜物、不亂花錢，福報不止不會流失，反而不斷增長，尤其是第八布施戒，更能長養無量福德。下列兩經均說明了齋戒能長養優厚的福報。《佛說護淨經》云：「一日持齋得六十萬世餘糧。」[75]《法句譬喻經》云：「佛告波斯匿王言：齋之福祐明譽廣遠，譬如天下十六國滿中珍寶持用布施，不如末利夫人一日一夜持佛齋法，如比其福，須彌以豆矣。」[76]

（四）來世尊貴：初發心菩薩受持第八條菩薩齋戒法，除自行布施得福外，在齋戒日動靜當中亦迴向勸勉一切十方所有同持齋戒者行六度者，十方一切人非人等所在勤苦厄難之處，皆令得福解脫憂苦，出生為人安隱富樂無極。世間富貴至尊當屬一國之尊的國君。如下一經一論都載明持齋戒一日夜，來世得為尊貴的國

【74】西晉・法炬共法立譯，《法句譬喻經》卷4，《大正藏》冊4，no.211，頁604上。

【75】失譯，《佛說護淨經》，《大正藏》冊17，no.748，頁565中。

【76】西晉・法炬共法立譯，《法句譬喻經》卷2，《大正藏》冊4，no.211，頁585下。

王。《犍陀國王經》云：「佛言乃昔拘那含牟尼佛時，王與牛為兄弟，共作優婆塞，持齋戒一日一夜，王守法精進不敢懈怠，現為國王。」[77] 又《大智度論》云：「佛言迦葉佛時有二婆羅門，共受齋法。一求生天，二求人王。受已俱還，諸婆羅門勸與共食，求生天者以破齋故不果所願，其不食者得為國王。」[78]

（五）往生助緣：第八菩薩齋日菩薩迴向一切十方其有持齋戒者行六度者，皆助安無量勸助歡喜福施。十方一切人非人等所在勤苦厄難之處，皆令得福解脫憂苦，出生為人安隱富樂無極。此外，菩薩亦念在泥梨中人薛荔中人畜生中人。令得解脫出生為人。從是分檀布施。當至西方極樂世界阿彌陀佛前。這些都是往生善趣的助緣。《佛說觀無量壽佛經》亦云：「中品中生者，若有眾生，若一日一夜持八齋戒，若一日一夜持沙彌戒，若一日一夜持具足戒，威儀無缺，以此功德回向願求生極樂國。」[79]

（六）臨終歡樂：如上第八菩薩齋日菩薩迴向一切十方其有持齋戒者行六度者，皆助安無量勸助歡喜福施。十方一切人非人等所在勤苦厄難之處，皆令得福解脫憂苦，臨終自然歡樂，而無恐懼。如《法海觀瀾》云：「若有命終肢節痛，一切親屬欲分離，諦思我

【77】後漢・安世高譯，《犍陀國王經》卷1，《大正藏》冊14，no.506，頁774中。

【78】後秦・鳩摩羅什譯，《大智度論》卷8，《大正藏》冊25，no.1509，頁119中。

【79】劉宋・畺良耶舍譯，《佛說觀無量壽佛經》卷一，《大正藏》冊12，no.365，頁345中。

有清淨戒，身心歡樂無憂畏。」[80]

（七）得相好身：「得相好身」是持齋戒的果報之一，如《長爪梵志請問經》云：

> 有婆羅門問佛，先作何業得此種種相好身？佛一一答以前生由何業力今獲斯果。
>
> 例。如何獲得具足色力諸根圓滿？答。由前生遠離女人欲染之事。
>
> 問。如何獲得微妙相好莊嚴其身？答。由前生遠離歌舞倡〔娼〕艷之事。
>
> 問。如何獲得上妙香氣芬馥其身？答。由前生遠離香花瓔珞莊飾。
>
> 問。如何獲得金剛勝妙之座？答。由前生遠離高床大床驕恣之物。
>
> 問。如何獲得四十牙齒鮮白齊平？答。由前生遠離非時飲瞰諸食。[81]

（八）成佛道緣：菩薩齋戒以修六波羅蜜為方便，證摩訶般若波羅蜜為究竟，由權教菩薩證入實教菩薩，就是成就佛道的前階演練，如《阿含經》云：「持八關齋，得盡諸漏入涅槃城。」[82] 又

【80】弘贊律師（1992），《沙彌律儀要略增註》卷上，（佛陀教育基金會），頁8。

【81】唐・義淨奉制譯，《長爪梵志請問經》，《大正藏》冊14，no.584，頁968中。

【82】東晉・瞿曇僧伽提婆譯，《增一阿含經》，《大正藏》冊2，no.125，頁625下-626上。

云「欲求聲聞緣覺佛乘者悉成其願。」[83]

上述第一項脫離病苦、第二項免除橫禍和第七項得相好身，均有物質到精神的提昇以爲轉化生命的較初步功能；第三項福報優厚和第六項臨終歡樂，則有肉體到心靈的淨化功用；第五項往生助緣和第八項成佛道緣，則有從小我到大我的實踐、和從有限到無限的擴大的生命轉化功能。這些成效多少與菩薩受齋會的目標有呼應，但無法一期齋戒即達到百分之百的教育成效，故本經結尾又提到整年需有四次定期的此種齋會。

五、齋期

本經菩薩解齋法的戒期有別於八關齋戒等戒法，茲分爲齋月和齋日兩部分來比對說明。

（一）齋月

本菩薩解齋法的齋期，一年計有四期，分別爲正月、四月、七月和九月。和一般所謂的適合齋戒的三善月——正月、五月和九月略爲不同。如《雜阿含》卷五十云：「十四十五日，及月分八日，神通瑞應月，八支善正受。」[84] 西竺曆法，黑白二月，各十五日。月之中分，即八日也。故黑月初八、十四、十五，即每月之廿三、廿九、三十也，此即六齋日。神通瑞應月者，又名神變月、神

【83】東晉‧瞿曇僧伽提婆譯，《增一阿含經》，《大正藏》冊2，no.125，頁626上。亦參閱弘贊律師，《沙彌律儀要略增註》佛陀教育基金會1992，頁49。

【84】宋‧求那跋陀羅，《雜阿含經》卷50，《大正藏》冊2，no.99，1325經，頁364上。

足月，乃正、五、九月三長齋月之異名。此三月中，毘沙門天王分鎮南洲，諸天以神足巡行天下，故得名。[85] 正月、五月和九月三善月之間均差四個月，而本菩薩解齋法的正月、四月、七月和九月四齋月間，分別相差三個月、二個月和四個月。也只有正月與九月符合三善月中的兩善月。其他四月和七月兩期齋戒，筆者推測可能配合佛誕節和孝道月而制。然而此經譯自梵本，在印度並沒有七月孝道月之說法。摘錄經文如下，

> 《菩薩受齋經》：菩薩解齋法言
>
> 　　南無佛。南無法。南無比丘僧。某若干日若干夜持菩薩齋。從分檀布施當得六波羅蜜。如諸菩薩六萬菩薩法。齋日夜一分禪一分讀經一分臥。是為菩薩齋日法
>
> 　從正月十四日受十七日解
>
> 　從四月八日受十五日解
>
> 　從七月一日受十六日解
>
> 　從九月十四日受十六日解 [86]

（二）齋日

　　《菩薩受齋經》的菩薩齋日，亦與八關齋戒於六齋日受持一日夜有所差異。本菩薩齋戒全年共有三十一天，分佈在正月十四日到十七日計四天、四月八日到十五日共八天、七月一日到十六日長達

【85】釋有因編述（2002），《在家五戒八戒學處》，台中淨宗學會，頁136。

【86】西晉・聶道真譯，《菩薩受齋經》卷1，《大正藏》冊24，no.1502，頁1116中。

十六天、九月十四日到十六日最短三天。四期菩薩齋戒日都在上半個月舉行，前三期的長度都是以兩倍遞增，最後一期的九月僅有三天。筆者推測：前三期可能讓新發意菩薩逐漸適應，最後於九月以三天來圓滿。八關齋戒一般在每月六齋日受持，即農曆每月初八、十四、十五、廿三、廿九、三十日（如逢小月，可改爲廿八、廿九日），但也可以由信徒自行決定時間。有云：「在家二眾，若三善月，六齋日，及本生日，父子諱日，作諸善事日，應詣僧中，求受八關齋戒。」[87] 本菩薩齋戒日一日、十六日和十七日不屬六齋日。

除了上述六齋日之外，亦有以每月之一日、八日、十五日、二十三日爲齋日，稱四齋日。而陰曆正月、五月、九月等三個月長期持齋戒，稱爲三長齋。三長齋日（指三長齋月之每日）加上六齋日，則爲九齋日。又六齋日加上每月一日、十八日、二十四日、二十八日，則爲十齋日。[88] 若與十齋日比對，仍有十六日和十七日兩天菩薩齋戒日不與十齋日相符。

在菩薩齋戒期間，爲了達到真正轉化生命教育的功效，歸命西方極樂世界阿彌陀、觀世音菩薩和大勢至菩薩等西方三聖，爲助道因緣並有明確的終極目標，也是最安隱成就實教菩薩的方法。解齋後，何時才可以恢復進食？既受齋已，若欲解齋要待明相出時始得食粥，否則即爲破齋。此處的明相，依《薩婆多論》的記載，應指

【87】釋有因編述（2002），《在家五戒八戒學處》，台中淨宗學會，頁117。

【88】慈怡主編（1988），《佛光大辭典》，高雄：佛光出版社，頁6546。

太陽正照過樹葉的正午而言。[89] 猶如現代社會流行斷食，恢復進食也有一定的時間考量和漸進的步驟。

第五節　結論

宗教絕非只是民眾的信仰習俗與宗教師的勸善說教而已，其共同的核心概念是安頓身心的生命終極關懷。自古以來，在各大宗教傳統之中，宗教的探求就是生命的探求，其教化可以豐富生命的內涵，擴大生命的視野，化解生命的困境，提昇生命的層次，圓滿生命的目標。宗教之所以為宗教，而不同於其他的學科領域，是因為其扣緊了生命的終極關懷，以及身、心、靈的淨化與提昇。

本章的生命轉化，是以佛教教主釋迦牟尼為實例，分為四個歷程：一、從物質到精神的提昇——捨離王宮優渥生活過沙門頭陀行；二、從肉體到心靈的淨化——割愛辭親四處尋師訪道禪修不斷；三、從小我到大我的實踐——為眾生尋找滅除生老病死苦之道，由人我對待、超越、到一如；四、從有限到無限的完成——超越分段生死輪迴進入涅槃寂靜，由有限的時空到無限時空的生命轉換。就是《菩薩受齋經》的菩薩齋戒的主旨——摩訶般若波羅蜜，即是初發意菩薩，經由權教菩薩的修行，成就實教菩薩所證的生命境界，直至西方極樂實相莊嚴土。本章即是透過四世紀初西晉中土佛教居士聶道真譯《菩薩受齋經》，來瞭解初發意菩薩如何藉由定期密集的齋戒，完成權教菩薩到實教菩薩的生命轉化教育。

【89】失譯，《薩婆多毘尼毘婆娑》卷9，《大正藏》冊23，no.1440，頁551下。

本經的格式、齋戒內容和戒期都非常獨特，未見於其他任何佛典中。聶道真受其師竺法護影響甚鉅，擅梵文，力崇菩薩思想，漢譯42部菩薩相關佛典。本經即是聶道真譯自梵文本，而非在中土編撰的偽經。依本經齋戒的戒條來看，其受齋的對象應以在家菩薩為主。

　　本經的格式由菩薩受齋法開始，沒有傳統佛經的六成就，文中主要傳授菩薩受齋和解齋的方法，類似戒壇所用的戒本，較適合名之為《菩薩受齋法》。此乃因在道安法師以前，佛教學者對於經律論的觀念和現在不同，當時他們對於「律」、「論」也稱之為「經」。

　　本經的結齋內容包括齋戒十念和十戒。十念即當念過去佛、當念未來佛、當念一切十方現在佛、當念尸波羅蜜持戒、當念禪波羅蜜、當念漚和拘舍羅、當念般若波羅蜜、當念禪三昧六萬菩薩在阿彌陀佛所、當念過去當來今現和上阿闍梨。與原始佛教提倡的五念、六念或十念懸殊極大，其中只有念佛和念戒略有交集。但規納此十念不離佛法僧三寶，因為三寶即是一切眾生，良友福田，若能歸向者，則滅無量罪、長無量福，能令菩薩行者，離生死苦、得解脫樂。此十念能訓練菩薩從物質到精神的提昇、從肉體到心靈的淨化、從小我到大我的實踐和從有限到無限的完成的生命轉化教育。故此經首結齋法即始於自歸三寶。

　　本經十齋戒既有在家與沙門，又有原始佛教與大乘佛教思想，尤其前五戒沙彌戒、第六戒沙門戒、第七指在家菩薩、第八擴大到三惡道皆往生極樂淨土、第九甚至於無情飲食都要珍惜不得浪費、第十戒到比丘應謹守的「不得與女人相形笑共坐席，女人亦爾」。

菩薩齋日受持的十條戒法，條條增上擴大，充滿轉換提昇生命的教育意涵，可推測本經是在以聲聞乘自覺自利為主的原始佛教，轉到利他覺他菩薩行特色的大乘佛教過度期間形成的齋戒法。

　　本菩薩齋戒期從正月十四日受十七日解、四月八日受十五日解、七月一日受十六日解、和九月十四日受十六日解，齋月和齋日迥異於正月、五月和九月三善月和六齋日，亦略別於十齋日。

　　本經除了藉由短期密集齋戒法，傳授權教菩薩到實教菩薩，實踐摩訶般若波羅蜜的生命轉化教育外，亦呈現了原始佛教、部派佛教，到大乘佛教菩薩道的進階之路。此外，本齋戒法猶如現代教育機構的短期密集課程和短期參修活動，有明確的教育目標、相關正確觀念的建立、為達到教育目標必修的課程、和修學期限等完整的教育制度。唯此齋戒法的目標是將世間有限生命轉化到出世間無限生命，而一般教育目標則局限於有限世間生命的經營。

參考書目

一、古籍

後漢・安世高譯，《佛說九橫經》，《大正藏》冊2，no.150B。

後漢・安世高譯，《犍陀國王經》卷1，《大正藏》冊14，no.506。

後漢・安世高譯，《佛說處處經》卷1，《大正藏》冊17，no.730。

後漢・安世高譯，《阿毘曇行法經》，《大正藏》冊28，no.1557。

吳・支謙，《佛說齋經》，《大正藏》冊1，no.87。

吳・康僧會譯，《舊雜譬喻經》，《大正藏》卷1，冊4，no.206。

西晉・法炬共法立譯，《法句譬喻經》卷4，《大正藏》冊4，no.211。

東晉・竺曇無蘭，《佛說寂志果經》，《大正藏》冊1，no.22。

東晉・瞿曇僧伽提婆譯，《中阿含七法品善法經》，《大正藏》冊1，no.26。

東晉・瞿曇僧伽提婆，《增一阿含》卷34，《大正藏》冊2，no.125。

東晉・佛陀跋陀羅共法顯譯，《摩訶僧祇律》卷22，《大正藏》冊22，no.1425。東晉・佛陀跋陀羅譯，《摩訶僧祇律大比丘戒本》卷1，《大正藏》冊22，no.1426。

西晉・聶道真譯，《菩薩受齋經》，《大正藏》冊24，no.1502。

北涼・沮渠京聲，《佛說八關齋經》，《大正藏》冊1，no.89。

北涼・曇無讖譯，《優婆塞戒經》卷2，《大正藏》冊24，no.1488。

劉宋・求那跋陀羅譯，《舍利弗問經》，第695經《大正藏》冊2，no.99。

劉宋・求那跋陀羅譯，《雜阿含經》卷26、49，《大正藏》冊2，no.99。

劉宋・畺良耶舍譯，《佛說觀無量壽佛經》卷1，《大正藏》冊12，no.365。

後秦・鳩摩羅什譯，《大智度論》卷8，《大正藏》冊25，no.1509。

梁・慧皎撰，《高僧傳》，《大正藏》冊50，no.2059。

梁・僧祐撰，《出三藏記集》，《大正藏》冊55，no.2145。

隋・費長房撰，《歷代三寶紀》，《大正藏》冊49，no.2034。

隋・法經撰，《眾經目錄》，《大正藏》冊55，no.2146。

隋・彥琮撰，《眾經目錄》，《大正藏》冊55，no.2147。

唐・玄奘譯，《藥師琉璃光如來本願功德經》卷1，《大正藏》冊14，
　　no.450。

唐・義淨奉制譯，《長爪梵志請問經》（卷1）《大正藏》冊14，
　　no.584。

唐・知玄，《慈悲水懺法》卷上，《大正藏》冊45，no.1910。

唐・僧詳撰，《法華傳記》卷2，《大正藏》冊51，no.2068。

唐・靜泰撰，《眾經目錄》，《大正藏》冊55，no.2148。

唐・道宣撰，《大唐內典錄》，《大正藏》冊55，no.2149。

唐・靖邁撰，《古今譯經圖紀》，《大正藏》冊55，no.2151。

唐・智昇撰，《續古今譯經圖紀》，《大正藏》冊55，no.2152。

唐・明佺等撰，《大周刊定眾經目錄》，《大正藏》冊55，no.2153。

唐・智昇撰，《開元釋教錄》，《大正藏》冊55，no.2154。

唐・智昇撰，《開元釋教錄略出》，《大正藏》冊55，no.2155。

唐・圓照撰，《貞元新定釋教目錄》，《大正藏》冊55，no.2157。

宋・智嚴共寶雲譯，《佛說四天王經》卷1，《大正藏》冊15，
　　no.590。

宋・道誠集，《釋氏要覽》卷1，《大正藏》冊54，no.2127。

失譯，《佛說佛名經》卷6，《大正藏》冊14，no.441。

失譯，《佛說護淨經》卷1，《大正藏》冊17，no.748。

失譯，《薩婆多毘尼毘婆娑》卷9，《大正藏》冊23，no.1440。

失譯，《舍利弗問經》卷1，《大正藏》冊24，no.1465。

失譯，附東晉錄，《沙彌十戒法並威儀》，《大正藏》冊24，
　　no.1471。

失譯，今附宋錄，《優陂夷墮舍迦經》，《大正藏》冊1，no.88。

失譯，《大愛道比丘尼經》，《大正藏》冊24，no.1478。

二、中文書目

（一）中文專書

李輔仁（1985），《仁心與持齋》，初版，台南：巃巨書局。

晉仁（1977），〈經錄概說〉《大藏經研究彙編（上）》張曼濤主編，《現代佛教學術叢刊10》，台北：大乘文化出版社。

張曼濤主編（1978），《佛典譯述與著錄考略》，《現代佛教學術叢刊60》，台北市：大乘文化出版社。

慈怡主編（1988），《佛光大辭典》，高雄：佛光出版社。

釋有因編述（2002），《在家五戒八戒學處》，台中淨宗學會。

（二）中文期刊論文

吳怡（1996），〈整體生命轉化的系統〉，3-50，《生命的轉化》，台北：東大。

吳怡（2001），〈從生命的轉化看中國人間佛教的開展〉，《普門學報》第一期：96-119，臺北：佛光山文教基金會。

林伯謙（1998），〈素食與佛法行持〉，《第五屆中國飲食文化學術研討會論文集》，台北：財團法人中國飲食文化基金會。

林伯謙（1998），〈北傳佛教與中國素食文化〉，《東吳中文學報》，民國87年5月。

康樂（2001），〈潔淨、身分與素食〉，《大陸雜誌》102卷1期。

劉技萬（1994），〈中國修齋考〉，氏著《中國民間信仰論集》，台北：中研院民族學研究所，專刊之22。

戴玄之（1977），〈老官齋教〉，《大陸雜誌》54卷6期。

（三）中文學位論文

林榮澤（2003），《持齋戒殺：清代民間宗教的齋戒信仰研究》，台北：國立臺灣師範大學歷史研究所博士論文。

黃詩茹（2007），《戰後台灣佛教僧俗關係的轉變及意涵：由台中蓮社、大專青年齋戒會、香光尼僧團考察》，台北：國立政治大學宗教研究所碩士論文。

張淨茵（2006），《清修與律己—以「大專學生齋戒學會」學員之參與經驗為例》，花蓮：慈濟大學宗教與文化研究所碩士論文。

（四）網站

妙音書院，http://blog.roodo.com/famscl，2006年3月30日。

（本論文刊登於外審期刊《新世紀宗教研究》第八卷第二期，2009年12月，頁83-122。）

第三章

《三曼陀颰陀羅菩薩經》
與《普賢行願品》之比較

第一節　緒論

　　佛教由印度經中亞傳入中國後，隨著譯經事業的開展而弘傳開來，尤其是魏晉南北朝時期，大量菩薩思想相關經典輾轉被攜入中土，經當時主要譯經師竺法護、聶承遠、聶道真等人終身投入譯事，陸續漢譯出並將之編撰成錄，而奠定姚秦鳩摩羅什等後人譯經事業達顛峰的基礎，間接促成具菩薩特質的中國佛教的興隆。

　　此時期為佛教傳入中原初始，譯經事業方興，在漢譯梵文（胡語）專有名辭上未臻成熟，致使早期譯經常保留直接的音譯，徒增後人在閱讀藏經上的困難，正如道安在〈合放光光贊略解序第四〉對竺法護譯風的評論：「言准天竺。事不加飾。悉則悉矣。而辭質勝文也。」[1]本章研究主題《三曼陀颰陀羅菩薩經》即為竺法護譯事筆受的聶道真所譯，本經除了經題直譯自梵文外，譯文中亦保

【1】梁・僧祐撰，《出三藏記集》卷7，《大正藏》冊55，
　　　no.2145，頁48上。

留不少不加修飾的音譯辭藻，故古來研究該經者尠少。

　　本章相關研究首推印順《初期大乘佛教之起源與開展》，在該書第十三章華嚴法門第六節普賢行願中，印順認為「華嚴法門」原本的「普賢行願」與《三曼陀颰陀羅菩薩經》的悔過懺禮，願樂助其歡喜，請勸諸佛轉法輪與住世，以及施與等是有關連的。[2] 聖嚴〈普賢菩薩行願讚講錄〉中亦略點到有《三曼陀跋陀羅菩薩經》這部經 [3]，但未做進一步的說明。柯惠馨碩士論文《華嚴經中普賢菩薩之研究》第六章從顯教經典《三曼陀跋陀羅經》了解普賢菩薩本生、因緣與乘象座的立像因由。[4] 上述文獻雖或多或少涉及《三曼陀颰陀羅菩薩經》，但未能專注本經做全面性的討論。故本章將就《三曼陀颰陀羅菩薩經》的譯者、經題、異譯本、音譯辭彙及內容全面探討之，以瞭解西晉時代聶道真的譯本與華嚴「普賢行願」的關係。

第二節　經題及異譯本比對

　　本節將分兩部分來探討《三曼陀颰陀羅菩薩經》的經題與異譯本，分述如下：

【2】印順（2011），《初期大乘佛教之起源與開展》（下），
　　北京：中華書局，頁967。

【3】聖嚴（2009），〈普賢菩薩行願讚講錄〉，《法鼓雜誌》
　　第95期第3版（經典琉璃）。

【4】柯惠馨（2006），《華嚴經中普賢菩薩之研究》，東海大
　　學中國文學系碩士論文。

一、《三曼陀颰陀羅菩薩經》經題介紹

　　《三曼陀颰陀羅菩薩經》是聶道真迄今仍存留五部譯經[5]之一，被收錄在除了《嘉興藏新文豐版》與《新纂卍續藏》兩版外的其它二十一部漢文佛教藏經中。《開寶藏》首將其歸在大乘律中，晚出的《高麗藏》、《永樂南藏》、《永樂北藏》、《嘉興藏》、《乾隆藏》、《縮刻藏》、《卍正藏》及近出《佛教大藏經》亦隨之，直到《大正藏》始歸於經集部。收錄在各藏經中的本經題略有不同，可分爲四種：自《房山石經》迄《乾隆藏》等十三部早期經藏都延用《三曼陀颰陀羅菩薩經》；《高麗藏》、《縮刻藏》、《卍正藏》、《大正藏》、《佛教大藏經》到《中華藏》等六部較晚出藏經，將經題中的古文「颰」字改爲現代「跋」字的《三曼陀跋陀羅菩薩經》；《趙城金藏》簡化爲《三曼陀菩薩經》；《嘉興藏》則改爲《三曼陀羅菩薩經》。該經譯者亦由最早《房山石經》的西晉清信士聶道真譯，《毘盧藏》刪除稱謂直接稱爲西晉聶道真譯，到《高麗藏》與《中華藏》又冠上現代用語「居士」全稱爲西晉居士聶道真譯，其中《崇寧藏》、《圓覺藏》、《趙城金藏》、《資福藏》、《普寧藏》、《至元藏》、《洪武南藏》、《永樂南藏》等八部藏經未載譯者。

【5】除本經外，尚存有《異出菩薩本起經》，《大正藏》冊3，no.188，頁617中-620下。《諸菩薩求佛本業經》，《大正藏》冊10，no.282，頁451上-454上。《大寶積經‧無垢施菩薩應辯會》，《大正藏》冊11，no.310-33，頁556上-564中。《菩薩受齋經》，《大正藏》冊24，no.1502，頁1115下-1116下。

《三曼陀颰陀羅菩薩經》（Samantabhadrasutra）之
Samantabhadra（梵文：समन्तभद्र）音譯爲「三曼陀颰（跋）陀
羅」，三曼陀即普，跋陀羅云賢，三曼陀跋陀羅譯曰普賢，[6]是
普賢菩薩的梵文名，亦曾譯爲遍吉菩薩，所以《三曼陀跋陀羅菩薩
經》意譯爲《普賢菩薩經》。普賢菩薩爲漢傳佛教四大菩薩之一。
是象徵理德、行德的菩薩，同文殊菩薩的智德、正德相對應，是娑
婆世界釋迦牟尼佛的右、左脇侍，被稱爲「華嚴三聖」。普賢菩薩
的法像一般爲戴五佛冠金色身，右手持劍左手結施願印，半跏趺坐
於六牙白象之上。

二、《三曼陀颰陀羅菩薩經》異譯本比對

上述各佛教藏經收錄的《三曼陀颰陀羅菩薩經》，可分爲兩
類：一類爲無標點符號的古版，另一類爲有標點符號的新版。自
《房山石經》迄《乾隆藏》等十三部早期經藏都是無標點符號的古
版，本章採用源自隋靜琬（605-617）房山石經版的《乾隆藏》收
錄的《三曼陀颰陀羅菩薩經》。《高麗藏》、《縮刻藏》、《卍正
藏》、《大正藏》、《佛教大藏經》到《中華藏》等六部較晚出藏
經爲有標點符號的新版。雖然近代出版的《大正藏》亦是西晉聶
道真所譯，但其中少數文字略異於前述版本。首先房山石經版與
《乾隆藏》版的譯者身份爲「清信士」；《大正藏》版則改稱「居
士」。前兩版的經題使用古「颰」字，後者改用現代「跋」字。兩
種版本在品數上的差異，前者共有序品第一、悔過品第二、願樂品

第三、請勸品第四、法行品第五、與譬福品第六等六品；後者只有五品，除少了法行品第五外，並將第一序品改為五蓋品。

再者，比對兩種文本中的遣辭用字亦有些微的差異，如表3.1說明如下。兩版經文的內容不變，惟有古今用字些微的差異。如分別在第一序品與五蓋品中出現了三曼陀颰陀羅菩薩的「颰」與「跋」的差異。第二悔過品增加「於」與「于」、「阿」與「呵」、「鬭」與「鬥」、「訐」與「訕」、「正」與「止」、「復」與「複」、五「坻」與五「根」、「惡」心與「慈」心、「改」與「發」、「覺」與「竟」等十組差異。第四請勸品又增加了「以」與「已」、「今」與「令」、「捨」與「舍」等三組差異。《乾隆藏》版《三曼陀颰陀羅菩薩經》第五法行品，仍為《大正藏》版《三曼陀跋陀羅菩薩經》第四請勸品，則增加「合」與「令」、「在」與「墮」、「犁」與「黎」、「其」與「某」、「者」與「著」等五組差異。《乾隆藏》版《三曼陀颰陀羅菩薩經》第六譬福品，為《大正藏》版《三曼陀跋陀羅菩薩經》第五譬福品，只增加「云」與「雲」一組的殊異。

在上述各組異字中，「正」與「止」、「惡」心與「慈」心、「改」與「發」、「覺」與「竟」、「在」與「墮」、「其」與「某」、「者」與「著」等七組不僅字異，尚兼有意義上之差異。分別說明如下：

「正」與「止」：相關經文「若有人施與缽震越飯食床臥具病瘦醫藥所作功德。呵止人不得令與。作無央數不止（正）。輒

轉相教起罪。今某皆為悔一切罪過。」[7] 此處若依《乾隆藏》版「作無央數不正」的「正」字，則做為作的受詞，斷句應在下一句「輾轉相教起罪」之後。若依《大正藏》版的「止」來解，此處的「止」則爲動詞，來與前文連貫以完整其意思。

「惡」心與「慈」心：若依前文「若他人起惡意向某。」[8] 與後文「若致一切諸蓋所畏。某合會于諸佛前。」[9] 來看，此處以「若某起惡心向他人。」[10] 之惡心比慈心較爲貼切。

「改」與「發」：《乾隆藏》版「復悔自改舉自發覺自悔責不敢覆藏。」[11] 的「改」有改正遷過意思；《大正藏》版「複悔自發舉自發竟。自悔責不敢覆藏。」[12] 的「發」爲發現過錯，改善的積極度不如上述「改」字。

「覺」與「竟」：《乾隆藏》版「自發覺自悔責不敢覆

【7】西晉‧聶道真譯，《三曼陀跋陀羅菩薩經》，《大正藏》冊14，no.483，頁667上。

【8】西晉‧聶道真譯，《三曼陀跋陀羅菩薩經》，《大正藏》冊14，no.483，頁667中。

【9】西晉‧聶道真譯，《三曼陀跋陀羅菩薩經》，《大正藏》冊14，no.483，頁667中。

【10】西晉‧聶道真譯，《三曼陀跋陀羅菩薩經》，《大正藏》冊14，no.483，頁667上。

【11】西晉‧聶道真譯，《三曼陀跋陀羅菩薩經》，《乾隆藏》冊67，no.11-1099，頁837上。

【12】西晉‧聶道真譯，《三曼陀跋陀羅菩薩經》，《大正藏》冊14，no.483，頁667中。

藏。」[13]的「覺」發覺或覺得，甚至覺悟意思；《大正藏》版「自發竟。自悔責不敢覆藏。」[14]的「竟」有完成或究竟意，兩者意義上略有差異。

「在」與「墮」：「在」現在完成式，有存在、已在的意思；「墮」則有正在墮落的進行式意函。

「其」與「某」：依《乾隆藏》版「一切人與其逮得是諸菩薩慧行」[15]，此處「其」爲前述「某」的代稱；《大正藏》藏版「一切人與某逮得是諸菩薩慧行」[16]，此處「某」爲「我」之意，呼應本段自始一貫使用「某」字。兩者差異不大，惟「某」指我，「其」雖亦爲「某」的代稱，但也可能指其他特定對象。

「者」與「著」：《乾隆藏》版「轉相猗者」的「者」指對象；《大正藏》版「轉相猗著」的「著」有沾黏繫縛意。

爲便於比對，特將上述各組彙整如下表3.1：

【13】西晉・聶道真譯，《三曼陀跋陀羅菩薩經》，《乾隆藏》冊67，no.11-1099，頁837上。

【14】西晉・聶道真譯，《三曼陀跋陀羅菩薩經》，《大正藏》冊14，no.483，頁667中。

【15】西晉・聶道真譯，《三曼陀跋陀羅菩薩經》，《乾隆藏》冊67，no.11-1099，頁837上。

【16】西晉・聶道真譯，《三曼陀跋陀羅菩薩經》，《大正藏》冊14，no.483，頁668上。

表3.1：《乾隆藏》與《大正藏》版《三曼陀颰（跋）陀羅經》
　　　經文之比對表

《三曼陀颰陀羅菩薩經》		《三曼陀跋陀羅菩薩經》	
西晉清信士聶道真譯		西晉居士聶道真譯	
《乾隆藏》冊67，no.11-1099，pp.834b-840b		《大正藏》冊14，no.483，pp.666c-668c	
品次	內容	品次	內容
序品第一	三曼陀颰陀羅菩薩x3 一切諸陀隣尼 一切漚惒拘舍羅	五蓋品第一	三曼陀跋陀羅菩薩x3 一切諸陀鄰尼 一切漚和拘舍羅
悔過品第二	三曼陀颰陀羅菩薩 於諸佛諸菩薩x4 須阿摩提阿彌陀佛剎土 若爲貪婬所牽 若鬭亂比丘僧 若訏笑 作無央數不正 若有人施與鉢震越飯食牀臥具 見人犯者於邊勸助 復忘失不能堅持法 無所罣礙所入慧 一切人因五坻所入慧功德 不能得具足於功德 若某起惡心向他人 所言即受諦 復悔自改舉自發覺	悔過品第二	三曼陀跋陀羅菩薩 于諸佛諸菩薩x4 須呵摩提阿彌陀佛剎土 若爲貪淫所牽 若鬭亂比丘僧 若訓 作無央數不止 若有人施與缽震越飯食床臥具 見人犯者于邊勸助 複忘失不能堅持法 無所掛礙所入慧 一切人因五根所入慧功德 不能得具足于功德 若某起慈心向他人 所言則受諦 複悔自發舉自發竟

《三曼陀颰陀羅菩薩經》		《三曼陀跋陀羅菩薩經》	
願樂品第三	於諸佛曉 復次今某願禮諸佛 某皆歡樂	願樂品第三	于諸佛曉 複次今某願禮諸佛 某皆願樂
請勸品第四	其以成悉等 今一切人各得其所 無所曉者皆令捨癡意 復次其諸佛所欲般泥洹者 無所曉者令捨癡意 作邪者皆捨邪道入於正道	請勸品第四	其已成悉等 令一切人各得其所 無所曉者皆令舍癡意 複次其諸佛所欲般泥洹者 無所曉者令舍癡意 作邪者皆舍邪道入于正道
法行品第五	今某施與合如三曼陀 持是功德今一切與 某莫在泥犁中 一切人與其逮得是諸菩薩慧行 下至阿鼻泥犁 若軟生若化生 轉相狩者 於諸深慧皆逮得 於諸法而無疑	法行品第五	令某施與令如三曼陀 持是功德令一切與 某莫墮泥黎中 一切人與某逮得是諸菩薩 慧行下至阿鼻泥黎 若軟生若化生 轉相狩著 于諸深慧皆逮得 于諸法而無疑
譬福品第六	某福者云何 三曼陀颰陀羅菩薩經	譬福品第五	其福者雲何 三曼陀跋陀羅菩薩經

經上述兩類《三曼陀颰（跋）陀羅菩薩經》品目次與內容文字之比對後，筆者認爲舊版法行品第五在各品篇幅中雖不是最長的一品，但包含了多項普賢行願的內涵，故本章將結合《乾隆藏》版的《三曼陀颰陀羅菩薩經》文本，與《大正藏》版《三曼陀跋陀羅菩薩經》的標點符號，做爲本章的文本依據。

第三節　名辭釋義

西晉聶道真譯《三曼陀颰陀羅菩薩經》內容主要分爲六部分，第一序品，旨在談懺五蓋。講述當時佛在摩竭提國，文殊問三曼陀颰陀羅菩薩，若人求菩薩道者，當作何施行，先總答之。再依序談悔過品第二、願樂品第三、請勸品第四、法行品第五、以及譬福品第六。在序品第一、悔過品第二、請勸品第四、與譬福品第六等四品中，均保留了三至十數個不等的音譯辭彙，對於現代的讀者猶如文字天書。故在進入本經文本內容的分析比較說明前，特藉本章透過《翻梵語》[17] 等工具，依品逐句找出這些音譯辭彙一一條例說明之。

一、兜沙陀比羅

　　般若波羅蜜兜沙陀比羅經 [18]

【17】不詳，《翻梵語》，《大正藏》冊54，no.2130。

【18】西晉・聶道真譯，《三曼陀颰陀羅菩薩經・序品第一》，《乾隆藏》冊67，no.10-1099，頁835上。

不能得兜沙陀比羅無所罣礙所入慧[19]

在《翻梵語》中，可以找到三組與兜沙陀比羅相關的名詞，摘錄如下：

1.兜沙經（譯曰歡喜）[20]：兜沙經爲「華嚴法門」最初集成時的名稱。

2.兜沙陀羅經（應云兜沙陀毘羅 譯曰兜沙陀者歡喜與梨者精進）道樹三昧經[21]

3.兜沙陀比羅（應云兜沙陀毘羅 譯曰兜沙者歡喜陀毘羅者長宿）[22]

兜沙，《華嚴教學成立史》提到近藤隆晃教授引古譯的怛沙竭、兜沙陀、多沙陀，而斷定爲tathāgata——如來的音譯。[23]比羅是pitaka（藏）的音譯，「兜沙陀比羅經」就是「如來藏經」。[24]

【19】西晉・聶道真譯，《三曼陀颰陀羅菩薩經・悔過品第二》，《乾隆藏》冊67，no.10-1099，頁836下。

【20】西晉・聶道真譯，《三曼陀颰陀羅菩薩經・悔過品第二》，《乾隆藏》冊67，no.10-1099，頁836下。

【21】不詳，《翻梵語》，《大正藏》冊54，no.2130，頁985上。

【22】不詳，《翻梵語》，《大正藏》冊54，no.2130，頁985上。

【23】不詳，《翻梵語》，《大正藏》冊54，no.2130，頁985上。

【24】石井教道（1979），《華嚴教學成立史》，京都：平樂寺書店，頁58-59。

二、陀隣（鄰）尼

一切三昧一切諸陀隣尼【25】

不能得陀隣尼行【26】

皆具足陀鄰尼清淨三昧一心不動搖【27】

《翻梵語》解釋陀鄰尼（梵文dharani），亦云陀羅尼，論曰能持譯曰持。【28】由上述三則摘錄，可見同《三曼陀颰陀羅菩薩經》中，「鄰」與「隣」兩字被互用。

三、漚惒拘舍羅

一切漚惒拘舍羅是為諸經中尊【29】

悉以曉了漚惒拘舍羅所入一切於諸法無有差特【30】

【25】印順（2011），《初期大乘佛教之起源與開展》，北京：中華書局，頁856。

【26】西晉・聶道真譯，《三曼陀颰陀羅菩薩經・序品第一》，《乾隆藏》冊67，no.10-1099，頁835上下。

【27】西晉・聶道真譯，《三曼陀颰陀羅菩薩經・悔過品第二》，《乾隆藏》冊67，no.10-1099，頁836上。

【28】西晉・聶道真譯，《三曼陀颰陀羅菩薩經・法行品第五》，《乾隆藏》冊67，no.10-1099，頁839上。

【29】不詳，《翻梵語》，《大正藏》冊54，no.2130，頁993上。

【30】西晉・聶道真譯，《三曼陀颰陀羅菩薩經・序品第一》，《乾隆藏》冊67，no.10-1099，頁835上。

在《翻梵語》中，可以找到下列三組與漚惒拘舍羅相關的解釋，但其中「惒」改爲「和」，漚惒拘舍羅意即方便。

漚和拘舍羅：梵文upaya（譯曰方便）[31]

漚和拘舍羅（應云漚波拘舍羅 譯曰漚波者大拘舍羅者方便也）

漚和拘舍羅波羅密（譯曰大方便究竟也）兜沙經[32]

四、迦羅蜜

迦羅蜜多次出現在本經悔過品第二、願樂品第三與法行品第五中，分別摘錄如下：

> 其有於一切諸佛諸菩薩諸迦羅蜜諸父母諸阿羅漢諸辟支佛一切諸人所可誹謗者……若有迦羅蜜斷止人不得令住會……若離迦羅蜜若有佛不能得見若有菩薩迦羅蜜不能得與共會而不能得聞經法[33]
>
> 於諸佛諸菩薩諸迦羅蜜父母阿羅漢辟支佛怛沙竭護怛沙竭寺神怛沙竭法中諸所犯過惡須阿摩提阿彌陀佛刹土[34]

【31】西晉・聶道真譯，《三曼陀颰陀羅菩薩經・法行過品第五》，《乾隆藏》冊67，no.10-1099，頁839上。

【32】不詳，《翻梵語》，《大正藏》冊54，no.2130，頁985上。

【33】西晉・聶道真譯，《三曼陀颰陀羅菩薩經・序品第一》，《乾隆藏》冊67，no.10-1099，頁993上。

【34】西晉・聶道真譯，《三曼陀颰陀羅菩薩經・悔過品第二》，《乾隆藏》冊67，no.10-1099，頁835下-836上。

今某自歸曉一切於諸佛曉菩薩迦羅蜜及父母諸阿羅漢辟支佛及一切人至心求哀不可曉者今皆曉之如諸佛所知如是者所可自歸為已自歸也復次今某禮一切諸佛一切諸菩薩諸迦羅蜜父母[35]

令一切人與某身不離菩薩法不離迦羅蜜文殊師利及惟摩竭與三曼陀颰陀羅菩薩等是諸菩薩所行......悉逮諸佛等行諸菩薩等行諸迦羅蜜行令一切人皆至供養[36]

根據《翻梵語》對本經「迦羅蜜」的說法：譯曰時友（應云遮迦羅蜜多羅　譯曰輪友）。[37] 此處迦羅蜜即指「善知識」。

五、怛沙竭

於諸佛諸菩薩諸迦羅蜜父母阿羅漢辟支佛怛沙竭護怛沙竭寺神怛沙竭法中諸所犯過惡須阿摩提阿彌陀佛剎土一切諸佛[38]持七寶滿閻浮提地內供養怛沙竭阿羅呵三耶三

【35】西晉・聶道真譯，《三曼陀颰陀羅菩薩經・序品第一》，《乾隆藏》冊67，no.10-1099，頁835上下。

【36】西晉・聶道真譯，《三曼陀颰陀羅菩薩經・法行品第五》，《乾隆藏》冊67，no.10-1099，頁839上下。

【37】不詳，《翻梵語》，《大正藏》冊54，no.2130，頁1026上。

【38】西晉・聶道真譯，《三曼陀颰陀羅菩薩經・序品第一》，《乾隆藏》冊67，no.10-1099，頁835上下。

佛不^[39]晝夜奉行如上教其福出於供養恒沙竭滿閻浮提七寶^[40]

上述三組摘錄中「恒沙竭」是如來梵語tathāgata，音譯作多陀阿伽陀、多他阿伽度、多陀阿伽度、多恒薩阿竭、恒他誐多阿竭、多阿竭。又作如去，為佛十號之一，即佛之尊稱。^[41]

六、須阿（呵）摩提

諸所犯過惡須阿摩提阿彌陀佛剎土一切諸佛^[42]

皆令生須呵摩提阿彌陀佛剎^[43]

須呵摩提：梵名Sukhāmati^或Sukhāvati^，又作須阿提、須呵摩持，意譯作妙意、好意（或安樂）的音譯。即指西方極樂淨土。^[44]由上述摘錄，再度出現同一部經中「須阿摩提」與「須呵摩提」的「阿」與「呵」兩字被互用。

【39】西晉・聶道真譯，《三曼陀颰陀羅菩薩經・譬福品第六》，《乾隆藏》冊67，no.10-1099，頁840上。

【40】西晉・聶道真譯，《三曼陀颰陀羅菩薩經・譬福品第六》，《乾隆藏》冊67，no.10-1099，頁840上。

【41】西晉・聶道真譯，《三曼陀颰陀羅菩薩經・譬福品第六》，《乾隆藏》冊67，no.10-1099，頁840上。

【42】慈怡主編（1988），《佛光大辭典》，高雄：佛光出版社，頁2346中。

【43】西晉・聶道真譯，《三曼陀颰陀羅菩薩經・悔過品第二》，《乾隆藏》冊67，no.10-1099，頁835上下。

【44】西晉・聶道真譯，《三曼陀颰陀羅菩薩經・法行品第五》，《乾隆藏》冊67，no.10-1099，頁838下。

七、阿惟三佛

今現在佛阿耨多羅三耶三菩及至阿惟三佛[45]

「阿惟三佛」為梵名abhisambuddha之音譯，又作阿毘三佛
馱、阿毘三佛。阿鞞跋致。亦名阿惟越致。此云不退轉。智論云。
無生忍法。即是阿鞞跋致地。[46]意譯為現等覺，指成就正覺之
人。[47]

八、天龍八部

乾陀羅阿須倫迦留羅甄陀羅摩休勒人非人[48]

說是經已諸天龍鬼神阿須倫人非人聞經大歡喜[49]

乾陀羅：梵語gandharva，乾闥婆，譯為香陰，乃不食酒肉，
唯以香資陰，帝釋天樂神即是。[50]乾陀羅耶。正言健達。此云

【45】慈怡主編（1988），《佛光大辭典》，高雄：佛光出版
　　　社，頁5362下。

【46】西晉・聶道真譯，《三曼陀颰陀羅菩薩經・請勸品第
　　　四》，《乾隆藏》冊67，no.10-1099，頁837下。

【47】宋・法雲編，《翻譯名義集》卷5，《大正藏》冊54，
　　　no.2131，頁1131上。

【48】慈怡主編（1988），《佛光大辭典》，高雄：佛光出版
　　　社，頁3641中。

【49】西晉・聶道真譯，《三曼陀颰陀羅菩薩經・勸請品第
　　　四》，《乾隆藏》冊67，no.10-1099，頁838上。

【50】西晉・聶道真譯，《三曼陀颰陀羅菩薩經・譬福品第
　　　六》，《乾隆藏》冊67，no.10-1099，頁840上下。

香。張華博物志云。有西國使獻香者。漢制不滿斤不得受。使乃私去。著香如大豆許。在宮門上。香聞長安四面十里。經月乃歇。華嚴云。善法天中有香。名淨莊嚴。若燒一圓。而以熏之。普使諸天。心念於佛。[51] 揵沓和（又云揵陀羅或作乾沓婆或云揵達婆或云乾闥婆舊名也今正言犍達嚩皆國音之不同也此云齅香亦云樂神一云食香舊云香神亦近也經中亦作香音神也義譯云尋香神此譯爲正也）[52]

阿須倫：梵語asura，阿修羅，略稱修羅，意譯爲非天、非同類、不端正。被視爲惡神，與帝釋天爭鬥不休。[53]

迦留羅：梵語garuda，迦樓羅，金翅鳥。[54]

甄陀羅：之人反又作真陀羅或作緊那羅皆訛也正言緊捺洛此譯云是人又非人也。[55]

梵語Kimnara，緊那羅，非人、歌人。[56]

【51】宋・法雲編，《翻譯名義集》卷3，《大正藏》冊54，
　　　no.2131，頁1104中。

【52】唐・慧琳撰，《一切經音義》卷10，《大正藏》冊54，
　　　no.2128，頁537下。

【53】唐・慧琳撰，《一切經音義》卷10，《大正藏》冊54，
　　　no.2128，頁537下。

【54】唐・慧琳撰，《一切經音義》卷10，《大正藏》冊54，
　　　no.2128，頁296上、3651下。

【55】唐・慧琳撰，《一切經音義》卷10，《大正藏》冊54，
　　　no.2128，頁296上。

【56】唐・慧琳撰，《一切經音義》卷10，《大正藏》冊54，
　　　no.2128，頁296上。

摩休勒：梵語mahoraga，摩睺羅伽，大蟒蛇。[57] 摩睺勒（又作摩休勒或作摩睺羅伽皆訛也正言牟呼洛迦此譯云大有行龍也）[58]

九、泥黎薜荔

其在泥黎薜荔禽獸諸勤苦中者[59]

《翻梵語》對泥黎的解釋：（應云泥梨取亦云泥梨迦　譯曰無可樂阿毘曇毘婆沙曰無所有也）[60]

薜荔：梵語preta，音譯爲薜荔多、閉戾多、閉多；或梵語pitṛ，音譯卑帝黎。三塗之一，五趣之一，六道之一。前生造惡業、多貪欲者，死後生爲惡鬼，常苦於飢渴。又作鬼道、鬼趣、餓鬼道。[61]

十、惟摩竭

不離迦羅蜜文殊師利及惟摩竭與三曼陀颰陀羅菩薩等[62]

【57】唐・慧琳撰，《一切經音義》卷10，《大正藏》冊54，no.2128，頁296上。

【58】唐・慧琳撰，《一切經音義》卷10，《大正藏》冊54，no.2128，頁296上。

【59】西晉・聶道真譯，《三曼陀颰陀羅菩薩經・勸請品第四》，《乾隆藏》冊67，no.10-1099，頁838上。

【60】不詳，《翻梵語》，《大正藏》冊54，no.2130，頁1033上。

【61】慈怡主編（1988），《佛光大辭典》，高雄：佛光出版社，頁6366下。

【62】西晉・聶道真譯，《三曼陀颰陀羅菩薩經・勸請品第四》，《乾隆藏》冊67，no.10-1099，頁838上。

此處惟摩竭，指Vimalaki^rti維摩詰菩薩。

上述第（二）陀隣（鄰）尼與第（六）須阿（呵）摩提均出現兩字互用譯詞不一現象，筆者懷疑聶道真漢譯《三曼陀颰陀羅菩薩經》時，另有助譯者或謄寫者使然，否則以本經只有二八六九字不長的篇幅不致於出現此筆誤。

第四節　本經與普賢十大願之內容比較

聶道真共譯五十四部經合六十六卷及經錄一部，其中于華嚴部譯出二十四品計二十八卷的近半數比例，加上上述《三曼陀颰（跋）陀羅菩薩經》經題即為《普賢菩薩經》，以及《三曼陀颰（跋）陀羅菩薩經》六品（或五品）內容來看，《三曼陀颰（跋）陀羅菩薩經》疑似《大方廣佛華嚴經-入不思議解脫境界普賢行願品》（以下簡稱《普賢行願品》）的普賢十大願的異譯。《普賢行願品》為唐德宗貞元年間，烏荼國國王向中國皇帝進貢，般若三藏（734-?）於貞元十四年（798）譯出，是《四十華嚴》的最後一品。比聶道真在竺法護寂滅後漢譯《三曼陀颰陀羅菩薩經》的時間晚出約500年。

為確認兩經是否為異譯，下面將分為文體篇幅與內容意涵兩部分逐一來比對兩經之關係如下：

一、文體篇幅之比較

（一）就字數統計：《普賢行願品》共有五五五二字，其中長行三七八五字，偈頌共有六十二頌，每頌七言四句，共一七三六字。《三曼陀颰（跋）陀羅菩薩經》則有二八六九字。《普賢行願

品》字數約爲《三曼陀颰（跋）陀羅菩薩經》的兩倍。

　　（二）就文體而言：《普賢行願品》分長行與偈頌兩部分，偈頌部分雖然有很多異譯本，但西晉聶道真譯《三曼陀颰（跋）陀羅菩薩經》卻只有簡略的長行，兩者迥然不同。

　　（三）就品目論之：《三曼陀颰陀羅菩薩經》計有六品，分別爲序品、悔過品、願樂品、請勸品、法行品與譬福品。本經疑似《普賢行願品》的異譯。《普賢行願品》主要爲成就佛的功德應修的十種廣大行願：（1）禮敬諸佛，（2）稱讚如來，（3）廣修供養，（4）懺除業障，（5）隨喜功德，（6）請轉法輪，（7）請佛住世，（8）常隨佛學，（9）恒順眾生，（10）普皆回向。《三曼陀颰陀羅菩薩經》的首末兩品未見於《普賢行願品》；悔過品第二相當於《普賢行願品》第四懺除業障；願樂品第三相應於《普賢行願品》第五隨喜功德；請勸品第四相應於《普賢行願品》第六請轉法輪與第七請佛住世；法行品第五相應於《普賢行願品》第十普皆回向。如表3.2所示。

　　如表3.2所示：普賢菩薩爲大眾揭示，若欲成就如來殊妙功德門，應修十種廣大行願：一者禮敬諸佛，二者稱讚如來，四者懺悔業障，八者常隨佛學，多分屬於自修的功行；三者廣修供養，五者隨喜功德，六請轉法輪，七請佛住世，九者恒順眾生，十者普皆回向，[63] 多分屬於利他的功行。[64] 菩薩即是以此包含自修及利

【63】唐・般若譯，《大方廣佛華嚴經-入不思議解脫境界普賢行願品》，《大正藏》冊10，no.293，頁844中。

【64】釋竺摩（1995），《普賢十願講話》，台北：巨龍文化事業公司，頁10。

表3.2：《三曼陀颰陀羅菩薩經》與《普賢行願品》目次對照表

三曼陀跋陀羅菩薩經		兩經之關係連結	普賢	行願品
《乾隆藏》冊67 no.11-1099pp.834b-840b			《大正藏》冊10 no.293pp.844b-846b	
品次	品目		品次	品目
第一	序品			
		自利	一	禮敬諸佛
		自利	二	稱讚如來
		利他	三	廣修供養
第二	悔過品	自利	四	懺除業障
		利他		
第三	願樂品		五	隨喜功德
第四	請勸品	利他 →	六	請轉法輪
		←		
		利他 →	七	請佛住世
		自利	八	常隨佛學
		利他	九	恒順眾生
第五	法行品	利他	十	普皆迴向
第六	譬福品			

他功行的十大行願，證入不可思議解脫境界。上述從字數多寡與文體目次比較《三曼陀颰陀羅菩薩經》與《普賢行願品》的結果，兩經之間顯然有極大的差異。

接著將進一步針對兩經的內容一一做比對，以釐清兩經之關係。

二、內容意涵之比較

西晉聶道真譯《三曼陀颰陀羅菩薩經》包含序品第一、悔過品第二、願樂品第三、請勸品第四、法行品第五、以及譬福品第六。比對過六品與十願之目次，六品似未含蓋全部之十願（見表3.2），但在逐品分析比對過程中，雖可在六品中覓得所有十願的部分內涵，但兩經卻有殊異的意境層次。今逐品與十大願比對如下：

（一）第一序品與第一禮敬諸佛願、第二稱讚如來願

《三曼陀颰陀羅菩薩經》的第一序品即開宗明義標出本經的主旨，棄五蓋才能由凡夫的五濁塵染世界轉為佛不可思議的解脫境界。此解脫，非屬眾生受生死束縛的分別境界，亦非二乘出離生死而求涅槃之境界；乃是生死即涅槃、煩惱即菩提，不可思議之大乘解脫境界，亦即如來境界。從本經棄五蓋得清淨的方法「若有善男子善女人欲求菩薩道者。當整衣服晝夜三稽首十方諸佛。作禮悔過悔諸所作惡、諸所當忍者忍之、諸所當禮者禮之、諸所當願樂者願樂之、諸所當勸請者勸請之。如是一切諸罪蓋諸垢蓋諸法蓋悉除也。一切功德悉得具足。般若波羅蜜兜沙陀比羅經。一切三昧。一切諸陀隣尼。一切漚惒拘捨羅。是為諸經中尊。將如是者為已得禮

一切諸佛。」[65]不難看出，爲何後出的大正藏版將本經的序品改爲五蓋品了。

上述摘錄含有《普賢行願品》的第一禮敬諸佛願與第二稱讚如來願意涵，分述如下：

1.禮敬諸佛：

佛陀是自覺、覺他、覺行圓滿的聖者，爲人天導師，循循善誘，化導衆生趣向佛果，堪受衆生歸依、恭敬禮拜。故在上述《三曼陀颰陀羅菩薩經》摘錄文中懺悔過惡前，當先整衣服日夜三次稽首十方諸佛，正如《大乘法苑義林章》云：「虔恭曰敬，軌儀稱禮。」[66]以敬信虔誠之心，具足威儀，向十方諸佛，行五體投地禮，以懺悔諸過。略爲涉及普賢十大願的第一禮敬諸佛願，摘錄《普賢行願品》第一禮敬諸佛願以利說明如下：

> 「善男子！言禮敬諸佛者：所有盡法界、虛空界十方三世一切佛刹極微塵數諸佛世尊，我以普賢行願力故，起深信解，如對目前，悉以清淨身、語、意業，常修禮敬；一一佛所，皆現不可說不可說佛刹極微塵數身，一一身遍禮不可說不可說佛刹極微塵數佛；虛空界盡，我禮乃盡，而虛空界不可盡故，我此禮敬，無有窮盡。如是乃至衆生

【65】西晉・聶道真譯，《三曼陀颰陀羅菩薩經・序品第一》，《乾隆藏》冊67，no.10-1099，頁835上。標點符號出自《三曼陀跋陀羅菩薩經・五蓋品第一》，《大正藏》冊14，no.483，頁666下。

【66】唐・窺基撰，《大乘法苑義林章》卷4，《大正藏》冊45，no.1861，頁316中。

界盡、眾生業盡、眾生煩惱盡,我禮乃盡。而眾生界乃至
煩惱無有盡故,我此禮敬無有窮盡,念念相續,無有間
斷,身、語、意業無有疲厭。」[67]

　　禮佛亦是淨化三業的行門。身作禮拜,口念佛名,心存恭敬,
得身口意三業清淨。三業清淨,煩惱銷融,如《三曼陀颰陀羅菩薩
經》之「如是一切諸罪蓋諸垢蓋諸法蓋悉除也。」[68]自然能顯發
內心無量的慈悲、智慧及本具的光明性德,如《三曼陀颰陀羅菩
薩經》云「一切功德悉得具足。般若波羅蜜兜沙陀比羅經。一切
三昧。一切諸陀隣尼。一切漚惒拘捨羅。是為諸經中尊。」[69]如
此,則由事上之禮佛,進而契入理上之「禮敬自性佛」。所以,禮
佛除了身體的禮拜,更有其深遠廣大的涵義。一方面藉此發大願,
效法佛陀因地中精進不懈之難行能行,禮佛學佛,當願作佛;一方
面,於精誠恭敬的禮敬中,與清淨、平等、不動的心性相應,了達
「佛即是心,心即是佛」的深義,契入圓妙湛然不可思議之心地本

【67】唐・般若譯,《大方廣佛華嚴經-入不思議解脫境界普賢
　　行願品》,《大正藏》冊10,no.293,頁844下。

【68】西晉・聶道真譯,《三曼陀颰陀羅菩薩經・序品第一》,
　　《乾隆藏》冊67,no.10-1099,頁835上。標點符號出自
　　《三曼陀跋陀羅菩薩經・五蓋品第一》,《大正藏》冊
　　14,no.483號,頁666下。

【69】西晉・聶道真譯,《三曼陀颰陀羅菩薩經・序品第一》,
　　《乾隆藏》冊67,no.10-1099,頁835上。標點符號出自
　　《三曼陀跋陀羅菩薩經・五蓋品第一》,《大正藏》冊
　　14,no.483,頁666下。

源，則更是體悟到禮佛的真實意義。[70] 正如《三曼陀颰陀羅菩薩經》所言：「將如是者為已得禮一切諸佛。」[71] 因為至誠恭敬，而證無生忍，體悟這一念心性，等虛空遍法界，與十方三世諸佛如來，同入體性平等之覺海。

2.稱讚如來：

稱頌讚揚如來（佛）的勝妙功德，並以祂為榜樣。廣義的如來包括佛、法、僧三寶。

《三曼陀颰陀羅菩薩經》云：「一切功德悉得具足。般若波羅蜜兜沙陀比羅經。」[72] 此處意謂稱讚如來功德與如來所說的法—如來藏經。

摘錄《普賢行願品》第二稱讚如來願如下：

　　「善男子！言稱讚如來者：所有盡法界、虛空界十方三世一切剎土所有極微一一塵中，皆有一切世界極微塵數佛，一一佛所皆有菩薩海會圍遶，我當悉以甚深勝解，現前知見；各以出過辯才天女微妙舌根，一一舌根出無盡音

【70】釋竺摩（1995），《普賢十願講話》，台北：巨龍文化事業公司，頁68。

【71】西晉·聶道真譯，《三曼陀颰陀羅菩薩經·序品第一》，《乾隆藏》冊67，no.10-1099，頁835上。標點符號出自《三曼陀跋陀羅菩薩經·五蓋品第一》，《大正藏》冊14，no.483，頁666下。

【72】西晉·聶道真譯，《三曼陀颰陀羅菩薩經·序品第一》，《乾隆藏》冊67，no.10-1099，頁835上。標點符號出自《三曼陀跋陀羅菩薩經·五蓋品第一》，《大正藏》冊14，no.483，頁666下。

聲海，一一音聲出一切言辭海，稱揚讚歎一切如來諸功德海，窮未來際相續不斷，盡於法界無不周遍。如是虛空界盡、眾生界盡、眾生業盡、眾生煩惱盡，我讚乃盡。而虛空界乃至煩惱無有盡故，我此讚歎無有窮盡，念念相續，無有間斷，身、語、意業無有疲厭。」[73]

行者若能以全然真誠、清淨、平等、恭敬的心，視一切眾生等佛無異，普遍禮敬一切眾生；乃至「念念相續，無有間斷；身語意業無有疲厭。」念念清淨、精進不懈，於一切眾生，常行恭敬；又能從事上的身心恭敬禮拜十方過去、現在、未來一切佛，進而與理上清淨、平等、不動的自性相應，漸漸就能契入大方廣佛華嚴經不思議解脫境界。如此，就是在修普賢行，即與普賢菩薩之行願相應。[74] 故凡夫欲得清淨法身的不可思議解脫境界，首要透過禮敬諸佛與稱讚如來功德來懺除五蓋。

由上比對說明，可以結論《三曼陀颰陀羅菩薩經》第一序品是相應於《普賢行願品》第一禮敬諸佛願與第二稱讚如來願。唯《三曼陀颰陀羅菩薩經》只提及禮十方諸佛，《普賢行願品》則擴大至禮十方三世一切諸佛，且要先起深信解，如在眼前，悉以清淨身、語、意業，常修禮敬。

【73】唐‧般若譯，《大方廣佛華嚴經-入不思議解脫境界普賢行願品》，《大正藏》冊10，no.293，頁844下。

【74】唐‧般若譯，《大方廣佛華嚴經-入不思議解脫境界普賢行願品》，《大正藏》冊10，no.293，頁844下。

（二）第二悔過品與第四懺悔業障

《三曼陀颺陀羅菩薩經》悔過品計有1097字，是本經諸品中篇幅最長的一品，可見懺悔法門在由凡轉聖過程中扮演了極為重要的角色。五蓋之產生始於無始劫來、無量佛剎中，身口意三惡業之造作，故三曼陀颺陀羅菩薩在悔過品第二教授行菩薩道之悔過法，當為一切人之身所行口所犯心所惡念懺悔。除相應於上節所提普賢十大願的第一願以清淨身口意三業禮敬諸佛外，主要相應於第四懺悔業障願，如下摘錄：

> 言懺除業障者：菩薩自念我於過去無始劫中，由貪、瞋、癡發身、口、意，作諸惡業無量無邊。若此惡業有體相者，盡虛空界不能容受。我今悉以清淨三業，遍於法界極微塵剎一切諸佛菩薩眾前，誠心懺悔，後不復造，恒住淨戒一切功德。[75]

《六祖大師法寶壇經》懺悔品第六云：「懺者，懺其前愆；悔者，悔其後過」[76]，「懺悔」是華梵合譯，「懺」是梵語「懺摩」的略譯，即請求他人容忍、寬恕自己所犯的罪過；「悔」為悔過，字義與「懺摩」相似，所以合譯為「懺悔」。「懺悔」，即是發露所作的舊惡，改往修來，不再造作新殃。「業障」，是眾生於身、口、意所造作的惡業，能障礙行者修行正道，故稱為「業

【75】唐・般若譯，《大方廣佛華嚴經-入不思議解脫境界普賢行願品》，《大正藏》冊10，no.293，頁845上。

【76】元・宗寶編，《六祖大師法寶壇經》（一卷），《大正藏》冊48，no.2008，頁354上。

障」。所以,「懺悔業障」就是以至誠悔過的心,發露、懺悔,乃
至修種種善法,藉以轉除無始以來的惡業。真誠的懺悔,是「懺其
前愆,悔其後過」,真正體認到自己的過失,不再犯錯,進而修一
切善法,如此止惡行善,又不執著能修、所修,自能消除造作惡業
所形成的障礙,而回復自心的清淨。[77]

　　《三曼陀颰陀羅菩薩經》第二悔過品雖相應於《普賢行願品》
第四懺悔業障願,但差異在普賢十大願第四懺悔業障只專注在懺除
自己過去所做的一切罪業,痛切發誓不再造作,而《三曼陀颰陀羅
菩薩經》對懺悔修行有詳細具體的開示,不但要為自己的身口意三
業懺悔,而且要為一切人的罪業懺悔,如經云:「一切人身所行口
所犯心所念惡。一切諸佛剎其中。塵等起意念一切諸惡。某皆為其
悔過。」[78] 這是該經非常重要的特色,體現了同體大悲的佛教精
神,以及眾生業力互相牽連的業緣共感原理。懺悔內容包括貪婬、
慳吝、嫉妬、貪饕、諛諂,以及對阿彌陀佛等諸佛剎土和佛法狐疑
不信、聞法而心不能受法等等,[79] 針對現世的具體罪業,具有實
修的意涵。對照之下,《普賢行願品》只攏統地為無始以來的罪業
懺悔,而且只為個人的罪業懺悔。但《普賢行願品》的名偈「我昔

【77】釋惟覺(2001),〈普賢十大行願(十七)四者懺悔業障
　　　1—懺悔的意義〉刊載於自由時報90.04.21(六)。

【78】西晉・聶道真譯,《三曼陀颰陀羅菩薩經・悔過品第
　　　二》,《乾隆藏》冊67,no.10-1099,頁835上。標點符
　　　號出自《大正藏》同經,冊14,no.483,頁667中。

【79】釋惟覺(2001),〈普賢十大行願(十七)四者懺悔業障
　　　1—懺悔的意義〉刊載於自由時報90.04.21(六)。

所造諸惡業，皆由無始貪瞋癡，從身語意之所生，一切我今皆懺
悔。」[80] 要時時至心懺悔身、口、意的罪業，從行為與心理上痛
改前非，則為三曼陀經所無。

　　另外，據經云「持是功德，令一切與某……生有佛處，有菩薩
處，皆今生須呵摩提阿彌陀佛剎」[81] 行「懺悔法門」的人，將懺
悔、隨喜等功德，迴向眾生，與自己都生在有佛菩薩的國土，生在
極樂世界。亦可見「華嚴法門」與「淨土法門」的結合，是經由
「懺悔法門」而來的，且不會遲於聶道真漢譯本經的西元三世紀
初。[82]

（三）第三願樂品與第五隨喜功德願、第一禮敬諸佛願

　　從目次來看《三曼陀颰陀羅菩薩經》第三願樂品與《普賢行願
品》第五隨喜功德願，彼此應有極緊密的關連性。

　　所謂「隨喜功德」，是以平等無瞋的心，不分時間、空間，乃
至對於一切眾生所有功德，皆以平等心隨順歡喜。「隨喜功德」，
就能修隨喜的人而言，包含主動的「隨自意喜」及被動的「隨他意
喜」兩類。「隨自意喜」，就是自己發心，主動、積極地修善，令
眾生歡喜；「隨他意喜」，則是見到他人行善，乃至起一念善心，

【80】唐・般若譯，《大方廣佛華嚴經-入不思議解脫境界普賢
　　　行願品》，《大正藏》冊10，no.293，頁847上。

【81】西晉・聶道真譯，《三曼陀颰陀羅菩薩經・法行品第
　　　五》，《乾隆藏》冊67，no.10-1099，頁838下。標點符
　　　號出自《大正藏》同經，冊14，no.483，頁668上。

【82】印順（2011），《初期大乘佛教之起源與開展》，北京：
　　　中華書局，頁1141。

都以同等歡喜的心，隨順成就他人的功德，肯定他人的成就，增加他人的歡喜。無論是主動的隨自意喜，或是被動的隨他意喜，其目的都是要長養自他心中的善根、福德與智慧。[83]

單從品目看，《三曼陀颰陀羅菩薩經》第三願樂品之「願樂」為「願之歡喜」意，願他樂的成分居多。從內容來檢視，本品指出求菩薩道的善男子善女人當作三種願樂：（一）為菩薩、善知識及父母諸阿羅漢、辟支佛及一切人，至心求哀令其自歸曉一切，如佛所知。（二）禮一切諸佛一切諸菩薩、諸善知識、父母與諸阿羅漢、辟支佛。（三）禮諸佛功德、一切諸菩薩、諸善知識功德，與諸阿羅漢、辟支佛功德及十方一切人所作功德，是則菩薩慧。[84]第一項願樂內容兼有主動的「隨自意喜」及被動的「隨他意喜」，第二項願樂內容以主動的「隨自意喜」為主，第三項願樂內容則為被動的「隨他意喜」。有上述功德的善男子善女人，當願樂助其歡喜。若有成就如佛之智慧者，我已隨喜。未作功德者今作功德，我皆歡喜尊重。並將一切隨喜功德，迴向給十方一切。

《普賢行願品》第五隨喜功德願的「隨」是隨順、不違背；「喜」是歡喜、無瞋。「隨喜功德」，就是隨著所見所聞，凡是有人做了善事，不論大事或小事，都能以歡喜的心隨順應和、稱揚讚歎。此品隨喜功德的對象普及所有十方一切法界，包括諸佛如來、菩薩、二乘及四生六道一切有情眾生。有關諸佛如來的功德，從初

【83】釋竺摩（1995），《普賢十願講話》，台北：巨龍文化事業公司，頁164。

【84】西晉・聶道真譯，《三曼陀颰陀羅菩薩經》，《乾隆藏》冊67，no.10-1099，頁837下。

發心為一切智，勤修福聚，不惜身命，經不可說佛剎極微塵數劫，一一劫中捨不可說佛剎極微塵數頭、目、手、足，如是一切難行、苦行，圓滿種種波羅蜜門，證入種種菩薩智地，成就諸佛無上菩提及般涅槃，分布舍利，所有善根。[85]一切菩薩的功德，乃修習無量難行、苦行，志求無上正等菩提的廣大功德。十方三世一切聲聞及辟支佛、有學、無學所有功德，十方一切世界，六趣、四生一切種類所有功德，乃至一塵我皆隨喜。[86]可見《普賢行願品》第五隨喜功德願被動的「隨他意喜」成分居多。但隨他意喜面對任何眾生所行的一絲一毫善法，都要以平等、無瞋嫉的心，全然地隨順歡喜，自然能泯除人我、順逆的差別對待，對治眾生心中的瞋恨、嫉妒。就能習慣無條件地隨順歡喜，修習種種功德利益眾生。也能藉此擴大心量，包容萬物，漸次趣向諸佛清淨、平等、慈悲的不可思議解脫境界。[87]

　　分析比對上兩經相關內容後，可見《三曼陀颰陀羅菩薩經》第三願樂品是相應於《普賢行願品》第五隨喜功德願。唯前者第三願樂品兼具「隨自意喜」及「隨他意喜」，而後者第五隨喜功德願以「隨他意喜」成分居多。此外，如上《三曼陀颰陀羅菩薩經》第三願樂品經文中的第二禮一切諸佛與第三願樂禮諸佛功德，亦呈現了

【85】唐・般若譯，《大方廣佛華嚴經》（四十卷），《大正藏》冊10，no.293，頁845中。

【86】唐・般若譯，《大方廣佛華嚴經》（四十卷），《大正藏》冊10，no.293，頁845中。

【87】參閱釋惟覺（2001），〈普賢十大行願（二三）-五者隨喜功德1—隨喜的意義〉刊載於自由時報90.05.5（六）。

《普賢行願品》第一禮敬諸佛願的內涵。

（四）第四請勸品與第六請轉法輪、第七請佛住世願

本經第四勸請品之內容含蓋了《普賢行願品》的第六請轉法輪與第七請佛住世願的意涵。分別摘錄比對說明如下：

1.請轉法輪—意即恭請佛菩薩講經說法。因佛的經法能摧毀眾生之惡，猶如輪王的輪寶能擊碎山岳岩石，故講經說法叫「轉法輪」。另謂佛的說法不停滯布一丘地，將會輾轉傳播，好像車輪的旋轉不停。

《三曼陀颰陀羅菩薩經》第四勸請品：

> 「善男子善女人求菩薩道者。當作是請勸。某至心請勸一切諸佛。今現在佛阿耨多羅三耶三菩及至阿惟三佛。其以成悉等知未轉法輪者。某請勸諸佛轉於法輪。……所說經法。令一切人各得其所。悉令安隱。及諸天龍鬼神乾陀羅阿須倫迦留羅甄陀羅摩休勒人非人。其在泥黎薜荔禽獸諸勤苦中者。皆令得解脫。其無所曉者皆令捨癡意。悉得正意入於佛道。」[88]

《普賢行願品》第六請轉法輪願：

> 「善男子！言請轉法輪者：所有盡法界、虛空界十方三世一切佛剎極微塵中，一一各有不可說不可說佛剎極微

> 塵數廣大佛剎,一一剎中念念有不可說不可說佛剎極微塵
> 數一切諸佛成等正覺,一切菩薩海會圍遶,而我悉以身、
> 口、意業種種方便,慇懃勸請轉妙法輪。如是虛空界盡、
> 眾生界盡、眾生業盡、眾生煩惱盡,我常勸請一切諸佛轉
> 正法輪無有窮盡,念念相續,無有間斷,身、語、意業無
> 有疲厭。」[89]

比對上述摘錄,可見《三曼陀颰陀羅菩薩經》第四勸請品是針
對菩薩道的善男子善女人而言,《普賢行願品》第六請轉法輪願只
針對善男子而言。再者,前者只提「至心勸請」;後者《普賢行願
品》則以身口意種種方便勸請。最後,兩者均勸請三世諸佛轉法
輪,唯前者《三曼陀颰陀羅菩薩經》更進一步強調轉法輪所說經法
的功效,能令一切人各得其所,悉令安隱。及諸天龍鬼神乾陀羅阿
須倫迦留羅甄陀羅摩休勒人非人,其在泥黎薛荔禽獸諸勤苦中者,
皆令得解脫。其無所曉者皆令捨癡意,悉得正意入於佛道。

2.請佛住世—乃因佛能護庇眾生,所以應竭盡所能祈求佛住世
上,指引大家。分別摘錄《三曼陀颰陀羅菩薩經》與《普賢行願
品》請佛住世相關內容,以利比較說明如下。

《三曼陀颰陀羅菩薩經》第四勸請品:

> 「諸佛所欲般泥洹者。某請勸且莫般泥洹。用一切人
> 故。且自住無央數劫。以法身住為無所住。所說經法令一
> 切人各得其所。皆令勇猛具足三曼陀颰陀羅菩薩法行。令

【89】唐・般若譯,《大方廣佛華嚴經》(四十卷),《大正
藏》冊10,no.293,頁845中。

> 一切人悉以是為本各得安隱。及諸天龍鬼神乾陀羅阿須倫迦留羅甄陀羅摩休勒人非人。泥黎薜荔禽獸諸勤苦者。早得解脫。其無所曉者令捨癡意。悉得正意入於佛道。其作邪者皆捨邪道入於正道。悉住於本無法。」[90]

《普賢行願品》第七請佛住世願：

> 「善男子！言請佛住世者：所有盡法界、虛空界十方三世一切佛剎極微塵數諸佛如來將欲示現般涅槃者，及諸菩薩、聲聞、緣覺、有學、無學，乃至一切諸善知識，我悉勸請莫入涅槃，經於一切佛剎極微塵數劫，為欲利樂一切眾生。如是虛空界盡、眾生界盡、眾生業盡、眾生煩惱盡，我此勸請無有窮盡，念念相續，無有間斷，身、語、意業無有疲厭。」[91]

比對上述兩經的摘錄主要內容都在請佛住世，前者請佛住世外，再加以說明以法身住為無所住。且細說以所說經法令一切人各得其所，皆令勇猛具足三曼陀颰陀羅菩薩法行。令一切人悉以是為本各得安隱，及諸天龍鬼神乾陀羅阿須倫迦留羅甄陀羅摩休勒人非人，泥黎薜荔禽獸諸勤苦者，早得解脫。其無所曉者令捨癡意，悉得正意入於佛道。其作邪者皆捨邪道入於正道，悉住於本無法。而

【90】西晉・聶道真譯，《三曼陀颰陀羅菩薩經》，《乾隆藏》冊67，no.10-1099，頁838上。標點符號出自《大正藏》同經，冊14，no.483，頁667下-668上。

【91】唐・般若譯，《大方廣佛華嚴經》（四十卷），《大正藏》冊10，no.293，頁845中下。

後者《普賢行願品》第七請佛住世願只簡單提及為利樂一切眾生悉勸莫入涅槃。

（五）第五法行品與第三廣修供養願、第八常隨佛學願、第九恆順眾生願、第十普皆迴向願

　　印順在《初期大乘佛教之起源與開展》中，提及《三曼陀颰陀羅菩薩經》第五法行品屬本經的迴向，[92] 但筆者認為第五法行品不僅僅相應於《普賢行願品》第十普皆迴向願外，尚隱含有第三廣修供養願、第八常隨佛學願、與第九恆順眾生願等，是六品中相應於《普賢行願品》十大願比例最多的一品，依序分別摘錄比對如下：

　　1.廣修供養－供養，為供給資養之意。「廣修供養」即以恭敬心、慈悲心、平等心，用飲食、衣服、醫藥、資財、讚歎語、柔軟語，乃至受持修行妙法等，奉養三寶、父母、師長等長輩，或布施予平輩及一切眾生，以養護大家的身命與慧命。[93] 摘錄兩經相關內容比對說明如下：

　　《三曼陀颰陀羅菩薩經》第五法行品：

> 「某持是法施與之功德。令一切人與某身等。諸所生處所可起意。常供養諸佛供養諸菩薩。持前所作供養諸佛菩薩。令一切人與某身不離菩薩法。不離迦羅蜜文殊師利

【92】印順（2011），《初期大乘佛教之起源與開展》，北京：中華書局，頁1141。

【93】參閱釋惟覺（2001），〈普賢十大行願（十）-三者廣修供養1—供養的意義〉刊載於自由時報90.04.5（六）。

及惟摩竭與三曼陀颰陀羅菩薩等。是諸菩薩所行。皆是具足陀鄰尼清淨三昧。一心不動搖。皆以成就般若波羅蜜所行。悉以曉了漚惒拘捨羅。所入一切于諸法有差特。令一切人與某逮得是諸菩薩慧行而具足。」[94]

《普賢行願品》第三廣修供養願：

「善男子！言廣修供養者：所有盡法界、虛空界十方三世一切佛剎極微塵中，一一各有一切世界極微塵數佛，一一佛所種種菩薩海會圍遶，我以普賢行願力故，起深信解，現前知見，悉以上妙諸供養具而為供養。所謂：華雲、鬘雲、天音樂雲、天傘蓋雲、天衣服雲、天種種香、塗香、燒香、末香，如是等雲，一一量如須彌山王；然種種燈，酥燈、油燈、諸香油燈，一一燈炷如須彌山，一一燈油如大海水，以如是等諸供養具常為供養。善男子！諸供養中，法供養最。所謂：如說修行供養、利益眾生供養、攝受眾生供養、代眾生苦供養、勤修善根供養、不捨菩薩業供養、不離菩提心供養。」[95]

上述《普賢行願品》第三廣修供養願除了列舉出世間的多種物質供養外，特別提到供養有：利益眾生供養、攝受眾生供養、代眾

【94】西晉・聶道真譯，《三曼陀颰陀羅菩薩經》，《乾隆藏》冊67，no.10-1099，頁839下。標點符號出自《大正藏》同經，冊14，no.483，頁668上。

【95】唐・般若譯，《大方廣佛華嚴經》（四十卷），《大正藏》冊10，no.293，頁844下-845上。

生苦供養、勤修善根供養、不捨菩薩業供養、不離菩提心供養等，而以法供養最為殊勝，又叫「真供養」。《三曼陀颰陀羅菩薩經》第五法行品中亦特別強調法供養的殊勝與重要。在這方面雖然兩經文本的用字未見雷同，但理念是一致的。

2.常隨佛學─佛無所不知、無所不曉，能平能安、能共能和，是最偉大的三界導師、四生慈父，是值得常隨學習的對象。摘錄兩經相關內容比對闡釋如下：

《三曼陀颰陀羅菩薩經》第五法行品：

> 「善男子善女人求菩薩道者。當作施與。某所可悔功德。所可忍所可禮所可願樂所可請勸諸功德。若欲作若方作若已作。諸所作功德。皆一切合會成就為一福味。如諸佛法如佛所知。是功德便可所生致諸佛相。能得自恣法諸所施與。已受施與而有施與。是施與為正施與。無所著斷。某持是法施與功德。令一切人皆逮得與法。皆令起意。如薩芸若施與等者。令某施與合如三曼陀跋陀羅菩薩所行。持是功德令（今）一切與。某莫墮（在）泥黎中薜荔禽獸勤苦八惡道中生。皆令生有佛處有菩薩處。皆令生須呵摩提阿彌陀佛剎。某持是功德因某好心。具足遍發阿耨多羅三耶三菩心。
>
> 某持是法施與之功德。為一切人作舍作護。受其自歸為作度。於冥中作明明中最明。於持中作持持中尊持。一切人未度者我當度之。未脫者我當脫。未般泥洹者我當令般泥

洹。造作一切人。皆令發阿耨多羅三耶三菩心。」[96]

《普賢行願品》第八常隨佛學願：

「善男子！言常隨佛學者：如此娑婆世界毘盧遮那如來，從初發心精進不退，以不可說不可說身命而為布施；剝皮為紙，折骨為筆，刺血為墨，書寫經典，積如須彌，為重法故，不惜身命，何況王位、城邑、聚落、宮殿、園林一切所有，及餘種種難行、苦行，乃至樹下成大菩提，示種種神通，起種種變化，現種種佛身，處種種眾會：或處一切諸大菩薩眾會道場，或處聲聞及辟支佛眾會道場，或處轉輪聖王、小王眷屬眾會道場，或處剎利及婆羅門、長者、居士眾會道場，乃至或處天龍八部、人、非人等眾會道場。處於如是種種眾會，以圓滿音，如大雷震，隨其樂欲，成熟眾生，乃至示現入於涅槃。如是一切，我皆隨學，如今世尊毘盧遮那，如是盡法界、虛空界十方三世一切佛剎，所有塵中一切如來皆亦如是，於念念中，我皆隨學。如是虛空界盡、眾生界盡、眾生業盡、眾生煩惱盡，我此隨學無有窮盡，念念相續，無有間斷，身、語、意業無有疲厭。」[97]

【96】西晉・聶道真譯，《三曼陀颰陀羅菩薩經》，《乾隆藏》冊67，no.10-1099，頁838上下。標點符號出自《大正藏》同經，冊14，no.483，頁668上中。

【97】唐・般若譯，《大方廣佛華嚴經》（四十卷），《大正藏》冊10，no.293，頁845下。

　　從上述兩經摘錄文可見隨佛都是由學佛的布施開始，此處《普賢行願品》第八常隨佛學願，還道出身命等各種難捨能捨都要捨，最終目的都為導引眾生發阿耨多羅三耶三菩提心，成就佛道。而《三曼陀颰陀羅菩薩經》第五法行品則特別強調皆令往生有佛與菩薩的須呵摩提阿彌陀佛剎。可見兩經在常隨佛學的修持內涵與目的都是相似的。

　　3.恆順眾生—意即：恆常隨順一切眾生。其中，「恆順」亦有隨緣攝受的意思，故亦可解釋為：隨緣攝受一切眾生。雖然眾生種種善惡之行，皆不離迷心，但因為「未成佛道，先結人緣」，故要恆順眾生，方能方便化導眾生，深入眾生的根性，以種種法門教化，使令轉迷成悟。[98]分別摘錄兩經相關內容比對說明如下：

　　《三曼陀颰陀羅菩薩經》第五法行品：

> 「某持是法施與功德。在其泥犁薜荔禽獸拘繫縛束中人皆得解脫。其無眼者得眼。聾者得聽。其在勤苦中者皆得安隱。若在是佛剎及彼方佛剎。下至阿鼻泥黎。上至無極。其中間蠕動之類有足無足者。若未來若軟生若化生。若色無色若思想無思想。及一切人非人。轉相猗著以時能持佛眼見知悉覺。令一切皆得人形入於佛道。聞法悉曉了

【98】參閱釋惟覺（2001），〈普賢十大行願（四十一）-九者恆順眾生1—眾生歡喜諸佛歡喜〉刊載於自由時報90.06.16（六）。

受。皆得阿耨多羅三耶三菩提心。」[99]

《普賢行願品》第九恆順眾生願：

> 「善男子！言恒順眾生者：謂盡法界、虛空界十方
> 剎海，所有眾生種種差別，所謂：卵生、胎生、濕生、化
> 生，或有依於地、水、火、風而生住者，或有依空及諸卉
> 木而生住者，種種生類、種種色身、種種形狀、種種相
> 貌、種種壽量、種種族類、種種名號、種種心性、種種知
> 見、種種欲樂、種種意行、種種威儀、種種衣服、種種飲
> 食，處於種種村營、聚落、城邑、宮殿，乃至一切天龍八
> 部、人、非人等，無足、二足、四足、多足，有色、無
> 色，有想、無想、非有想、非無想，如是等類，我皆於彼
> 隨順而轉，種種承事，種種供養，如敬父母，如奉師長，
> 及阿羅漢乃至如來，等無有異。於諸病苦為作良醫，於失
> 道者示其正路，於闇夜中為作光明，於貧窮者令得伏藏，
> 菩薩如是平等饒益一切眾生。
>
> 何以故？菩薩若能隨順眾生，則為隨順供養諸佛；若於眾
> 生尊重承事，則為尊重承事如來；若令眾生生歡喜者，則
> 令一切如來歡喜。何以故？諸佛如來以大悲心而為體故。
> 因於眾生而起大悲，因於大悲生菩提心，因菩提心成等正
> 覺。譬如曠野沙磧之中有大樹王，若根得水，枝葉、華果
> 悉皆繁茂。生死曠野菩提樹王，亦復如是。一切眾生而為

【99】西晉・聶道真譯，《三曼陀颰陀羅菩薩經》，《乾隆藏》
　　　冊67，no.10-1099，頁839上下。標點符號出自《大正藏》
　　　同經，冊14，no.483，頁668中。

樹根，諸佛菩薩而為華果，以大悲水饒益眾生，則能成就
諸佛菩薩智慧華果。……」[100]

　　比對上述兩經有關恆順眾生的摘錄文來看，《三曼陀颰陀羅
菩薩經》第五法行品只有167字，而《普賢行願品》第九恆順眾生
願卻有662字。前者極為簡潔地提出恆順眾生的方法與對象，不似
《普賢行願品》第九恆順眾生願除了交待需恆順眾生的各種種類與
恆順眾生的方法外，第二大段尚告知因為隨順尊重承事眾生並令其
歡喜，就是隨順尊重承事如來並令如來歡喜，且無眾生一切菩薩終
不能成無上正等覺，所以要恆順眾生。最後並以曠野沙磧之中之大
樹王來譬喻生死曠野菩提樹王，以於眾生心平等故，則能成就圓滿
大悲，以大悲心隨眾生故，則能成就供養如來。兩經恆順眾生內容
雖有長短與詳略之殊異，但菩薩道修持恆順眾生的主旨是相同的。

　　4.普皆迴向—指所有功德，都迴向給眾生。「普皆迴向」是普
賢十大願中最後一大行願，也是前九個行願的總結，統攝其所修之
功德。為了去除自心的慳貪，達到無私無我的境界，也為了令一切
眾生離苦得樂，所以發心回轉自己所修的功德，普遍施予一切眾
生，就是「普皆迴向」的意義。[101]摘錄兩經相關內容比對如下：

　　《三曼陀颰陀羅菩薩經》第五法行品：

　　　　「某持是法施與功德。令一切人與某持是功德。悉

【100】唐·般若譯，《大方廣佛華嚴經》（四十卷），《大正
　　　　藏》冊10，no.293，頁845下。

【101】釋惟覺（2001），〈普賢十大行願（四十五）十者隨喜
　　　　功德1—隨喜的意義〉刊載於自由時報90.06.28（四）。

逮諸佛等行。諸菩薩等行。諸迦羅蜜行。令一切人皆至供
養。起願得諸佛剎。能令清淨於三世法曉了能悉。譬如金
剛無所不穿。令一切人與某皆令得佛智慧。而具足諸所感
動能悉等。於諸深慧皆逮得。於諸法而無疑。持是功德令
某具足願。如三曼陀跋陀羅菩薩法行。十種力地皆悉逮。
以是為證。持是功德願令一切人及某皆令得福。」[102]

《普賢行願品》第十普皆迴向願：

「善男子！言普皆迴向者：從初禮拜乃至隨順，所有
功德皆悉迴向盡法界、虛空界一切眾生，願令眾生常得安
樂，無諸病苦；欲行惡法皆悉不成，所修善業皆速成就；
關閉一切諸惡趣門，開示人天涅槃正路；若諸眾生因其積
集諸惡業故，所感一切極重苦果我皆代受；令彼眾生悉得
解脫究竟成就無上菩提。菩薩如是所修迴向，虛空界盡、
眾生界盡、眾生業盡、眾生煩惱盡，我此迴向無有窮盡，
念念相續，無有間斷，身、語、意業無有疲厭。」[103]

比對上述兩經有關普皆迴向的摘錄文，《三曼陀颰陀羅菩薩
經》第五法行品與《普賢行願品》第十普皆迴向願，皆具足「回自
向他」、「回事向理」與「回因向果」三種迴向方法，故兩經有關

【102】西晉・聶道真譯，《三曼陀颰陀羅菩薩經》，《乾隆
藏》冊67，no.10-1099，頁839下。標點符號出自《大正
藏》同經，冊14，no.483，頁668中。

【103】唐・般若譯，《大方廣佛華嚴經》（四十卷），《大正
藏》冊10，no.293，頁846上中。

普皆迴向文內容是互相呼應的。分別說明如下：

1.回自向他：《三曼陀颰陀羅菩薩經》第五法行品將所有法施與功德回施一切人；《普賢行願品》第十普皆迴向願從最初的禮敬諸佛、稱讚如來，乃至恒順眾生等功德全部回向大眾。兩經都是將自己所修的一切功德，回施法界一切眾生。

2.回事向理：前者「令一切人與某皆令得佛智慧，而具足諸所感動能悉等，於諸深慧皆逮得」【104】；後者「我此迴向無有窮盡，念念相續，無有間斷，身、語、意業無有疲厭」【105】。兩經皆將所修的供養、去病等各種事相上的功德，回向不生不滅的真如法界理體。無論修了多少功德，這一念心始終不增不減，無得無失，所有功德盡銷歸清淨本然之心性。

3.回因向果：前者持是功德令某具足願，如三曼陀跋陀羅菩薩法行，十種力地皆悉逮；後者令彼眾生悉得解脫究竟成就無上菩提。兩經都是在因上努力修一切功德，於此功德不取不捨，並以因地的回向行酬報菩提佛果，令自身及眾生皆得共成佛道。【106】

（六）第六譬福品與第三廣修供養願、流通分

普賢菩薩十大願是悲智雙運，自他兩利圓滿波羅蜜行。若諸菩

【104】西晉・聶道真譯，《三曼陀颰陀羅菩薩經》，《乾隆藏》冊67，no.10-1099，頁839下。標點符號出自《大正藏》同經，冊14，no.483，頁668中。

【105】唐・般若譯，《大方廣佛華嚴經》（四十卷），《大正藏》冊10，no.293，頁846上中。。

【106】參閱釋竺摩（1995），《普賢十願講話》，台北：巨龍文化事業公司，頁269-270。

薩於此大願隨順趣入，則能成熟一切眾生，則能隨順阿耨多羅三藐三菩提，入於不可思議解脫的佛境界。故《三曼陀颰陀羅菩薩經》第六譬福品特別與奉行菩薩道者，持七寶滿閻浮提地內，供養恒沙竭阿羅呵三耶三佛的功德比較。與《普賢行願品》第三廣修供養願、流通分有關法供養最殊勝的譬喻是有相應的，分別摘錄以利比對如下：

《三曼陀颰陀羅菩薩經》第六譬福品：

> 「欲求菩薩道者。晝夜各三悔過勸樂法行如上說。其福者云何。……若有善男子善女人。奉行菩薩道者。持七寶滿閻浮提地內。供養恒沙竭阿羅呵三耶三佛不。如是善男子善女人。晝夜各三勸樂法行。所當悔者悔之。所當忍者忍之。所當禮者禮之。所當願樂者願樂之。所當請勸者請勸之。所當施與者施與之。晝夜奉行如上教。其福出於供養恒沙竭滿閻浮提七寶。百倍千倍萬倍億倍巨億萬倍。終不可比不可計亦不可譬。」[107]

《普賢行願品》第三廣修供養願：

> 「善男子！如前供養無量功德，比法供養一念功德百分不及一，千分不及一，百千俱胝那由他分、迦羅分、算分、數分、諭分、優婆尼沙陀分亦不及一。何以故？以諸如來尊重法故，以如說修行出生諸佛故。若諸菩薩行

【107】西晉・聶道真譯，《三曼陀颰陀羅菩薩經》，《乾隆藏》冊67，no.10-1099，頁840上。標點符號出自《大正藏》同經，冊14，no.483，頁668中下。

法供養，則得成就供養如來，如是修行是真供養故。……
」【108】

《普賢行願品》流通分：

「若有善男子、善女人以滿十方無量無邊、不可說
不可說佛剎極微塵數一切世界上妙七寶，及諸人天最勝安
樂，布施爾所一切世界所有眾生，供養爾所一切世界諸佛
菩薩，經爾所佛剎極微塵數劫相續不斷所得功德，若復有
人聞此願王一經於耳，所有功德比前功德百分不及一，千
分不及一，乃至優波尼沙陀分亦不及一。……」【109】

上述逐品比對《三曼陀颰陀羅菩薩經》與《普賢行願品》的內
容，彼此之間似有關連，《三曼陀颰陀羅菩薩經》第一序品相應於
《普賢行願品》第一禮敬諸佛願與第二稱讚如來願；第二悔過品相
應於第四懺悔業障願；第三願樂品相應於第五隨喜功德願與第一禮
敬諸佛願；第四請勸品相應於第六請轉法輪與第七請佛住世願；第
五法行品相應於第三廣修供養願、第八常隨佛學願、第九恆順眾生
願與第十普皆迴向願；第六譬福品相應於第三廣修供養願與流通分
（見表3.3）。

【108】唐·般若譯，《大方廣佛華嚴經》（四十卷），《大正
藏》冊10，no.293，頁844下-845上。

【109】唐·般若譯，《大方廣佛華嚴經》（四十卷），《大正
藏》冊10，no.293，頁846中。

表3.3：《三曼陀颰陀羅菩薩經》與《普賢行願品》內容比對表

三曼陀颰陀羅菩薩經		兩經之關係連結	普賢行願品	
《龍藏》冊67 no.10-1099 pp.834b-840b			《大正藏》冊10 no.392 pp.661-851	
品次	品目		品次	品目
第一	五蓋品 pp.834b-835a	←→	一	禮敬諸佛 p.844c
			二	稱讚如來 p.844c
第二	悔過品 pp.835a-837a	←→	四	懺除業障 p. 845a
第三	願樂品 pp.837ab	←→	一	禮敬諸佛 p.844c
			五	隨喜功德 p.845ab
第四	請勸品 pp.837b-838a	←→	六	請轉法輪 p.845b
			七	請佛住世 p.845bc
第五	法行品 pp.838a-839b	→→	三	廣修供養 pp.844c-845a
		←→	八	常隨佛學 p.845c
		→→	九	恒順眾生 p.845c-846a
		→→	十	普皆回向 pp.846ab
第六	譬福品 pp.839b-840b	←→	三	廣修供養pp.844c-845a
				流通分 p.846b

　　根據印順法師的說法，十種廣大行願，在佛教思想史上，是《舍利弗悔過經》——「懺悔法門」【110】，及往生極樂世界的「淨土法門」，在流行發展中，與「華嚴法門」相結合，而成「華嚴法門」的初門，也就稱為「普賢行願」。【111】

三、源流、寫作時代與出現地域之比較

　　上節逐品比對《三曼陀颰陀羅菩薩經》與《普賢行願品》的內容，似乎彼此互相呼應。然而，若進一步深入探討兩經的源流、寫作時代與出現地域，卻有極大差異：

　　首先，兩經譯出時間前後相差近五百年，在譯詞上有極大差異，從文體篇幅及意境層次來看，《普賢行願品》提到我於一念見三世、於一毛端現三世莊嚴剎，這些超越時空的高層次證悟，是華嚴經一真法界的特色，在《三曼陀颰陀羅菩薩經》則缺如。行願品的普賢菩薩是一位神格化的大成就者，展現不可思議神通境界（例如「我能深入於未來，盡一切劫為一念，三世所有一切劫，為一念際我皆入。我於一念見三世，所有一切人師子，亦常入佛境界中，如幻解脫及威力。」【112】）相較之下，《三曼陀颰陀羅菩薩經》的普賢（三曼陀拔陀羅菩薩）則似一位素樸的修行人，該經亦無行願

【110】西晉・竺法護譯，《舍利弗悔過經》，《大正藏》冊24，no.1492，頁1090上-1091中。

【111】印順（2011），《初期大乘佛教之起源與開展》，北京：中華書局，頁137。

【112】唐・般若譯，《大方廣佛華嚴經》（四十卷），《大正藏》冊10，no.293，頁844下-845上。

品的神秘色彩。

　　這些內容上的差異，與二篇作品的寫作時代與地域之不同有關。首先，《普賢行願品》的神秘色彩，與來自烏荼有關，烏荼（梵名Odra）是東印度之古國名，其地相當於今之奧立沙（Orīssa）。[113] 根據古正美的研究烏荼版《華嚴經》在烏荼的出現，是第六世紀末期之後在南天出現及發展的金剛頂派（theVajrasekhara-yāna）造成的結果。也說明了七、八世紀之後，《華嚴經》佛王傳統與密教不空羂索觀音佛王傳統在南天、南海諸國[114] 及中國都有同時發展及流通的現象。[115]《三曼陀颰陀羅菩薩經》的出現，至少比烏荼版《華嚴經》早約五百年的龍樹菩薩時代原始大乘階段，此時期以《舍利弗悔過經》[116] 與《離垢施女經》[117]「三品法門」的懺悔為主。此二經都是聶道真曾為之筆受的竺法護所譯。《舍利弗悔過經》說悔過，助其歡喜[隨喜]，勸

【113】 慈怡主編（1988），《佛光大辭典》，佛光出版社，頁162。

【114】 南天，乃指南印度，而南海諸國，則指今日的東南亞諸國。

【115】 古正美（2000），〈從南天烏荼王進獻的《華嚴經》說起—南天及南海的《華嚴經》佛王傳統與密教觀音佛王傳統〉，《佛學研究中心學報》第五期（2000.07）頁159-201。

【116】 西晉・竺法護譯，《舍利弗悔過經》，《大正藏》冊24，no.1492，頁1090上-1091中。

【117】 西晉・竺法護譯，《離垢施女經》，《大正藏》冊12，no.338，頁89中-97下。

請——請轉法輪、請佛住世——三聚（或譯「三品」、「三支」）的懺悔，在十方一切佛前，自說過去與現在的一切過失；以懺悔功德，「持與」[迴向]眾生同成佛道。原始本是懺悔迴向，是一般的、重信願的法門。悔過經的成立，相當的早，此三品法門，早在印度已非常的流行。【118】

此外，根據《華嚴經・十地品》偈頌的廣分別《十住毘婆沙論》所說的易行道，先說稱念佛（及菩薩）名，憶念，禮拜，進一步如論卷五說：「求阿惟越致地者，非但憶念、稱名、禮敬而已，復應於諸佛所，懺悔、勸請、隨喜、迴向」【119】。原則說，易行道是廣義的念佛法門。對於佛，稱（佛）名是語業，禮拜是身業，憶念是意業：這是對佛敬信而起的清淨三業。在佛前，修懺悔行，勸請行，隨喜行，以回向佛道作結。這一念佛法門，在龍樹（西元二、三世紀間）時代，大乘行者，很多在家的善男子、善女人，都是這樣修行的，如《大智度論》卷六一說：「菩薩禮佛有三品：一者、悔過品，二者、隨喜回向品，三者、勸請諸佛品」【120】。

《三曼陀颰陀羅菩薩經》的內容：悔過，禮，願樂助其歡喜，請勸諸佛——轉法輪與住世，施與[迴向]。以及末後總結：「是善

【118】印順（2011），《初期大乘佛教之起源與開展》，北京：中華書局，頁1135。

【119】後秦・鳩摩羅什譯，《十住毘婆沙論》卷5，《大正藏》冊26，no.1521，頁45上。參閱印順（2011），《初期大乘佛教之起源與開展》（下），北京：中華書局，頁137。

【120】後秦・鳩摩羅什譯，《大智度論》，《大正藏》冊25，no.1509，頁495中。

男子、善女人，晝夜各三勸樂法行：所當悔者悔之，所當忍者忍之，所當禮者禮之，所當願樂者願樂之，所當請勸者請勸之，所當施與者施與之」[121]。悔是自說罪過義，忍是容忍、懺摩義，合起來就是懺悔。經文雖多一些大乘術語，然比起此時期《舍利弗悔過經》與《離垢施女經》「三品法門」的內容，只多了「禮」，禮是禮佛、菩薩、二乘，及一切功德[122]。但更近似《大智度論》的禮佛三品，日夜六時，菩薩於佛前行此三事，與中國佛教的早、晚課誦相近。易行道的功德無量，主要能保持大乘信心，不致於退失。[123]

再者，《大阿彌陀經》亦是此原始時期的大乘經之一，只談供養、成佛的理想及六波羅蜜的修行，未強調「般若波羅蜜」與「空」等中後期大乘的觀念。[124]所以《三曼陀颰陀羅菩薩經》第五法行品特別強調皆令往生有佛與菩薩的須呵摩提阿彌陀佛剎。這一法門，是易行道，淨土方便道，原並未直指極樂淨土，如今《三

【121】西晉・聶道真譯，《三曼陀颰陀羅菩薩經》，《乾隆藏》冊67，no.10-1099，頁840上。標點符號出自《大正藏》同經，冊14，no.483，頁668下。

【122】同上註，《乾隆藏》頁839中。《大正藏》667中下。參閱印順（2011），《初期大乘佛教之起源與開展》（下），北京：中華書局，頁1135。

【123】印順（2011），《初期大乘佛教之起源與開展》，北京：中華書局，頁137。

【124】尤克特拉希爾（2009），〈聲聞的涵義與演變〉，2009/9/8
http://www.literature.idv.tw/bbs/simple/index.php?t3381.html

曼陀颰陀羅菩薩經》的易行方便與往生極樂,就有了更密切的關係。

　　由上述可見竺法護所譯《文殊悔過經》,與聶道真所譯《三曼陀颰陀羅菩薩經》的懺悔法門是與「華嚴法門」相關聯。三曼陀跋陀羅,是普賢梵語的音譯。《文殊悔過經》是文殊師利Manjusri說的;《三曼陀颰陀羅菩薩經》是普賢爲文殊說的。文殊與普賢,與「懺悔法門」相關聯,暗示了與「華嚴法門」的關係。另外,《三曼陀颰陀羅菩薩經》是「佛在摩竭提國清淨法處,自然金剛座,光影甚明」【125】,也就是《華嚴經》「初會」的說處;與後漢所譯《佛說兜沙經》相同。經中說到「般若波羅蜜,兜沙陀比羅經」【126】。《兜沙陀比羅經》,是「如來藏[篋]經」;《佛說兜沙經》爲「華嚴法門」最初集成時的名稱。【127】可見《三曼陀颰陀羅菩薩經》早與「華嚴法門」相關聯,非因後加的《普賢行願品》,才疑似其關聯性。

【125】西晉・聶道真譯,《三曼陀颰陀羅菩薩經》,《乾隆藏》冊67,no.10-1099,頁834下。標點符號出自《大正藏》同經,冊14,no.483,頁666下。後漢・支婁迦讖譯,《兜沙經》,《大正藏》冊10,頁445上。

【126】西晉・聶道真譯,《三曼陀颰陀羅菩薩經》,《乾隆藏》冊67,no.10-1099,頁835上。標點符號出自同經《大正藏》冊14,頁666下。

【127】印順(2011),《初期大乘佛教之起源與開展》,北京:中華書局,頁1136。

四、信解行證意涵比較

　　信解行證是學佛的四個總綱,這四個程序,也就是佛教的人生觀,即是佛教對於人生由人進化到佛的一種看法。佛教的人生觀,不但著重於現實的看法與做法,也窮探過去的原因和遠察未來的致果,建立的是三世的人生觀。[128] 下列將依此來探討比較《三曼陀颰陀羅菩薩經》與《普賢行願品》具有的意涵。

　　首先,從信的角度來看,《三曼陀颰陀羅菩薩經》在佛前懺悔、隨喜、勸請,本是為初學者開示的通俗易行法門。如上所述易行道的功德無量,主要能保持大乘信心,不致於退失。《十住毘婆沙論》,將《十地經》所沒有說的稱名、憶念、禮拜、懺悔、隨喜、勸請,附入初地中,到「四十華嚴」而充分明了出來。[129]《普賢行願品》中長行文偈頌都是普賢菩薩讚歎如來殊勝的功德,此地如來指每一個人的真心自性,每一個人的真心自性的功德無量無邊,學佛就是為了明心見性,見性就成佛,是要將自性裡無量無邊的功德統統能夠現前,並得到它的作用。[130] 這些都要透過信願行三資糧來成就,所以普賢菩薩發了十大願,教導凡夫相信自己亦可開發真心自性無量無邊功德的方法。再擴大至禮十方三世一切諸佛,且要先起深信解,如在眼前,悉以清淨身、語、意業,常修禮

【128】釋竺摩（1995）,《普賢十願講話》,台北:巨龍文化事業公司,頁26。

【129】印順（2011）,《初期大乘佛教之起源與開展》,北京:中華書局,頁1136。

【130】釋竺摩（1995）,《普賢十願講話》,台北:巨龍文化事業公司,頁24。

敬。

其次，從解的方向來看，《三曼陀颰陀羅菩薩經》在懺悔品中言：「一切人身所行口所犯心所念惡。一切諸佛剎其中。塵等起意念一切諸惡。某皆為其悔過。某從本所作為有惡。……」[131] 為一切眾生三業所造罪業懺悔，具緣起互惠深意。漸次懺悔至「悔自發舉自發竟，自悔責不敢覆藏，從今已後不敢複犯。」[132] 是對業果因緣具慧解意。《普賢行願品》十願的修習，願願都由自身的造作與不足懺悔起，具有反觀自照契入問題核心的善解意。

再者，從行的方面來看，《三曼陀颰陀羅菩薩經》說：修持這一法門，「一切諸罪蓋、諸垢蓋、諸法蓋（即業惑苦三障）悉除也」[133]。為一切人懺悔、針對現前的具體過失懺悔等，這是廣義的「懺悔法門」，是一切修學大乘所可以通用的。《普賢行願品》十願的修習，都離不開懺悔，若從懺悔的意義來說，其他九願是個別懺罪的別願，第四懺悔業障，是懺罪的總願。[134] 清淨身口意三

【131】西晉・聶道真譯，《三曼陀颰陀羅菩薩經・序品第一》，《乾隆藏》冊67，no.10-1099，頁835上。標點符號出自《三曼陀跋陀羅菩薩經・五蓋品第一》，《大正藏》冊14，no.483，頁666下。

【132】西晉・聶道真譯，《三曼陀颰陀羅菩薩經》，《乾隆藏》冊67，no.10-1099，頁837上。標點符號出自同經《大正藏》冊14，頁667中。

【133】西晉・聶道真譯，《三曼陀颰陀羅菩薩經》，《乾隆藏》冊67，no.10-1099，頁835上。標點符號出自同經《大正藏》冊14，頁666下。

【134】釋竺摩（1995），《普賢十願講話》，台北：巨龍文化事業公司，頁286。

業，決定後不再造，永遠保持清淨心。心清淨，身口自然清淨。因此，做爲《華嚴經》總結的《普賢行願品》，結歸到十大願王導歸極樂，使人對此行願，生起絕對信仰，嚮往淨土，矢志不移，老老實實念佛求生西方淨土、授記成佛、導駕慈航、普度眾生，就是普賢行願的圓滿。兩經都是重信的、易行的廣義念佛法門。

最後，從證的面向來檢視，《普賢行願品》的十願顯發眾生的行願與佛果的行願，把眾生、菩薩、佛果的三種行願，互相顯發，融成一片。由第九恆順眾生願可見：「菩薩若能隨順眾生，則爲隨順供養諸佛；若於眾生尊重承事，則爲尊重承事如來；若令眾生歡喜者，則令一切如來歡喜。」[135] 菩薩因眾生而成佛，沒有眾生，菩薩無從成佛，也顯不出佛菩薩的偉大和難能。故普賢行願的殊勝，即在以眾生行願而顯普賢行願，同時也即普賢行願而逼出佛果行願，普賢行願實爲生佛之間的橋樑。[136]

兩經透過上述四個修證過程的比對，每個過程都具有現世實修意涵。華嚴經是從行趣果，闡說妙覺果海的理性與淨德。在四法界中，尤重於事事無礙法界的發揮。這事事無礙法界，就是佛果不可思議化的境界，也是華嚴經最高的陳義，亦由普賢行願以顯佛果最高行願的甚深理趣，普賢因行，已如華藏雲海，重重無盡，到了果

【135】唐・般若譯，《大方廣佛華嚴經》（四十卷），《大正藏》冊10，no.293，頁846上。

【136】釋竺摩（1995），《普賢十願講話》，台北：巨龍文化事業公司，頁49-50。

上，正是事事無礙的最高境界的表現。[137] 華嚴經中所說十信、十住、十行、十迴向、十地，以至佛地，正是說明了信解行證的道理。

第五節　結論

本章透過西晉聶道真漢譯《三曼陀颰陀羅菩薩經》，探討其經題、異譯本、音譯辭彙、文本內容，以及與《普賢行願品》的比對，獲得如下七項結論：

一、《三曼陀颰陀羅菩薩經》是西晉聶道真五十四部漢譯佛經中，迄今仍存留五部譯經之一，屬華嚴部。

二、本經被收錄在除了《嘉興藏新文豐版》與《新纂卍續藏》兩版外的其它各部佛教藏經中，最早收錄在隋房山石經中的版本，分為序品、悔過品、願樂品、請勸品、法行品、以及譬福品等六品，無標點符號。直到大正藏版收錄的本經，才刪除第五法行品，並加上標點符號。其他兩版文本則僅有少數古今異譯字之差異。

三、兩經文體迥異，譯出時間相差近五百年，《三曼陀颰陀羅菩薩經》長行文體計有二八六九字；《普賢行願品》共有五五五二字，其中長行三七八五字，偈頌共有六十二頌，每頌七言四句，共一七三六字，前者篇幅只有後者的一半，且兩經在譯詞上亦有極大差異。但內容上卻有相似處，第一序品和第一禮敬諸佛願與第二稱讚如來願相關；第二悔過品相應於第四懺悔業障願；第三願樂品相

【137】釋竺摩（1995），《普賢十願講話》，台北：巨龍文化事業公司，頁55。

應於第五隨喜功德願與第一禮敬諸佛願；第四請勸品相應於第六請轉法輪與第七請佛住世願；第五法行品和第三廣修供養願、第八常隨佛學願、第九恆順眾生願與第十普皆迴向願有關；第六譬福品相應於第三廣修供養願與流通分。

　　四、《三曼陀颰陀羅菩薩經》與《普賢行願品》兩經的差異：前者對懺悔修行有詳細具體的開示，不但要爲自己的身口意三業懺悔，而且要爲一切人的罪業懺悔，體現了同體大悲的佛教精神，以及眾生業力互相牽連的業緣共感原理。懺悔內容包括貪婬、慳吝、嫉妬、貪饕、諛諂，以及對阿彌陀佛等諸佛剎土和佛法狐疑不信、聞法而心不能受法等等，針對現世的具體罪業，具有實修的意涵。而《普賢行願品》只攏統地爲無始以來的罪業懺悔，而且只爲個人的罪業懺悔。但《普賢行願品》的名偈「我昔所造諸惡業，皆由無始貪瞋癡，從身語意之所生，一切我今皆懺悔。」要時時至心懺悔身、口、意的罪業，從行爲與心理上痛改前非，則爲三曼陀經所無。

　　五、從意境層次來看，《普賢行願品》屬超越時空的高層次證悟，是華嚴經一真法界的特色，在《三曼陀颰陀羅菩薩經》則缺如。行願品的普賢菩薩是一位神格化的大成就者，展現不可思議神通境界，乃出自第六世紀末期南印度烏荼發展的金剛頂派。相較之下，《三曼陀颰陀羅菩薩經》的普賢則似一位素樸的修行人，該經亦無行願品的神秘色彩。其三品法門修持屬一般的、重信願的大乘初期階段的易行道，約成立於第二、三世紀印度成立的龍樹時代。

　　六、《三曼陀跋陀羅菩薩經》透過普賢爲文殊說懺悔法門，與「華嚴法門」相關聯。該經也是《華嚴經》「初會」的說處；與後

漢所譯《佛說兜沙經》相同。而《佛說兜沙經》爲「華嚴法門」最初集成時的名稱。可見《三曼陀跋陀羅菩薩經》早與「華嚴法門」相關聯，非因後加的《普賢行願品》，才疑似其關聯性。

　　七、兩經在信解行證學佛的四個程序上，都具透過現世親身實踐來淨化昇華圓滿生命的生命教育意函。

參考書目

一、原典

後漢·支婁迦讖譯，《佛說兜沙經》，《大正藏》冊10，no.280。

後漢·支婁迦讖譯，《般舟三昧經》卷2，《大正藏》冊13，no.417。

後漢·支婁迦讖譯，《文殊師利問菩薩署經》卷1，《大正藏》冊14，no.458。

後漢·支婁迦讖譯，《佛說伅真陀羅所問如來三昧經》卷2，《大正藏》冊15，no.624。

西晉·竺法護譯，《生經》卷5，《大正藏》冊3，no.154。

西晉·竺法護譯，《過去世佛分衛經》卷1，《大正藏》冊3，no.180。

西晉·竺法護譯，《光讚經》卷1，《大正藏》冊8，no.222。

西晉·竺法護譯，《漸備一切智德經》卷4，《大正藏》冊10，no.285。

西晉·竺法護譯，《等目菩薩所問三昧經》卷2，《大正藏》冊10，no.288。

西晉・竺法護譯，《度世品經》卷2，《大正藏》冊10，no.292。

西晉・竺法護譯，《佛說阿闍貰王女阿術達菩薩經》卷1，《大正藏》冊12，no.337。

西晉・竺法護譯，《離垢施女經》，《大正藏》冊12，no.338。

西晉・竺法護譯，《慧上菩薩問大善權經》卷1，《大正藏》冊12，no.345。

西晉・竺法護譯，《無極寶三昧經》卷1，《大正藏》冊15，no.636。

西晉・竺法護譯，《諸佛要集經》卷1，《大正藏》冊17，no.810。

西晉・竺法護譯，《舍利弗悔過經》，《大正藏》冊24，no.1492。

西晉・聶道真譯，《異出菩薩本起經》卷1，《大正藏》冊3，no.188。

西晉・聶道真譯，《諸菩薩求佛本業經》卷1，《大正藏》冊10，no.282。

西晉・聶道真譯，《大寶積經・無垢施菩薩應辯會》卷100，《大正藏》冊11，no.310。

西晉・聶道真譯，《佛說文殊師利般涅槃經》卷1，《大正藏》冊14，no.463。

西晉・聶道真譯，《三曼陀跋陀羅菩薩經》卷1，《大正藏》冊14，no.483。

西晉・聶道真譯，《菩薩受齋經》卷1，《大正藏》冊24，no.1502。

符秦・僧伽跋澄等譯，《僧伽羅剎所集經》卷3，《大正藏》冊4，no.194。

符秦・僧伽跋澄等譯，《尊婆須蜜菩薩所集論》卷5，《大正藏》冊28，no.1549。

東晉・瞿曇僧伽提婆譯，《增壹阿含經》卷48，《大正藏》冊2，

no.125。

後秦・鳩摩羅什譯，《大智度論》，《大正藏》冊25，no.1509。

後秦・鳩摩羅什譯，《十住毘婆沙論》卷5，《大正藏》冊26，no.1521。

梁・僧祐撰，《出三藏記集》卷7，《大正藏》冊55，no.2145。

隋・費長房撰，《歷代三寶紀》卷6，《大正藏》冊49，no.2034。

唐・般若譯，《大方廣佛華嚴經-入不思議解脫境界普賢行願品》，《大正藏》冊10，no.293。

唐・窺基撰，《大乘法苑義林章》卷4，《大正藏》冊45，no.1861。

唐・僧詳撰，《法華傳記》卷2，《大正藏》冊51，no.2068。

唐・慧琳撰，《一切經音義》卷10，《大正藏》冊54，no.2128。

宋・法雲編，《翻譯名義集》卷5，《大正藏》冊54，no.2131。

元・宗寶編，《六祖大師法寶壇經》（一卷），《大正藏》冊48，no.2008。

不詳，《翻梵語》卷1，《大正藏》冊54，no.2130。

西晉・聶道真譯，《三曼陀颰陀羅菩薩經》卷1，《乾隆大藏經》冊67，no.10-1099。

二、專書

石井教道（1979），《華嚴教學成立史》，京都：平樂寺書店。

印順（2011），《初期大乘佛教之起源與開展》，北京：中華書局。

慈怡主編（1988），《佛光大辭典》，高雄：佛光出版社。

釋竺摩（1995），《普賢十願講話》，台北：巨龍文化事業公司。

三、論文

古正美（2000），〈從南天烏荼王進獻的《華嚴經》說起—南天及南
　　海的《華嚴經》佛王傳統與密教觀音佛王傳統〉，《佛學研究
　　中心學報》第五期（2000.07），頁159-201。

柯惠馨（2006），《華嚴經中普賢菩薩之研究》，東海大學中國文學
　　系碩士論文。

聖嚴（2009），〈普賢菩薩行願讚講錄〉，《法鼓雜誌》第95期第3版
　　（經典琉璃）。

釋永東（2009），〈論《菩薩受齋經》之生命轉化教育〉，《新世紀
　　宗教研究》，2009年12月第八卷第二期。

四、報章

釋惟覺（2001），〈普賢十大行願（十七）四者懺悔業障1—懺悔的意
　　義〉自由時報90.04.21（六）。

〈普賢十大行願（四十一）九者恆順眾生1—眾生歡喜諸佛歡喜〉自由
　　時報90.06.16（六）。

〈普賢十大行願（四十五）十者隨喜功德1—隨喜的意義〉自由時報
　　90.06.28（四）。

五、網站

尤克特拉希爾，〈聲聞的涵義與演變〉，2009/9/8http://www/
　　literature.idv.tw/bbs/simple/index.php?t3381.html

（本論文刊載於外審期刊《新世紀宗教研究》第十一卷第四期，
2013年6月，頁1-47。）

第四章　無垢施與維摩詰問難之比較

第一節　緒論

公元前二千年代中葉，屬於印歐語系的雅利安部落入侵印度，征服皮膚黝黑的達羅毗荼人。經過幾個世紀的武力擴張，雅利安人逐步征服了整個北印度。由原始的遊牧生活轉爲定居的農業生活，並逐漸向奴隸社會過渡，遂形成迄今仍不易動搖的種姓制度。婆羅門和刹帝利這兩個高級種姓，佔有了古代印度社會中的大部分財富，依靠剝削爲生，是社會中的統治階級。統領社會中包括農民、手工業者和商人等的普通勞動者吠舍（雅利安人的中下階層），與失去土地的自由民和被征服的達羅毗荼人，稱爲首陀羅的奴隸。

爲了維護種姓制度，婆羅門僧侶在《吠陀》中宣揚，把人分爲四個種姓完全是神的意志。還在《摩奴法典》中制定許多法律，確認婆羅門的主宰地位，限定首陀羅的各種權利。還規定了許多殘酷的刑罰，以鎮壓低級種姓吠舍、首陀羅的反抗。嚴重觸犯者則貶出種姓，成爲踐民，流放村外。《摩奴法典》亦極度貶抑女性身爲不

淨與污穢，尤其是寡婦受到更多的歧視。[1]為鞏固婆羅門在印度社會的優越與權威性，印度民間充斥各種迷信，視沙門為穢氣不利。

　　釋迦牟尼佛創立佛教，為對治當時印度社會不平等的種姓制度、女性歧視以及耽於迷信。在阿含經裡可見許多破斥上述各種社會現象的經典，如《種德經》（巴利文：Sonadanda Suttam）提出具足戒定慧三學才堪稱為婆羅門，以此來反對婆羅門天生優越的種姓。[2]本章探討的《無垢施菩薩應辯會》則全面破斥前述三種現象。

　　《無垢施菩薩應辯會》的相關學術研究，以轉身論、童女與女性觀等面向的探討為主，轉身論方面主要以印順法師在《初期大乘佛教之起源與開展》書中的觀點最為深入，認為大乘在發展的初期受到有部轉身論思想的影響，將之融入在如《無垢施菩薩應辯會》等大乘早期經典中。唯這情形維持不久，因為初期大乘空系的學者在空系理論發展完整時，也同時建立了自己「無男無女」的平等女

【1】《摩奴法典》規定，小姑娘、青年婦女、老年婦女雖在自己家內決不應隨己意處理事情。婦女少年時應從父，青年時應從夫，夫死從子，無子從丈夫的近親族，沒有這些家族從國王，婦女始終不應該隨意自主。這比中國古時要求女性的"三從四德"還要嚴屬。張田勘，〈印度女性悲劇命運的深層原因〉，《觀察》第44期，2013-01-07。opinion.china.com.cn

【2】後秦・佛陀耶舍共竺佛念譯，《種德經》第三《長阿含》卷二二第三分，南傳上座部佛教《巴利文大藏經》中的長部第四部經。

人觀。[3] 此觀點逐漸影響後來中國佛教觀世音菩薩轉男成女的造像，如古正美〈從佛教思想史上轉身論的發展看觀世音菩薩：中國造像史上轉男成女像的由來〉。[4]

　　另外，童女方面則有蔡蓉茹的碩士論文《佛教童女研究以《大寶積經》四部童女經為依據》，該論文就《大寶積經》四部童女經的比對，探討出童女的共通形貌特色與條件為童女皆年幼、均出身顯赫家世、善問法於佛陀、與聲聞及菩薩論法之辯才無礙，又能廣發菩提大願並顯現神通遊戲來印證其菩薩行，從佛教輪迴的觀點來看是為累世修行、廣積福德及智慧的菩薩。大乘及小乘對於女性成佛的觀點各有不同，基於大乘空性智慧的超脫，有些童女甚至能展現女轉男身的神通來打破男女之別的藩籬，且此四部童女經的童女皆蒙佛授記，能於未來成佛。[5] 釋慧嚴〈略探尼僧在台灣佛教史上的地位〉認為就經典史的成立來說，在大乘佛教經典裡，有關女人的成佛說，依其成立的先後，是主張轉女成男成佛說的〈龍女授記品〉成立之後，才有〈淨信童女會〉。爾後進一步到強調女人今世就可成佛的《妙慧童女經》，最後是《無垢施經》的問世。[6]

【3】印順（2011），《初期大乘佛教之起源與開展》，北京：中華書局。

【4】古正美（1987），《從佛教思想史上轉身論的發展看觀世音菩薩：中國造像史上轉男成女像的由來》，《東吳大學中國藝術史集刊》第15期，頁157-219。

【5】蔡蓉茹（2008），《佛教童女研究《大寶積經》四部童女經為依據》，華梵大學東方人文思想研究所。

【6】釋慧嚴（2007），〈略探尼僧在台灣佛教史上的地位〉，《玄奘佛學研究》第八期創校十周年增刊，頁67。

最後，探討女性觀的期刊論文，則有星雲〈比丘尼僧團的發展〉，從世界潮流的女性觀，談到佛教兩性教團的相處，再舉歷代對佛教有貢獻的比丘尼，其中以無垢施菩薩法無定相、菩提無生，來展望未來比丘尼努力的方向。[7]

　　爲何談到佛教的問難，就會聯想到維摩詰居士的示疾呵責，而尟少提及無垢施女的問難？若是相較十二歲無垢施女與維摩詰居士，前者身爲波斯匿王女，既是年幼童女，被問難的對象又都是男性的聲聞菩薩眾，理應比身爲男性長者居士的維摩詰，更受到關注的。然而，卻少有中國佛教徒認識無垢施女。爲釐清此問題，本章的研究方法採歷史文獻學研究方法的文獻觀察與比較分析，透過西晉聶道真譯《大寶積經・無垢施菩薩應辯會》與姚秦鳩摩羅什譯《維摩詰所說經》的文本觀察，先解析《無垢施菩薩應辯會》中，無垢施女問難八大聲聞與八大菩薩的內涵，再比較《維摩詰經》維摩居士對十大聲聞與三十二位菩薩眾的問難，逐一分析其間的當機眾、說法與成經背景、問難內容與答辯方式等的同異，來爬梳無垢施女的問難不廣爲人知的原因。

第二節　問難相關經典

　　《無垢施菩薩應辯會》爲西晉譯經居士聶道真所譯，爲其僅存六部譯經之一。

　　根據《大正藏》的收錄，目前僅存有的六部經爲《文殊師利般

【7】星雲著（2002），〈比丘尼僧團的發展〉，《普門學報》第九期，頁2-9。

涅槃經》（一卷）、《菩薩受齋經》（一卷）、《菩薩求佛本業經》（一卷）、《三曼陀跋陀羅菩薩經》（一卷）、《無垢施菩薩應辯會》（一卷）、與《異出菩薩本起經》（一卷）等六部。據本書第一章〈聶道真譯經研究〉的考據，《文殊師利般涅槃經》（一卷）疑託聶道真之名，而非為其所翻譯。[8]

一、聶道真再譯竺法護譯經

　　西晉聶道真譯《無垢施菩薩應辯會》（一卷）收錄在《大寶積經》卷第一百第三十三中 [9]。是西晉竺法護於太康十年（289）[10] 譯《離垢施女經》（Vimaladattā-pariprcchāsūtra）[11] 及元魏瞿曇般若流支譯《得無垢女經》[12] 的同本異譯。三異譯本先後譯者，竺法護為月支僧人，聶道真是本土在家居士，瞿曇般若流支是印度婆羅門，本經當機者無垢施女亦是位在家童女，加上筆者近五年都在做聶道真的相關譯經研究，故特擇聶道真譯本為本研

【8】釋永東（2013），〈聶道真譯經研究〉，《新世紀宗教研究》2013.2.3通過審查付印中，原稿頁8。

【9】西晉‧聶道真譯，《大寶積經-無垢施菩薩應辯會》，《大正藏》冊11，no.310，頁556上-564中。

【10】唐‧智昇撰，《開元釋教錄》卷二，《大正藏》冊55，no.2154，頁493下。

【11】西晉‧竺法護譯，《離垢施女經》，《大正藏》冊12，no.338，頁89中-97下。Lewis R. Lancaster（1979），*The Korean Buddhist Canon: A Descriptive Catalogue.*

【12】元魏‧瞿曇般若流支譯，《得無垢女經》，《大正藏》冊12，no.339，頁97下-107上。

究文本依據。

　　既然竺法護已譯《離垢施女經》，爲何聶道真還要再譯本經？在竺法護入滅後，聶道真繼承其工作自譯佛經，《古今譯經圖紀》載有54部，《開元釋教錄》減爲24部，從《大周刊定眾經目錄》中，窺知聶道真再譯竺法護已譯經典有如下五部：1.竺法護《諸佛要集經》（二卷）→西晉聶道真譯《諸佛要集經》（二卷）（佚：開元錄十三）。【13】2.竺法護《菩薩行五十緣身經》（一卷）→西晉聶道真譯《菩薩緣身五十事經》（一卷）。【14】3.竺法護《菩薩十住行道品》（一卷）→西晉聶道真譯《菩薩十法經》（二卷）（佚）。【15】4.竺法護《文殊師利淨律經》（一卷）→西晉聶道真譯《文殊師利淨律經》（一卷）（佚）。【16】5.竺法護《菩薩齋法經》→西晉聶道真譯《菩薩受齋經》。

　　可惜，在上述聶道真五部譯經中，唯有《菩薩受齋經》還存在，其他四部均已佚失。惜如今竺法護同本異譯《菩薩齋法經》亦已佚失。然而，根據隋・費長房撰《歷代三寶紀》所列聶道真

【13】唐・明佺等撰，《大周刊定眾經目錄》卷四，《大正藏》
　　　冊55，no.2153，頁396中。

【14】唐・明佺等撰，《大周刊定眾經目錄》卷五，《大正藏》
　　　冊55，no.2153，頁400上。

【15】唐・明佺等撰，《大周刊定眾經目錄》卷一，《大正藏》
　　　冊55，no.2153，頁375上。

【16】唐・明佺等撰，《大周刊定眾經目錄》卷六，《大正藏》
　　　冊55，no.2153，頁404上。

譯經，則有11部是再譯竺法護譯經，[17]占聶道真54部譯經的五分之一強的比例。目前僅存五部聶道真譯經中，僅《無垢施菩薩應辯會》（一卷）與《菩薩受齋經》（一卷）爲再譯竺法護譯經，其實，竺法護數百譯經中就有多達十六部經探討女性議題，[18]本章主角無垢施菩薩（Vimaladattā）即是其中之一，既然竺法護譯經已大量談到童女蒙佛授記，聶道真會再譯同部經，足見此經的重要性。

二、本經成經時間

　　《無垢施菩薩應辯會》主要敘說波斯匿王女無垢施，於二月八日和五百婆羅門一道，持滿瓶水，出至城外祠堂，欲洗浴天像。這時許多婆羅門見諸比丘在門外立，認爲不吉祥，其中一個長者要求無垢施回到城內，但遭到她的拒絕。此時舍利弗等八大聲聞及文殊師利等八大菩薩，正進入舍衛城乞食，無垢施於是與之展開辯論，終於感化了五百婆羅門皈依了佛陀。後與大眾俱到佛所問菩薩行，佛陀爲說十八種四法，無垢施女發願奉行，並化身爲十六童子；佛陀爲彼授記。此無垢施女即《地藏經‧忉利天宮神通品》的優婆夷無垢施女，[19]亦是《法華經》卷七〈莊嚴王本事品〉二十七中，

【17】隋‧費長房撰，《歷代三寶紀》，《大正藏》冊49，no.2034，頁65下。

【18】賴怡如（2011），《竺法護譯經中的女性思想及其影響》，國立臺南大學國語文學系碩士論文，頁2。

【19】唐‧實叉難陀譯，《地藏菩薩本願經》，《大正藏》冊13，no.412，頁778中。

雲雷音宿王華智佛教法中妙莊嚴王的夫人，名淨德（梵Vimaladattā
又作離垢施），有二子，名淨藏與淨眼，善神通，修菩薩行，勸原
信婆羅門之王歸佛，王終以其國付弟而出家。二子即藥王與藥上菩
薩，王即後之蓮華德菩薩，后即光照莊嚴香菩薩，[20] 世尊稱爲無
垢施菩薩，授記成佛，號無垢光相王如來。[21] 由此處可見目前盛
行東南亞的衛賽節浴佛儀式，來源於古印度婆羅門教，透過浴像使
精神清潔的風俗，是一種從宗教求福滅罪傳衍而來。[22]

　　由上述《無垢施菩薩應辯會》主要內容敘述，亦可窺知講說此
經的時代背景，突顯釋迦牟尼佛創立佛教當時的印度社會現象—不
平等的種姓制度、女性歧視與迷信思想。婆羅門爲印度四姓中的最
高種姓，執掌祭祀，帶領無垢施女至城外祠堂洗像。其次，這些婆
羅門雖自視爲尊貴的最高種姓，見諸比丘卻迷信爲不吉祥，還要無
垢女即刻走避。再者，無垢施女非但未走避，反而藉助與佛陀主要
的八大聲聞及八大菩薩眾的對話，感化了五百婆羅門皈依了佛陀，
最後無垢施女還被佛陀授成佛記。無垢施女的際遇，有反諷當時印
度社會嚴重歧視女性的意涵。至於成經時間，根據印順法師《初期
大乘佛教之起源與開展》大乘「念佛」法門的說法，依此經晝三夜
亦三，以誦三陰經，來懺悔一切前世所施行惡，此種六時懺悔，當

【20】姚秦・鳩摩羅什譯，《妙法蓮華經》，《大正藏》冊9，
　　　no.262，頁56上中。

【21】西晉・聶道真譯，《大寶積經-無垢施菩薩應辯會》，
　　　《大正藏》冊11，no.310，頁564上。

【22】參閱百度百科「浴佛」，wuxiusu，韓翠兒，李響等合班
　　　編http://baike.baidu.com/view/436153.htm，2013.9.1.

屬龍樹二、三世紀初期大乘經典。[23]

　　印順法師亦認爲《無垢施菩薩應辯會》文中轉身論的思想，有大乘在發展的初期受到有部影響的影子。但在無垢施女與八聲聞與八菩薩一一詰難過程中，卻又闡揚著大乘空系「無男無女」的平等女人觀。從空系所主張的「諸法皆空」的立場看來，有部認爲「有」的或真實的東西，初期大乘空系的學者都認爲是幻、是假。有部在談「轉身」時，當然認爲身是「有」的、或真的。這種立論，在言「空」的空系立場上則完全被空系學者所推翻。[24]

三、本經文體結構

　　《無垢施菩薩應辯會》全文共有五品，分別爲序品第一、聲聞品第二、菩薩品第三、菩薩行品第四與授記品第五。除第二聲聞品全爲長行體外，其餘四品長行與五字或七字偈頌交錯。其中除第五授記品外，其餘四品融入至少兩個或至多二十三個譬喻，除第一序品三個譬喻與第二聲聞品兩個譬喻是穿插在長行中，其餘大多數分布在偈頌中。依內容來看，本經具有大乘經典信解行證的四次第，其分布爲序品第一是由迷信到正信的導信舖陳，屬於修行四次第的「信」的階段，聲聞品第二與菩薩品第三，是透過無垢施女分別與八大聲聞及八大菩薩議論究竟法義，屬於信解行證的「解」的階段，菩薩行品第四則是佛親授十八種成就無上正等正覺的四行持

【23】印順（1989），《初期大乘佛教之起源與開展》，台北：正聞出版社，頁570-571。

【24】印順（1993），《初期大乘佛教之起源與開展》，頁984。

法，屬於信解行證的「行」的階段，授記品第五則屬於信解行證的「證」的最後階段。整理如下表4.1：

表4.1：《無垢施菩薩應辯會》文體結構表

品目	長行	重頌		譬喻		修行次第	《大正藏》冊11，no.310
		五字	七字	長行	重頌		
序品第一	V	V		3	20	信	p.556a
聲聞品第二	V			2		解	p.558a
菩薩品第三	V	V			5	解	p.559a
菩薩行品第四	V	V	V		6	行	p.560c
授記品第五	V	V				證	p.563c

　　本經文表達方式兼描寫、敘事與議論。藉著無垢施女、五百婆羅門、舍利弗等八大聲聞及文殊師利等八大菩薩，與佛陀等諸多人物，加上描繪印度社會最高婆羅門種姓的耽著迷信、與無垢施女睿智示教利喜，最終蒙佛授記成佛，所交織成高潮迭起曲折豐富的情節，以及無垢施女問難八大聲聞及八大菩薩的議論對話引發的情境，觸發筆者的研究興趣與動機。希冀藉助本章對於《無垢施菩薩應辯會》的問難研究，能加速讀者理解本經的菁華。

四、問難論義相關經典

在中國佛教詰難論義諸經中，雖以中印度毘舍離城之長者維摩詰，對佛陀諸大弟子示疾以種種問答，揭示空、無相等大乘深義，[25]最爲佛教中耳熟能詳的問難代表經典。但在佛教問難論義諸經中，尚有諸多相關經典未被深入探討與重視。根據印順《初期大乘佛教之起源與開展》所載，在「文殊法門」中，對一一大弟子，加以問難，除《維摩詰經》外，尚有《須真天子經》、《魔逆經》、《首楞嚴三昧經》[26]與本章探討的《無垢施菩薩應辯會》，即一般採用的西晉竺法護同本異譯《離垢施女經》，共五經。依譯出年代整理如下：

1.西晉竺法護晉武帝太（泰）始二年十一月八日（266）譯《須真天子經》二卷：十四大弟子，各以自己的所長問文殊，文殊的答覆，令他們都歡喜默然。[27]

2.西晉竺法護晉武帝太康十年十二月二日（289）譯《魔逆經》一卷：魔波旬探文殊的神力，化作佛相；六大弟子問魔，魔爲說深法。[28]

3.西晉竺法護晉武帝太康十年十二月二日（289）譯《離垢施女

【25】參閱慈怡主編（1988），《佛光大辭典》，頁5892。

【26】印順（1989），《初期大乘佛教之起源與開展》，頁982-983。

【27】西晉‧竺法護譯，《須真天子經》，《大正藏》冊15，no.588，頁96下-112上。

【28】西晉‧竺法護譯，《魔逆經》，《大正藏》冊15，no.589，頁112上。

經》一卷：離垢施女問八大聲聞弟子與八大菩薩，弟子們都不能回答。【29】

　　4.姚秦鳩摩羅什後秦高祖弘始四至十四年間（402-412）譯出《首楞嚴三昧經》二卷：示現各各「第一」的九大弟子，但沒有問答。【30】

　　5.姚秦鳩摩羅什高祖弘始八年（406）譯出《維摩詰經》（三卷）：十大弟子都說，過去見到維摩詰長者，被問難而不能答，所以不敢去問疾。【31】試列表4.2以利說明：

【29】西晉・竺法護譯，《離垢施女經》，《大正藏》冊12，no.338，頁91下-92下。

【30】姚秦・鳩摩羅什譯，《首楞嚴三昧經》，《大正藏》冊15，no.642，頁629中-637上。

【31】姚秦・鳩摩羅什譯，《維摩詰所說經》，《大正藏》冊14，no.475，頁537上-544上。

表4.2：詰難問義五經對照表

經 名		須真天子經	魔逆經	離垢施女經	首楞嚴三昧經	維摩結經
出 處		T15 no.588 pp.96c-112a	T15 no.589 pp.112a-118a	T12 no.338 pp.89b-97c	T15 no.642 pp.629b-645b	T14 no.475 pp.537a-557b
譯出時間		晉武帝太（泰）始二年十一月八日（266）	晉武帝太康十年十二月二日（289）	武帝太康十年十二月二日（289）	後秦弘始四～十四年間（402-412）	後秦弘始八年（406）
譯 者		西晉竺法護	西晉竺法護	西晉竺法護	後秦鳩摩羅什	後秦鳩摩羅什
當機眾 地點	須真天子	大光天子	離垢施女	堅意菩薩	維摩長者
被詢問者		舍衛城	舍衛城	舍衛城	王舍城	毘舍離城
1	大迦葉	1八解脫	1修行之縛	3知足…	4頭陀	3乞食…
2	須菩提	4知他法行	2福田	4空行		4乞食…
3	舍利弗	2智慧	3三昧	1智慧	2智慧	1宴坐…
4	目犍連	3神足	4得自在	2神足	3神通	2為白衣說法
5	富樓那	5說法	5說法	5說法	5說法	5說法
6	優波離	7持法（律）	6持律		7持律	8持律
7	離婆多	6樂禪		6坐禪	9坐禪	
8	阿那律	8天眼		7天眼	8天眼	7天眼
9	阿難	14多聞		8多聞	1侍佛	10侍佛
10	睺羅	13淨戒			6樂戒	9密行
11	迦旃延	11分別諸法				6敷演法
12	薄拘羅	9諸根寂定				
13	央掘魔	10利根				
14	拘絺羅					

A1	文殊師利 菩薩		A1般若空慧		A1-32 菩薩【32】
A2	無癡見菩薩		A2無癡見		
A3	寶相菩薩		A3寶相		
A4	離惡趣菩薩		A4離惡趣		
A5	除諸蓋菩薩		A5除五蓋		
A6	觀世音菩薩		A6除怖畏		
A7	辯嚴菩薩		A7辯嚴		
A8	無癡行菩薩		A8無癡行		

本表參考印順《初期大乘佛教之起源與開展》頁983表調整重製

【32】維摩詰問如下32位菩薩「何等是菩薩入不二法門？」
1.名法自在2.德守菩薩3.不眴菩薩4.德頂菩薩5.善宿菩薩
6.善眼菩薩7.妙臂菩薩8.弗沙菩薩9.師子菩薩10.師子意
菩薩11.淨解菩薩12.那羅延菩薩13.善意菩薩14.現見菩薩
15.普守菩薩16.電天菩薩17.喜見菩薩18.明相菩薩19.妙意
菩薩20.無盡意菩薩21.深慧菩薩22.寂根菩薩23.心無礙菩
薩24.上善菩薩25.福田菩薩26.華嚴菩薩27.德藏菩薩28.月
上菩薩29.寶印手菩薩30.珠頂王菩薩31.樂實菩薩32.文殊
師利 後秦・鳩摩羅什譯，《維摩詰所說經》，《大正
藏》冊14，no.475，頁550中-551下。

此五部問難論義經中的前三部《須真天子經》（二卷）、《魔
逆經》（一卷）與《離垢施女經》（一卷），都是西晉竺法護的譯
經。後兩部晚出的《首楞嚴三昧經》（二卷）與《維摩詰經》（三
卷），雖都是姚秦鳩摩羅什漢譯，但考據竺法護譯經目錄，竺法護
亦分別於元康元年（291）第五譯《首楞嚴經》二卷）、[33] 太安
二年四月一日（303）第三譯《維摩詰所說法門經》（一卷）。[34]
可見佛教詰難論義諸譯經，早在西晉竺法護時代幾乎已完成漢譯
（266-303），故影響爲其筆受弟子聶道真再譯該經，另名《無垢
施菩薩應辯會》。但是竺法護是三譯《維摩詰所說法門經》（一
卷），在其之前，吳支謙已於東漢桓帝光和六年（183）首譯此
經，稱爲《佛說維摩詰經》[35]，目前亦收錄在《大正藏》第十四
冊中。比西晉竺法護於晉武帝太康十年十二月二日（289）首譯
《離垢施女經》一卷早出百年。這有可能使得《維摩詰經》在中國
佛教廣爲流傳的一大原因。

　　比較五經的當機眾，前兩部《須真天子經》（二卷）與《魔逆
經》（一卷）都是天子身份；後兩部《首楞嚴三昧經》（二卷）與
《維摩詰經》（三卷），分別爲菩薩與長者居士。《維摩詰經》
（三卷）詰問佛的主要十大聲聞弟子，與三十二菩薩分享「菩薩入

【33】隋・費長房撰，《歷代三寶紀》卷六，《大正藏》冊49，
　　　no.2034，頁64上。

【34】隋・費長房撰，《歷代三寶紀》卷六，《大正藏》冊49，
　　　no.2034，頁63下。

【35】吳・支謙譯，《佛說維摩詰經》三卷，《大正藏》冊14，
　　　no.474，頁519上-536下。

不二法門」的看法；《離垢施女經》（一卷）主角則是年僅十二歲身爲王女的無垢施女，且論議對象不僅限聲聞大弟子，亦擴及八大菩薩眾。大乘佛教中佛的大弟子，如《增壹阿含經》說，是各有「第一」的。[36]「文殊法門」大抵從他們所擅長的（或是僧團一般事項）而加以問難，「斥小」就是「歎大」，引入大乘佛法。[37] 但《無垢施菩薩應辯會》（《離垢施女經》異譯本）不僅斥小，亦斥執著大者，旨在引導眾生進入究竟佛乘。

　　依講經地點而言，最早期釋尊在古印度摩揭陀國的首都，王舍城 Rajagrha 附近菩提伽耶證悟成佛後，先前往鹿野苑度五比丘等，再回王舍城之後，就時常在附近的靈鷲山上說法，其中包括上述五經的第四經《首楞嚴三昧經》（二卷），城南的七葉窟更是佛教第一次經典結集之處。約在佛陀成道後第五年，因須達多長者發心供養佛陀，建立祇樹給孤獨園的「祇園精舍」，佛陀才北向循著那爛陀，經華氏城，渡恒河北上毘舍離，經拘尸那羅，而向西迂迴至迦毘羅衛國，由此向西南進入祖國舍衛城弘法，[38] 從此在此生活與說法的時間長達二十五年之久。在這裏佛陀演說過許多重要的典籍，包括淨土宗的主要依據《阿彌陀經》和讓禪宗六祖惠能聞經得

【36】東晉・瞿曇僧伽提婆譯，《增壹阿含經》卷三，《大正藏》冊2，no.125，頁557上-5585中。

【37】印順（1989），《初期大乘佛教之起源與開展》，頁982-983。

【38】平川彰（2002），《印度佛教史》，高雄市：佛光出版社，頁52。

悟，繼而大開頓悟法門的《金剛經》，[39]也包括了前述五經的前三經等。

　　《維摩詰經》共三卷十四品，佛講於毘耶離菴羅樹園。係基於般若空之思想，弟子品第三透過在家居士維摩與文殊師利等十位佛的聲聞弟子，共論佛法之方式，以宣揚大乘佛教真理。入不二法門品第九則是維摩詰示疾，文殊問疾，維摩詰問諸菩薩，三十二位菩薩各言入不二法門。本經約成立於西元一世紀頃，為繼般若經後、華嚴經前的初期大乘經典之一。雖說支謙首譯《佛說維摩詰經》，早於西晉竺法護首譯《離垢施女經》百年，但依兩經敘述的時代背景來看，《離垢施女經》直接或間接敘及當時印度社會不平等的種姓制度、女性歧視與執著迷信。而《維摩詰經》單純為維摩詰居士示疾，與諸聲聞菩薩，藉助辯論來分別大小乘佛教教義上的差別，且在香積佛品中論及他方香積佛的多佛思想。[40]《離垢施女經》的宣講可能早於《維摩詰經》。

　　另據《大悲經》教品第十四所載，阿難請示佛陀如何修行佛正法眼與久住於諸天人廣行流布？佛曾依其說法時間、形式、內容與地點的先後教示阿難，其中先說阿波陀那於舍衛國祇樹給孤獨園，接著才說阿浮陀達磨於毘舍離城菴羅樹園。阿波陀那（avadāna）

【39】參閱星雲編著（1995），《佛教叢書之五—教史》，高雄市：佛光出版社，頁14-25。

【40】姚秦・鳩摩羅什譯，《維摩詰所說經》，《大正藏》冊14，no.475，頁552上。

即譬喻，指以譬喻宣說法義，[41]《離垢施女經》即採用了三十六個譬喻，盛贊佛的三十二相與八十隨行好。阿浮陀達磨（adbhuta-dharma），即希法，又作未曾有法，載佛陀及諸弟子希有之事。[42]如經云：

> 我滅度後。有諸大德諸比丘眾集法毘尼時。彼大德摩訶迦葉最為上首。阿難。時彼大德諸比丘眾。當如是問。世尊何處說大阿波陀那。何處說摩訶尼陀那。……何處說梵網經。如是次第。彼諸比丘復當問汝。阿難。佛在何處說修多羅。何處說祇夜。何處說毘耶迦羅那。何處說伽陀。何處說憂陀那。何處說尼陀那。何處說伊帝毘利多迦。何處說闍多迦。何處說毘弗略。<u>何處說阿波陀那。何處說阿浮陀達磨</u>。何處說憂波提舍。阿難。佛在何處說聲聞藏。佛在何處說緣覺藏。佛在何處說菩薩藏。阿難。時彼比丘如是問已。汝應如是答。如是我聞。一時佛在摩伽陀國菩提樹下初成正覺。如是我聞。一時佛在伽耶城。如是我聞。一時佛在摩伽陀國。阿闍波羅尼拘陀樹下修苦行處。如是我聞。一時佛在波羅捺仙人住處鹿野苑中。如是我聞。一時佛在耆闍崛山。如是我聞。一時佛在毘富羅山。如是我聞。一時佛在摩伽陀國鞞提訶山。如是我聞。一時佛在王舍城仙人山中大黑方石。<u>如是我聞。一時佛在舍衛國祇樹給孤獨園。如是我聞。一時佛在毘舍離城菴羅樹園。</u>

【41】慈怡主編（1988），《佛光大辭典》，高雄市：佛光出版社，頁344。

【42】慈怡主編（1988），《佛光大辭典》，頁344。

如是我聞。一時佛在毘舍離獼猴池邊。大林精舍重閣講堂。……」[43]

綜合上述及摘錄,佛陀宣說《離垢施女經》(即聶道真異譯本《無垢施菩薩應辯會》)的時間應早於《維摩詰經》。

比較兩經被問難聲聞眾,《無垢施菩薩應辯會》有八大聲聞,《維摩詰經》則有十大聲聞。前者八大聲聞與後者十大聲聞中,前五位的舍利弗、目犍連、摩訶迦葉、須菩提、富樓那彌多羅尼子的排序是一致的。另外,《維摩詰經》多了持律第一的優婆離、出家密行第一的羅睺羅、與敷演法的迦旃延,但少了《無垢施菩薩應辯會》第六順位坐禪第一的離婆多。舍利弗、目犍連、與摩訶迦葉等前三位,都是在佛陀成道後第四年依佛出家;阿那律、阿難、羅睺羅則是在佛陀成道後第五年,當釋尊回到祖國迦毘羅衛省親時剃度;富樓那與迦旃延則是佛陀在鹿野苑渡完憍陳如等五比丘後,接引出家的,[44]而須菩提似乎出家較晚。[45]從這些聲聞眾的排序來看,八大聲聞或十大聲聞未見得是依出家先後排定。如排序第一與第二的舍利弗與目犍連的出家,晚於排序第五的富樓那,與《維摩詰經》中排序第六的迦旃延。根據平川彰《印度佛教史》,佛在初見舍利弗與目犍連時,就已說二位將成為其僧團中的兩位上首,

【43】 高齊・那連提耶舍譯,《大悲經》,《大正藏》冊12,no.380,頁971中下。

【44】 隋・闍那崛多譯,《佛本行集經》卷三七,《大正藏》冊3,no.190,頁824下-825上。

【45】 聖嚴(1997),《印度佛教史》,台北市:法鼓文化,頁47。

後來果因協助弘傳佛陀教化上有莫大貢獻，而被尊為上首。[46]可見弘傳佛陀教法貢獻的大小，決定了八大聲聞或十大聲聞眾的排序。

《維摩詰經》中三十二位菩薩眾的稱謂，未與《無垢施菩薩應辯會》被問難的八大菩薩名稱相符的，可見在大乘早期經典中，比《維摩詰經》早出的《無垢施菩薩應辯會》有其研究價值與重要性。下面將分別探討無垢施女對八大聲聞與八大菩薩的問難，並與維摩詰居士對十大聲聞與三十二菩薩的問難做比較。

第三節　無垢施女問難八大聲聞略釋與維摩詰呵責十大聲聞之比較

《無垢施菩薩應辯會》中無垢施女問難時間，正逢舍利弗、目犍連、摩訶迦葉、須菩提、富樓那、離越、阿那律、阿難等佛的八大聲聞弟子，與文殊師利菩薩、無癡見菩薩、寶相菩薩、離惡趣菩薩、除諸蓋菩薩、觀世音菩薩、辯嚴菩薩、無癡行菩薩等八大菩薩，於清晨執持衣鉢，欲入舍衛城乞食的途中，各各依自己擅長修為，入定作願或作念護諸舍衛城中眾生。[47]此八大聲聞弟子入定中的發願，是否符合各自所長？彼此之間可有次第先後？若有依何而定？與維摩詰居士對十大聲聞的問難有何差異？為方便逐一探

【46】平川彰（2002），《印度佛教史》，高雄市：佛光出版社，頁51。

【47】西晉・聶道真譯，《大寶積經-無垢施菩薩應辯會》，《大正藏》冊11，no.310，頁556上。

討，特製表4.3以利說明。

表4.3：八大聲聞舍衛城乞食途中起念與問難對照表

#	名號	擅長	作願	舍衛城祈福對象	無垢施女詰難
1	舍利弗	1智慧	願令城中一切眾生聞四聖諦。p.556b	舍衛城所有有緣無緣眾生	第一義諦詰
2	目犍連	4空行神通	願令城中一切眾生無有魔事。	舍衛城所有有緣無緣眾生	佛菩提無作無分別
3	摩訶迦葉	3知足頭陀	願令城中眾生其施我者。令獲無盡之報乃至泥洹。	舍衛城施我者有緣特定眾生*	三輪體空
4	須菩提	2神足解空	願城中眾生其見我者。以此因緣。令彼眾生天上人中受諸快樂得盡苦際。	舍衛城見我者有緣特定眾生*	無戲論法
5	富樓那彌多羅尼子	5說法	願令城中一切外道梵志尼捷子等悉得正見。	舍衛城一切外道特定眾生*	第一義諦
6	離越	6坐禪	願令城中一切眾生得無諍樂。	舍衛城所有有緣無緣眾生	無為法
7	阿那律	7天眼	願令城中一切眾生識宿業報。	舍衛城所有有緣無緣眾生	壞假名
8	阿難	8多聞	願令城中一切眾生。先所聞法皆悉現前。	舍衛城所有有緣無緣眾生	離文字音聲

此八大聲聞除了第六離越外，其他七位都是佛的主要十大弟子之一。經文中此八聲聞眾均在稱號前冠上「大德」，如「大德舍利弗。大德目犍連。大德摩訶迦葉。大德須菩提。大德富樓那彌多羅尼子。大德離越。大德阿那律。大德阿難。」[48] 也都在「入如是定」中，才爲舍衛城的眾生發各種不同的願。依作願內容來看，八聲聞均依自己所長發願。依作願祈福對象來看，摩訶迦葉只針對城中「施我者眾生」祈福、須菩提只針對城中「見我者眾生」祈福、富樓那只針對城中「一切外道梵志尼揵子」等祈福，此三人只對有緣特定對象祈福，其他五聲聞的祈願對象則包括城內所有有緣無緣眾生。無垢施女訶斥八聲聞眾各各依專長所發的願，仍屬有住相而不究竟，來加以詰難破斥。分述如下：

一、以第一義諦詰難舍利弗有爲智慧

　　《無垢施菩薩應辯會》八大聲聞中的第一位舍利弗，是佛成道後第四年在竹林精舍剃渡的弟子。即將入舍衛城乞食的舍利弗，入定作願「舍衛城一切眾生聞四諦法」，[49] 以開啓智慧。舍利弗此定願包括舍衛城一切有情無情眾生，（見表4.3：詰難問義五經對照表）在舍利弗看來，已無有分別。但無垢施女卻以其所長智慧之有無詰問：「此慧是有爲耶。是無爲耶。若是有爲。虛誑非實法。若是無爲。無爲法者則無有生。無生之法則無有起。以無起故。大

【48】　西晉・聶道真譯，《大寶積經-無垢施菩薩應辯會》，
　　　　《大正藏》冊11，no.310，頁556上。

【49】　西晉・聶道真譯，《大寶積經-無垢施菩薩應辯會》，
　　　　《大正藏》冊11，no.310，頁556中。

德智慧則無所有。」[50]意謂若智慧是有造作,則是虛妄無實;若智慧是無有造作,無有造作之法當然無有生起,若無有生起,則無有智慧可言。因為第一義中無有言說,舍利弗即便默然無語。[51]

《維摩詰經》中,維摩詰居士,呵止十大聲聞眾排序也是第一位的舍利弗:「不於三界現身意,是為宴坐;不起滅定而現諸威儀,是為宴坐;不捨道法而現凡夫事,是為宴坐;心不住內亦不在外,是為宴坐;於諸見不動,而修行三十七品,是為宴坐;不斷煩惱而入涅槃,是為宴坐。若能如是坐者,佛所印可。」[52]

不必盤腿坐是為宴坐。聲聞人宴坐修行,斷六根,入滅盡定,然六根不能永斷,乃暫時停止作用。出定之後,故我依然,不能超出三界輪迴之外,故非究竟。《注維摩詰經》卷2〈3弟子品〉:「肇曰:夫法身之宴坐,形神俱滅,道絕常境,視聽所不及,豈復現身於三界,修意而為定摘哉。」[53]法身大士宴坐,動靜一如,無時不在定中,超越於三界輪迴之外。[54]

【50】西晉‧聶道真譯,《大寶積經-無垢施菩薩應辯會》,《大正藏》冊11,no.310,頁558上。

【51】西晉‧聶道真譯,《大寶積經-無垢施菩薩應辯會》,《大正藏》冊11,no.310,頁558上。

【52】姚秦‧鳩摩羅什譯,《維摩詰所說經》,《大正藏》冊14,no.475,頁539下。

【53】後秦‧僧肇撰,《注維摩詰所說經》,《大正藏》冊38,no.1775,頁344中。

【54】參閱姚秦‧鳩摩羅什譯,《維摩詰所說經》,《大正藏》冊14,no.475,頁539下。

《無垢施菩薩應辯會》與《維摩詰經》兩經中，同是排序第一位的舍利弗被無垢施女與維摩詰問難，主題卻殊異，前者談無為法的智慧，後者談宴坐的禪定。但都是以第一義諦法身來破斥舍利弗住於智慧與耽溺宴坐。

二、以佛菩提無作無分別詰難目犍連分別神足

　　《無垢施菩薩應辯會》中，八大聲聞中的第二位目犍連，亦是佛成道後第四年與舍利弗一起在竹林精舍剃渡的弟子。即將入舍衛城乞食的目犍連，入定作願「舍衛城中一切眾生無有魔事。」[55]目犍連此定願包括舍衛城一切有情無情眾生，在目犍連看來，對於祈禱對象亦已無有分別。但無垢施女仍以其所長乘神足時，為眾生想或為作法想詰問：「若住眾生想者，眾生是因緣和合無實體，彼神足亦無實。若住在法想，法無變異。若無變異則無所得，若無所得則無分別神足。因為佛菩提無作無分別，當然不可言說。」[56]目犍連馬上默然無語。

　　《維摩詰經》中維摩詰居士訶止，十大聲聞眾排序也是第二位的目犍連：「為白衣居士說法，不當如仁者所說。夫說法者，當如法說。法無眾生，離眾生垢故；法無有我，離我垢故；法無壽命，離生死故；……法無增損。法無生滅。法無所歸。……法無高下；……法常住不動。……法相如是豈可說乎。夫說法者無說無

【55】西晉・聶道真譯，《大寶積經-無垢施菩薩應辯會》，《大正藏》冊11，no.310，頁556中。

【56】西晉・聶道真譯，《大寶積經-無垢施菩薩應辯會》，《大正藏》冊11，no.310，頁558上。

示。其聽法者無聞無得。譬如幻士為幻人說法當建是意而為說法。當了眾生根有有利鈍。善於知見無所罣礙。……」[57]維摩詰居士訶止目犍連,對大乘根機的白衣,不當為他們說小乘法。聲聞乘說有苦可離,有煩惱業可斷,有滅可證,有道可修。大乘知無苦集滅道,以四諦無性、空、無生、不可得,即諸法如義。[58]既然法相如此,豈可說呢?

《無垢施菩薩應辯會》與《維摩詰經》兩經中,同是聲聞眾中排序第二位的舍利弗被無垢施女與維摩詰問難,前者呵止其專長神足通,後者卻從其說法來破斥,但兩者都在教導超越世間與出世間法,並對此二者不作分別。

三、以三輪體空詰難摩訶迦葉知足受施必報

《無垢施菩薩應辯會》八大聲聞中的第三位摩訶迦葉,是佛成道後四年在王舍城剃渡的弟子。即將入舍衛城乞食的摩訶迦葉,入定作願「願令舍衛城中眾生其施我者。令獲無盡之報乃至泥洹。」[59]摩訶迦葉發此定願,只針對舍衛城布施與他的特定眾生。因此,無垢施女以其擅長的頭陀行,詰問摩訶迦葉「受施回報時,是以身回報或以心回報?若以身報,身性是無記,好比草木

【57】姚秦・鳩摩羅什譯,《維摩詰所說經》,《大正藏》冊14,no.475,頁539下。

【58】釋智諭(1988),《維摩詰所說經句解》,台北:西蓮淨苑,頁47。

【59】西晉・聶道真譯,《大寶積經-無垢施菩薩應辯會》,《大正藏》冊11,no.310,頁556中。

牆壁瓦礫等，是故不能必報施恩。若以心報，心念念不停，也不能報。若除去身心則無有造作法可言，若無有造作法有誰能報恩者？」[60] 因爲法的真際不可以言宣答，使得摩訶迦葉啞口無言，無以應對。

《維摩詰經》十大聲聞眾中也是排序第三位的大迦葉，常學佛慈悲濟世，因念貧苦之人，皆因前世少行布施所致。爲令貧人種福故，於是乞食時，捨富乞貧。維摩詰居士責難他：「有慈悲心而不普。捨豪富從貧乞。迦葉。住平等心，應次行乞。」[61] 迦葉捨富乞貧，心有所偏，有慈悲心而不能普遍。

《無垢施菩薩應辯會》與《維摩詰經》兩經中，同是排序第三位的大迦葉遭詰難，前者無垢施女責難其頭陀知足行對受施必報的執著，後者維摩詰斥責其乞食有分別心，但兩者都在教導諸法如幻相、無自性、無他性。

四、以無戲論法詰難須菩提執著無諍空行

《無垢施菩薩應辯會》八大聲聞中的第四位須菩提，入定作願「願城中眾生其見我者。以此因緣。令彼眾生天上人中受諸快樂得盡苦際。」[62] 須菩提的定願，只限舍衛城中見到須菩提的特定眾

【60】西晉・聶道真譯，《大寶積經-無垢施菩薩應辯會》，《大正藏》冊11，no.310，頁558上。

【61】姚秦・鳩摩羅什譯，《維摩詰所說經》，《大正藏》冊14，no.475，頁540上。

【62】西晉・聶道真譯，《大寶積經-無垢施菩薩應辯會》，《大正藏》冊11，no.310，頁556中。

生，是有分別的。故無垢施女特以其無諍人中最為第一的專長來詰難。「此無諍行，入有自性或入真如性？若入真如性，則無有生滅相，若無有生滅相，則是平等的真如，若是平等的真如，則無有造作。若是無有造作則無有言說，若無言說則不可思議，若不可思議則不可宣表。此無諍行，若是有性，有性是因緣法無實體是虛誑，若見虛誑，非聖者所行。」[63]上述無垢施女一味的否定，馬上令須菩提默然無以答辯，並且瞭解若有言說則生過患，法性無說才是無諍行。

　　《維摩詰經》中維摩詰居士責難，十大聲聞眾中排序也是第四位的須菩提：自恃解空入法，逕至其第乞食，然雖解空理，未得平等之旨。諸法平等，於食亦等。以平等心乞食，乃可取食。[64]

　　《無垢施菩薩應辯會》與《維摩詰經》兩經中，同是聲聞眾中排序第四位的須菩提，遭無垢施女與維摩詰詰難，前者責難其住於無諍空行，後者斥責其未以平等心乞食，與大迦葉有分別心的乞食相似。但兩經對須菩提的訶斥，都在教導雖成就一切法，而離諸法相，乃可取食。[65]

【63】西晉・聶道真譯，《大寶積經-無垢施菩薩應辯會》，《大正藏》冊11，no.310，頁558中。

【64】參閱姚秦・鳩摩羅什譯，《維摩詰所說經》，《大正藏》冊14，no.475，頁540中。釋智諭（1988），《維摩詰所說經句解》，頁52。

【65】釋智諭（1988），《維摩詰所說經句解》，頁54。

五、以第一義諦詰難富樓那說法有無境界法

　　《無垢施菩薩應辯會》中,八大聲聞中的第五位富樓那,入定作願「願令城中一切外道梵志尼揵子等悉得正見。」[66]富樓那有分別的定願,只接引舍衛城特定外道眾生,令得正見。故無垢施女特以其說法人中最為第一的專長來詰難如下:「若說法時,有境界法或無境界法?若說有境界法,則等同凡夫,因為凡夫說有境界法。若無境界則無所有,若無所有,如何有說法人中最為第一?」[67]因為無垢施女不問有為法,而是問第一義,第一義中無有言說,所以無理可答。富樓那即便默然。[68]

　　《維摩詰經》中維摩詰居士訶責,十大聲聞眾中排序也是第五位的富樓那:雖說法第一,卻需先入定觀此人心,然後說法。然而大乘人法身以上者,無時不在定中,直接便知聞法者根基。聲聞乘人入定觀察方知,不入定觀察則不知。[69]此則相應於《無垢施菩薩應辯會》的八大聲聞需先入定才可作願。而八大菩薩無需入定,念念都是。

　　《無垢施菩薩應辯會》與《維摩詰經》兩經中,無垢施女與維摩詰,同詰難聲聞中排序第五位的富樓那,說法無法善觀根基,住

【66】西晉・聶道真譯,《大寶積經-無垢施菩薩應辯會》,
　　　《大正藏》冊11,no.310,頁556中。

【67】西晉・聶道真譯,《大寶積經-無垢施菩薩應辯會》,
　　　《大正藏》冊11,no.310,頁558中。

【68】西晉・聶道真譯,《大寶積經-無垢施菩薩應辯會》,
　　　《大正藏》冊11,no.310,頁558中。

【69】釋智諭(1988),《維摩詰所說經句解》,頁52。

於無諍行，教大乘根基小乘法。【70】

六、以無爲法詰難離越住於無諍樂

　　《無垢施菩薩應辯會》中，八大聲聞中的第六位離越（即離婆多入定作願「願令城中一切得無諍樂。」【71】離越此定願包括舍衛城一切有情無情眾生，在離越看來，已包括城中所有有情無情眾生，沒有分別了。但無垢施女仍以其所長行禪第一的相關議題來詰難如下：「行禪時，是依有心還是無心行禪？若依心入禪，心念念相續幻化不實，則此定亦是幻化不實。若無心入禪，則所有身外萬法草木枝葉花果等亦應得禪，因為兩者皆無心故。」【72】無垢施女以諸佛行處問難，使得聲聞離越默然無語，無法回應。此時無垢施女繼續追問離越：「佛法與聲聞法有無差異？若有差異，則無為就有二了。諸賢聖皆行無為法，而無為法是無有生，若無有生則是無二，若是無二則是真如實際，真如實際是無二，怎可說無垢施說佛行處呢？」【73】離越更是默然無語。

　　《維摩詰經》中維摩詰居士訶責的十大聲聞，對照《無垢施菩薩應辯會》無垢施女問難的八大聲聞弟子中，獨缺第六位坐禪第一

【70】釋智諭（1988），《維摩詰所說經句解》，頁59。

【71】西晉・聶道真譯，《大寶積經-無垢施菩薩應辯會》，《大正藏》冊11，no.310，頁556中。

【72】西晉・聶道真譯，《大寶積經-無垢施菩薩應辯會》，《大正藏》冊11，no.310，頁558下。

【73】西晉・聶道真譯，《大寶積經-無垢施菩薩應辯會》，《大正藏》冊11，no.310，頁558下。

的離越，被敷演法第一的迦旃延所取代。論議第一的迦旃延，演繹佛所說法時，不知佛說法有二。一以第一義諦說，一以世俗諦說。以第一義諦說時，乃無所住而生心；以世俗諦說，乃不取於相如如不動。故雖說無常苦空無我，雖說寂滅不動，然總一真法界。故說有為無為都是實。但迦旃延卻取無常苦空無我，與涅槃寂滅相做解，[74]以致迦旃延被維摩詰呵責：「無以生滅心行，說實相法。迦旃延！諸法畢竟不生不滅，是無常義；五受陰，洞達空無所起，是苦義；諸法究竟無所有，是空義；於我、無我而不二，是無我義；法本不然，今則無滅，是寂滅義。」[75]

七、以壞假名詰難阿那律住於天眼見

　　《無垢施菩薩應辯會》中，八大聲聞中的第七位阿那律，是佛成道後第三年，從南方的摩揭陀國回到故鄉迦毘羅衛國，在阿劣林剃渡的弟子。[76]即將入舍衛城乞食的途中，阿那律入定作願「願令城中一切眾生識宿業報。」[77]為破斥阿那律住於天眼所見，無垢施女欲壞「天眼」假名而質問道：「以天眼所見，是有物或

<hr />

【74】姚秦‧鳩摩羅什譯，《維摩詰所說經》，《大正藏》冊
　　　14，no.475，頁541上。參閱釋智諭（1988），《維摩詰
　　　所說經句解》，頁60-61。

【75】姚秦‧鳩摩羅什譯，《維摩詰所說經》，《大正藏》冊
　　　14，no.475，頁541上。

【76】星雲（1998），《十大弟子傳》，台北：佛光出版社，頁
　　　277。

【77】西晉‧聶道真譯，《大寶積經-無垢施菩薩應辯會》，
　　　《大正藏》冊11，no.310，頁556中。

無物？若見有物則為見常，若見無物則為見斷，若離二邊則為無見。」[78]阿那律無法以假名回答，頓時默然。

　　《維摩詰經》中維摩詰居士訶責，十大聲聞眾中排序也是第七位的阿那律：「雖天眼第一，卻執相而求，見起止生滅，遠近粗等相。不知相由緣生，緣生無性，無性空寂，空寂則無相。」[79]如《金剛經》所云：「凡所有相，皆是虛妄。」[80]

　　《無垢施菩薩應辯會》與《維摩詰經》兩經中，無垢施女與維摩詰，一致詰難聲聞中排序第七位的阿那律，雖天眼第一，卻執相而求之過。

八、以離文字音聲詰難阿難住於多聞第一

　　《無垢施菩薩應辯會》中，八大聲聞中的第八位阿難，是佛成道後第五年，從南方的摩揭陀國回到故鄉迦毘羅衛國，在阿劣林剃渡的弟子。即將入舍衛城乞食的途中，阿難入定作願「願令城中一切眾生。先所聞法皆悉現前。」[81]無垢施女為破除阿難對多聞第一的法執，質問道：「此多聞法，是有實義或是文字？若是實義，義不可說。若不可說法，則非耳識所識知，若非耳識所知，也是不

【78】西晉・竺道真譯，《大寶積經-無垢施菩薩應辯會》，《大正藏》冊11，no.310，頁558下。

【79】釋智諭（1988），《維摩詰所說經句解》，頁63。

【80】姚秦・鳩摩羅什譯，《金剛般若波羅蜜經》，《大正藏》冊8，no.235，頁749上。

【81】西晉・竺道真譯，《大寶積經-無垢施菩薩應辯會》，《大正藏》冊11，no.310，頁556中。

可說。若以文字，世尊說言依於了義不依文字。因此，亦非多聞亦非了義。」[82] 阿難即便默然，因為無垢施女所問多聞離於文字，無法以音聲而答。

　　對照《維摩詰經》中被維摩詰訶責的十大聲聞眾，與《無垢施菩薩應辯會》被無垢施女問難的八大聲聞弟子，其中的第八位非同為阿難，而是持律第一的優婆離。維摩詰訶責優婆離：「無重增此二比丘罪！當直除滅，勿擾其心。所以者何？彼罪性不在內、不在外、不在中間，如佛所說，心垢故眾生垢，心淨故眾生淨。心亦不在內、不在外、不在中間，如其心然，罪垢亦然，諸法亦然，不出於如。」[83] 茲因二比丘犯律自恥，不敢問佛，來問優婆離。優婆離不了罪業係因緣所生法，其性本空，[84] 以致被維摩詰訶責。

　　《維摩詰經》中維摩詰居士訶責的十大聲聞，除了相應上述《無垢施菩薩應辯會》提到的佛八大聲聞弟子外，另加了第九密行聞名的羅睺羅，與第十侍佛的阿難。維摩詰居士責難羅睺羅，以有量有限說於出家功德，應知無利無功德才算是出家。因為有為法者，可說有利有功德，而出家為無為法，無為法中是無利無功德。[85] 在《無垢施菩薩應辯會》八大聲聞中，未見羅睺羅。

【82】西晉・聶道真譯，《大寶積經-無垢施菩薩應辯會》，
　　　《大正藏》冊11，no.310，頁558下。

【83】姚秦・鳩摩羅什譯，《金剛般若波羅蜜經》，《大正藏》
　　　冊8，no.235，頁749上

【84】釋智諭（1988），《維摩詰所說經句解》，頁66。

【85】參閱姚秦・鳩摩羅什譯，《維摩詰所說經》，《大正藏》
　　　冊14，no.475，頁541下。釋智諭（1988），《維摩詰所
　　　說經句解》，頁70。

維摩詰居士另呵止阿難：雖多聞第一常侍佛側，儘管持佛法藏，卻只知取相，不能分別二諦。世尊為示現度生，現身有疾，阿難卻以為世尊身實有疾，乃晨朝乞乳，致受譏呵。[86] 在《無垢施菩薩應辯會》中，阿難排序八大聲聞中的第八位。無垢施女詰難阿難，雖多聞第一，卻執文字與了義相。[87]《維摩詰經》中維摩詰則斥責阿難虛妄，不知諸佛法身，已離生老病死。[88] 兩經都在呵止阿難住有為法上，未識假名施設、無有生滅的無為法。

上述無垢施女對八聲聞眾的問難，無垢施女主要採用雙面否定，破一切自性來完成論證空義，得到一切法空的結果。如雙面否定舍利弗「智慧有無造作」、目犍連「神足為眾生想或為作法想」、摩訶迦葉「受施有無身心報」、須菩提「無諍行有無自性」、富樓那「說法有無境界」、離越「行禪有無心」、阿那律「天眼有無見物」、與阿難「聞法有無實義」。此兩難，在哲學邏輯上稱為雙關推理式（dilemma），又稱為雙刀論證法（two-hornedsyllogism）。是後來龍樹菩薩辯證《中論》八不的主要方法。[89]

【86】參閱姚秦・鳩摩羅什譯，《維摩詰所說經》，《大正藏》
　　　冊14，no.475，頁542上。釋智諭（1988），《維摩詰所
　　　說經句解》，頁74。

【87】西晉・聶道真譯，《大寶積經-無垢施菩薩應辯會》，
　　　《大正藏》冊11，no.310，頁558下。

【88】參閱釋智諭（1988），《維摩詰所說經句解》，頁74。

【89】陳學仁（2000），《龍樹菩薩八不思想探究》，台北：佛
　　　光出版社，頁304-305。

無垢施女對八聲聞眾的問難是在同一時空進行，先後問難次序有起承轉合的承續作用，當第一位舍利弗被無垢施女問難而啞口無言時，第二位目犍連即對舍利弗提建言，之後即輪到目犍連被無垢施女質問。當第二位目犍連被問難而啞口無言時，第三位摩訶迦葉即對目犍連提建言，之後即輪到摩訶迦葉被無垢施女詰問。依此類推至第八位阿難被無垢施女問難而啞口無言時，就升級到菩薩眾文殊師利菩薩來串場。《維摩詰經》對十聲聞眾的問難則是在不同時空進行，所以沒有像上述無垢施女問難聲聞眾的起承轉合。接著即是無垢施女對八大菩薩的問難，分述如下。

第四節　問難八大菩薩

　　無垢施女問難時間，正逢前述舍利弗等八大聲聞弟子，與文殊師利菩薩、無癡見菩薩、寶相菩薩、離惡趣菩薩、除諸蓋菩薩、觀世音菩薩、辯嚴菩薩、無癡行菩薩等八大菩薩，於清晨執持衣鉢，欲入舍衛城乞食的途中。八大菩薩亦各依自己修行所長，作念護諸舍衛城中眾生。此八大菩薩眾的作念，彼此之間亦可有次第先後？若有依何而定？上述八大聲聞弟子與八大菩薩眾之間有何差異？八大菩薩眾的問難與三十二位菩薩和維摩詰居士間的對話又有何差異？為方便逐一探討，特製表4.4以利說明。

表4.4：八大菩薩舍衛城乞食途中起念明細表

#	菩薩稱號	作是念言	舍衛城祈福對象
1	文殊師利法王子	我當令舍衛城中一切門戶窗牖牆壁器物樹木枝葉花果衣服瓔珞。皆令出空無相無願。無所有無我。無戲論。無性之聲。	舍衛城一切無情識眾生
2	無癡見菩薩	我當令舍衛城中若有眾生應得阿耨多羅三藐三菩提者。其所見物皆是如來像。又令決定於阿耨多羅三藐三菩提。	舍衛城應得阿耨多羅三藐三菩提特定眾生
3	寶相菩薩	我當令舍衛城中一切族姓室宅之中。寶藏勇出具諸七寶。	舍衛城一切族姓室宅之中
4	離惡趣菩薩	我當令舍衛城中若有眾生應墮惡趣者。盡使現世輕受速脫苦惱。	舍衛城應墮惡趣特定眾生
5	除諸蓋菩薩	我當令舍衛城中眾生盡除五蓋。	舍衛城一切有緣無緣眾生
6	觀世音菩薩	我當令舍衛城中眾生牢獄繫閉速得解脫。臨當死者即得濟命。恐怖之者即得無畏。	舍衛城牢獄繫閉、臨當死者與恐怖者等特定眾生
7	辯嚴菩薩	我當令舍衛城中眾生其見我者皆得辭辯。以諸妙偈互相問答。	我初發菩提心時，舍衛城見我者特定眾生
8	無癡行菩薩	我當令舍衛城中若有眾生其見我者得無癡見。決定於阿耨多羅三藐三菩提。如是等八大菩薩及八大聲聞。共論上事。遂至舍衛城門。	舍衛城見我者特定眾生

上述八大聲聞眾均在稱號前冠上「大德」；八大菩薩眾則在稱謂後都尊稱爲「菩薩」。再者，八大聲聞眾均在入定之後，才爲舍衛城一切眾生發各種不同的願；而八大菩薩眾只要作念即能爲舍衛城一切眾生發各種不同的願。此外，無垢施女問難八大聲聞弟子，幾乎是無垢施女單向的問難說法，八聲聞眾都是默然，無言以對；然而，無垢施女與八大菩薩眾的詰難，卻是一來一往的辯論與對話。分述如下：

一、詰難文殊師利菩薩深解第一

　　《無垢施菩薩應辯會》菩薩品第三，八大菩薩的第一位文殊師利菩薩作是念言：「我當令舍衛城中一切門戶窗牖牆壁器物樹木枝葉花果衣服瓔珞。皆令出空無相無願。無所有無我。無戲論。無性之聲。」[90] 此處文殊師利菩薩作念，舍衛城一切門窗等無情識眾生，都是無相、無願、無我、無戲論、與無性的空。此時，無垢施女針對文殊師利菩薩深解第一的特長啓問，引發了彼此之間如下的一段對話。

　　首先，無垢施女問文殊師利言：「十二因緣深是深嗎？若以十二因緣深爲深。無有眾生成十二因緣深者。所以者何。以十二因緣無來無去故。非眼識所知。非耳鼻舌身意識所知。此中十二因緣非是行法。若以真深爲深。真深則非深。亦無得真深者。」文殊師利答無垢施女有開始才有深，如經云：「以始際深故深。」

　　無垢施女問文殊師利言：「始際則非際。是故汝知亦非知。」

【90】西晉・聶道真譯，《大寶積經-無垢施菩薩應辯會》，《大正藏》冊11，no.310，頁556中。

意即開始則非開始，所以你所知的也非真知。文殊師利答無垢施女言：「以無知得無得故，言始際耳。」

　　無垢施女問文殊師利言：「無得之中無有言分。過言語道無有所說。」文殊師利答無垢施女言：「說假文字說耳。」無垢施女語文殊師利言：「諸佛菩提過字句言說。是故菩提則不可說。」[91]

　　無垢施女透過十二因緣深、始際、知得、言說，到諸佛菩提不可說，逐步破斥否定，來證成所謂菩薩深解第一義。《維摩詰經》〈入不二法門品〉第九，維摩詰問三十二位菩薩，各言入不二法門，以驗其修證。其中之第三十二位同樣是文殊師利菩薩所言：「如我意者，於一切法無言無說，無示無識，離諸問答，是為入不二法門。」[92]旨謂諸法實相無相，離一切相即一切法。於一切法無言無說，無示無識，離諸問答，為入不二法門，略可與之互相呼應。

　　文殊師利菩薩以世間有相法發願，故有能令舍衛城中應得阿耨多羅三藐三菩提者，其所見物皆是如來像，又令決定於阿耨多羅三藐三菩提。而無垢施女與《維摩詰經》中的文殊師利菩薩本人，卻談得都還是世間法。世間法有相有量有限而不究竟，故在《無垢施菩薩應辯會》文殊師利菩薩遭到無垢施女問難。

【91】西晉・聶道真譯，《大寶積經-無垢施菩薩應辯會》，《大正藏》冊11，no.310，頁559上。

【92】姚秦・鳩摩羅什譯，《維摩詰所說經》，《大正藏》冊14，no.475，頁551下。

二、以無性法詰難無癡見菩薩無癡見

《無垢施菩薩應辯會》菩薩品第三，八大菩薩的第二位無癡見菩薩作是念言：「我當令舍衛城中若有眾生應得阿耨多羅三藐三菩提者，其所見物皆是如來像，又令決定於阿耨多羅三藐三菩提。」[93]無癡見菩薩作此念，僅針對舍衛城中應得阿耨多羅三藐三菩提的特定眾生。

此時，無垢施女謂無癡見菩薩言：「舍衛城中應得阿耨多羅三藐三菩提者。其所見物盡是如來像。又令決定於阿耨多羅三藐三菩提。若見如來時。是觀佛色身或法身？若以色身觀者則不見佛，如世尊所說。『若見我色身聞我音聲者，彼人邊見非為見我。』若觀法身是不可見佛的，因為法身離見聞不可取。」[94]時無癡見菩薩即便默然不答，因為無垢施女所問無性法是不可說。既不可說，又如何回答。無垢施女接著言：「我不問無性法，因為無性法不可問。但已學過而答則無有礙。」[95]此處「已學過無性法而答則無有礙」，是善巧方便。

無癡見菩薩被無垢施女呵責內容與《維摩詰經》〈入不二法門品〉第九的第二十三位無礙菩薩「身身滅不二」，與第二十六位華

【93】西晉・聶道真譯，《大寶積經‐無垢施菩薩應辯會》，《大正藏》冊11，no.310，頁556中。

【94】西晉・聶道真譯，《大寶積經‐無垢施菩薩應辯會》，《大正藏》冊11，no.310，頁559中。

【95】西晉・聶道真譯，《大寶積經‐無垢施菩薩應辯會》，《大正藏》冊11，no.310，頁559中。

嚴菩薩「見我實相者不起二法」相應。[96] 前者正如《維摩詰所說經句解》所釋「身是五受陰，是生死，身滅是涅槃。然五陰皆空即是涅槃，故說身即是身滅。身實相無相，諸法無相，故不起見身及見滅身。所以身與滅身，無二無分別，為入不二法門。旨謂諸法實相無相，離一切相即一切法。於一切法無言無說，無示無識，離諸問答，為入不二法門。」[97] 後者華嚴菩薩「見我實相者不起二法」，謂因我而有我所，我我所為二。見我實相者見我無相。無我則無我所，既無能識之我，亦無所識之我所，故不住二法。[98]

　　無癡見菩薩以世間有相法發願，故有能令舍衛城中若有眾生應得阿耨多羅三藐三菩提者，其所見物皆是如來像，又令決定於阿耨多羅三藐三菩提。而無垢施女與《維摩詰經》中的華嚴菩薩，以及無盡意菩薩談得都是世間法，世間法有相有量有限而不究竟，故被問難。

三、詰難寶相菩薩染著的施寶之心

　　《無垢施菩薩應辯會》菩薩品第三，八大菩薩的第三位寶相菩薩作是念言：「我當令舍衛城中一切族姓室宅之中，寶藏勇出具諸七寶。」[99] 寶相菩薩作念及舍衛城一切族姓室宅之中的寶藏湧出

【96】姚秦・鳩摩羅什譯，《維摩詰所說經》，《大正藏》冊14，no.475，頁551下。

【97】釋智諭（1988），《維摩詰所說經句解》，頁182。

【98】釋智諭（1988），《維摩詰所說經句解》，頁183。

【99】西晉・聶道真譯，《大寶積經-無垢施菩薩應辯會》，《大正藏》冊11，no.310，頁556中。

都能具諸七寶。此時無垢施女啓問寶相菩薩：「施寶之心是有染著或無染著？若有染著，則與凡愚同。若無愛著，無愛著中無有施寶。」【100】無垢施女以兩難的論證方式，即「有染著」與「無染著」正反兩面，來證此兩面都有困難，【101】藉以破除寶相菩薩施寶之心是有染著或無染著，令寶相菩薩頓時默然無語。

寶相菩薩染著的施寶之心略可對應《維摩詰經》第九〈入不二法門品〉的第二十位無盡意菩薩「布施回向不二」，如經云：「布施迴向一切智為二。布施性即是迴向一切智性。如是持戒忍辱精進禪定智慧，迴向一切智為二。智慧性即是迴向一切智性。於其中入一相者，是為入不二法門。」【102】布施持戒忍辱精進禪定智慧，六波羅蜜為因，迴向一切智為果。淺觀因果似是二，畢及見性則知因果一相，如一水成千波，千波是一水，無有水外波，亦無波外水。如是知如是證者，為入不二法門。【103】

寶相菩薩以世間有相法發願，故有能令舍衛城中一切族姓室宅之中，寶藏湧出具諸七寶。而無垢施女與《維摩詰經》中的無盡意菩薩談得都還是世間法，世間法有相有量有限而不究竟，故被責難。

【100】西晉・聶道真譯，《大寶積經-無垢施菩薩應辯會》，《大正藏》冊11，no.310，頁559中。

【101】陳學仁（2000），《龍樹菩薩八不思想探究》，頁304-305。

【102】姚秦・鳩摩羅什譯，《維摩詰所說經》，《大正藏》冊14，no.475，頁551下。

【103】釋智諭（1988），《維摩詰所說經句解》，頁183。

四、詰難離惡趣菩薩惡業之輕受速斷

《無垢施菩薩應辯會》菩薩品第三，八大菩薩的第四位離惡趣菩薩作是念言：「我當令舍衛城中若有眾生應墮惡趣者。盡使現世輕受速脫苦惱。」[104]離惡趣菩薩作念對象，專指舍衛城應墮惡趣特定眾生，都能令他們所造惡業，於現世即能重報輕受，儘速脫離苦惱。此時，無垢施女謂離惡趣菩薩：「如來說業不可思議，此不可思議業可速斷耶？若可斷者，則違如來所說。若不知云何而能輕受速斷，若能斷者，於無法中汝則是主，若能斷者亦當能不斷。」離惡趣菩薩答無垢施女言：「我以願力故能令輕受速斷。」無垢施女問離惡趣菩薩言：「善男子！諸法如性，不可以願力而受。」時離惡趣菩薩即便默然。[105]此處無垢施女破斥離惡趣菩薩，住於能令舍衛城中若有眾生應墮惡趣者，盡使現世輕受速脫苦惱。

《維摩詰經》〈入不二法門品〉第九的第二十五位福田菩薩「福行罪行不動行為二」，指福行欲界善行，會得三塗苦報的十惡業，與色界無色界的不動行，都是空無自性，在此三行不生執著，就是入不二法門。[106]與離惡趣菩薩惡業之輕受速斷論議內容較相

【104】西晉・聶道真譯，《大寶積經-無垢施菩薩應辯會》，《大正藏》冊11，no.310，頁556中。

【105】西晉・聶道真譯，《大寶積經-無垢施菩薩應辯會》，《大正藏》冊11，no.310，頁559中。

【106】姚秦・鳩摩羅什譯，《維摩詰所說經》，《大正藏》冊14，no.475，頁551中。釋智諭（1988），《維摩詰所說經句解》，頁183。

符。另外第八位弗沙菩薩「善不善爲二」，謂若能通達善與不善，皆緣生無自性，而無性則無相，則爲入不二法門。第九位師子意菩薩「罪福爲二」亦謂罪福皆緣生無自性，故罪福二性無異。而金剛慧瞭實相無相，所以無縛無解。[107] 略有相涉，都有談及造業不善罪行等。

　　離惡趣菩薩以世間有相法發願，故有能令舍衛城中眾生應墮惡趣者，盡使現世輕受速脫苦惱。而無垢施女與《維摩詰經》中的福田菩薩、弗沙菩薩以及師子意菩薩講得都還是世間法，世間法有相有量有限而不究竟，故被破斥。

五、詰難除諸蓋菩薩爲眾生盡除五蓋

　　《無垢施菩薩應辯會》菩薩品第三，八大菩薩的第五位除諸蓋菩薩作是念言：「我當令舍衛城中眾生盡除五蓋。」[108] 除諸蓋菩薩作念，舍衛城一切有緣無緣眾生盡除五蓋。此時，無垢施女謂除諸蓋菩薩「汝作是念：入是定已能令眾生不為五蓋所覆。於此定中是自己得自在或他人得自在？若是自己自在，沒有理由利及他人。一切諸法沒有利及他人者，為何你入禪定可以除去別人的五蓋呢？若是他人得自在，則不能利益於他自己。」除諸蓋菩薩答無垢施女言：「此行以慈為首。」無垢施女問除諸蓋菩薩言：「諸佛皆

【107】姚秦・鳩摩羅什譯，《維摩詰所說經》，《大正藏》冊14，no.475，頁550下。釋智諭（1988），《維摩詰所說經句解》，頁178。

【108】西晉・聶道真譯，《大寶積經-無垢施菩薩應辯會》，《大正藏》冊11，no.310，頁556中。

行慈行。善男子！巨有佛因眾生不以五蓋為患者也。」除諸蓋菩薩即便默然。【109】

　　此處無垢施女破斥除諸蓋菩薩，住於能令舍衛城中眾生盡除五蓋。無垢施女破斥的理由，與《維摩詰經》〈入不二法門品〉第九的第三位不眴菩薩「受不受為二」較相應。經云：「受、不受為二。若法不受，則不可得；以不可得，故無取無捨、無作無行，是為入不二法門。」【110】因為受是因緣生，如眼受，賴根塵識和合才有受，無受和合亦不應有受。有受既不可得，無受焉可得？以不可得故，故無取無捨無作無行，是為入不二法門。【111】

　　此外，除諸蓋菩薩仍見有五蓋的垢淨相之分，故無垢施女呵責之。此點相應於《維摩詰經》〈入不二法門品〉第九的第四位德頂菩薩「垢淨為二」，經云：「德頂菩薩曰：「垢、淨為二。見垢實性，則無淨相，順於滅相，是為入不二法門。」【112】殊不知見垢之實性是無性，「見」無實性，則不能見垢見淨。不見垢相不見淨相，即順於無相，是為入不二法門。【113】除諸蓋菩薩以世間有相法發願，故有能令舍衛城中眾生盡除五蓋。而無垢施女與《維摩詰

【109】西晉・聶道真譯，《大寶積經－無垢施菩薩應辯會》，《大正藏》冊11，no.310，頁559中。

【110】姚秦・鳩摩羅什譯，《維摩詰所說經》，《大正藏》冊14，no.475，頁550下。

【111】釋智諭（1988），《維摩詰所說經句解》，頁176。

【112】姚秦・鳩摩羅什譯，《維摩詰所說經》，《大正藏》冊14，no.475，頁550下。

【113】釋智諭（1988），《維摩詰所說經句解》，頁176。

經》中的德頂菩薩講得都還是世間法，世間法有相有量有限而不究竟，故被破斥。

六、詰難觀世音菩薩無施法中焉有所除

《無垢施菩薩應辯會》菩薩品第三，八大菩薩的第六位觀世音菩薩作是念言：「我當令舍衛城中眾生牢獄繫閉速得解脫。臨當死者即得濟命。恐怖之者即得無畏。」[114] 在此觀世音菩薩作念拯救舍衛城牢獄繫閉特定眾生。

此時，無垢施女謂觀世音菩薩：「善男子。汝言我當作是念。願令舍衛城中眾生牢獄繫閉速得解脫。臨當死者即得濟命。恐怖之者即得無畏。夫言畏者。是有取耶無取耶。若是有取者。凡愚之人亦復有取。是故不然。若是無取則無所施。無施法中何得有除。」觀世音菩薩即便默然。此女不問生滅法。是故不可答。

無垢施女問觀世音菩薩言：「叵有是無生無滅問耶。」觀世音答無垢施女曰：「無生無滅中乃無文字言說。」無垢施女問觀世音言：「諸智慧者。於無文字假說文字。然不著文字法性無礙。是故慧者不礙文字。」[115]

此處無垢施女破斥觀世音菩薩，住於能令舍衛城中眾生牢獄繫閉速得解脫，臨當死者即得濟命，恐怖之者即得無畏。無垢施女破斥的理由，與《維摩詰經》〈入不二法門品〉第九的第一位法自在

【114】西晉‧聶道真譯，《大寶積經-無垢施菩薩應辯會》，《大正藏》冊11，no.310，頁556下。

【115】西晉‧聶道真譯，《大寶積經-無垢施菩薩應辯會》，《大正藏》冊11，no.310，頁559下。

菩薩「生滅為二」相應。經云：「諸仁者！生滅為二。法本不生，今則無滅，得此無生法忍，是為入不二法門。」[116]生是因緣生，因緣生則無自性，無自性是即無生。有生故有滅，既然無生云何有滅？如是證者即得無生法忍，是為入不二法門。[117]並與第十三位善意菩薩「生死涅槃為二」相應。經云：「生死、涅槃為二。若見生死性，則無生死，無縛無解，不生不滅，如是解者，是為入不二法門。」[118]生死無性，即是涅槃，涅槃隨緣，復現生死。故無生死亦無涅槃，無縛無解，不生不滅，為入不二法門。[119]觀世音以世間有相法發願，故有能令舍衛城中眾生牢獄繫閉速得解脫，臨當死者即得濟命，恐怖之者即得無畏。而無垢施女與《維摩詰經》中的法自在菩薩，以及善意菩薩講得都還是世間法，世間法有相有量有限而不究竟，故要提昇。

七、詰難辯嚴菩薩見我者皆得辭辯

　　《無垢施菩薩應辯會》菩薩品第三，八大菩薩的第七位辯嚴菩薩作念言：「我當令舍衛城中眾生其見我者皆得辭辯。以諸妙偈

【116】姚秦・鳩摩羅什譯，《維摩詰所說經》，《大正藏》冊 14，no.475，頁550下。

【117】釋智諭（1988），《維摩詰所說經句解》，頁176。

【118】姚秦・鳩摩羅什譯，《維摩詰所說經》，《大正藏》冊 14，no.475，頁551上。

【119】釋智諭（1988），《維摩詰所說經句解》，頁179。

互相問答。」[120] 辯嚴菩薩作念，舍衛城見到辯嚴菩薩的特定眾生，才得以得辯辭無礙，互相以妙偈問答。

此時，無垢施女謂辯嚴菩薩：「善男子！汝此所施辭辯者，是否以覺生起？若以覺生起者，一切有為法皆由覺觀而起，是故非寂靜。若以欲愛生起者，所施辭辯者則虛妄不實。」辯嚴菩薩答無垢施女言：「此是我初發菩提心時，願其見我者皆得辭辯。以諸妙偈互相問答。」時無垢施女問辯嚴菩薩言：「善男子！汝今即有發菩提心願嗎？若即有者則是常見。若今無者不可以施彼。是故所願則虛。」時辯嚴即便默然。[121]

此處無垢施女破斥辯嚴菩薩，住於能令舍衛城中見到辯嚴菩薩的特定眾生，能得辯辭無礙，互相以妙偈問答。無垢施女破斥的理由，與《維摩詰經》〈入不二法門品〉第九的第三十二位文殊師利菩薩「言無言為二」相應。經云：「文殊師利曰。如我意者。於一切法無言無說。無示無識離諸問答是為入不二法門。」[122] 諸法實相無相，離言語相文字相心緣相，離一切相即一切法。故文殊菩薩言，於一切法無言無說，無示無識，離諸問答，是為入不二法門。[123] 因為一切文字語言都是緣生無自性的假名施設，不得真實

【120】西晉・聶道真譯，《大寶積經－無垢施菩薩應辯會》，《大正藏》冊11，no.310，頁556下。

【121】西晉・聶道真譯，《大寶積經－無垢施菩薩應辯會》，《大正藏》冊11，no.310，頁559下。

【122】姚秦・鳩摩羅什譯，《維摩詰所說經》，《大正藏》冊14，no.475，頁551下。

【123】釋智諭（1988），《維摩詰所說經句解》，頁185。

義。

辯嚴菩薩以世間有相法發願，故有能令舍衛城中見過辯嚴菩薩
眾生，皆得辭辯，以諸妙偈互相問答。而無垢施女與《維摩詰經》
中的文殊師利菩薩，講得都還是世間法，世間法有相有量有限而不
究竟，故要超越。

八、詰難無癡行菩薩見我者得無癡見

《無垢施菩薩應辯會》菩薩品第三，八大菩薩的最後一位無
癡行菩薩作是念言：「我當令舍衛城中若有眾生其見我者得無癡
見。決定於阿耨多羅三藐三菩提。」[124] 如是等八大菩薩及八大聲
聞。共論上事。遂至舍衛城門。

此時，無垢施女感知無癡行菩薩發願，令舍衛城中若有眾生見
到無癡行菩薩者，得無癡見，決定成就佛道。特質問無癡行菩薩：
「此菩提是有還是無？若是有者，是有所造作的菩提執於邊見。若
是無者，則是虛妄亦墮邊見。」時無癡見菩薩答無垢施女言：「此
菩提者名之為智。」無垢施女問無癡見菩薩言：「此智名為生或無
生呢？若名為生，則非是善順思惟所生，是有為智凡愚所知。若名
無生，無生中無所有。若無所有則無分別，菩薩聲聞辟支佛諸如來
菩提，無有分別。凡愚之人分別菩提，智慧之人則無分別。」[125]
時無癡見菩薩即便默然。

【124】西晉・聶道真譯，《大寶積經-無垢施菩薩應辯會》，
　　　《大正藏》冊11，no.310，頁556下。

【125】西晉・聶道真譯，《大寶積經-無垢施菩薩應辯會》，
　　　《大正藏》冊11，no.310，頁560上。

無癡見菩薩見有世間法的無癡智慧,來成就佛道。故無垢施女以「智慧是有生或無生?」開啓辯論。無垢施女破斥的理由,與《維摩詰經》〈入不二法門品〉第九的第七位妙臂菩薩「菩薩心聲聞心為二」相應。經云:「菩薩心、聲聞心為二。觀心相空,如幻化者,無菩薩心、無聲聞心,是為入不二法門。」[126]妙臂菩薩以布施得報,手能出種種妙臂。菩薩心、聲聞心皆空,皆如幻如化。以過去心不可得,未來心不可得,現在心不可得,故觀心相空,皆如幻化。是為入不二法門。[127]

　　無癡見菩薩以世間有相法發願,故有能令舍衛城中若有眾生見到無癡行菩薩者,得無癡見,決定成就佛道。而無垢施女與《維摩詰經》中的妙臂菩薩,談得都還是世間法,世間法有相有量有限而不究竟,故要超越。

　　無垢施菩薩問難八大菩薩,與維摩詰問難三十二位菩薩分別在同一時空進行。無垢施菩薩針對八位菩薩的專長提問;但維摩詰居士只要求三十二位菩薩分享「菩薩入不二法門」的觀點。而這三十二位菩薩也全用兩難的雙刀論證法,來證成菩薩不二法門,如表4.5粗字所示:第一位法自在菩薩的「生滅不二」、第二位德守菩薩的「我、我所不二」、第三位不眴菩薩的「受不受不二」、第四位德頂菩薩的「垢淨不二」、第五位善宿菩薩的「動念不二」、第六位善眼菩薩的「一相無相不二」、第七位妙臂菩薩的「菩薩心聲聞心不二」、第八位弗沙菩薩的「善不善不二」、第九位師子菩薩

【126】姚秦・鳩摩羅什譯,《維摩詰所說經》,《大正藏》冊14,no.475,頁550下。

【127】釋智諭(1988),《維摩詰所說經句解》,頁177。

的「罪福不二」、第十位師子意菩薩的「有漏無漏不二」、第十一位淨解菩薩的「有爲無爲不二」、第十二位那羅延菩薩的「世間出世間不二」、第十三位善意菩薩的「生死涅槃不二」、第十四位現見菩薩的「斷常不二」、第十五位普守菩薩的「我無我不二」、第十六位電天菩薩的「明無明不二」、第十七位喜見菩薩的「色色空不二」、第十八位明相菩薩的「種性不二」、第十九位妙意菩薩的「眼根色塵不二」、第二十位無盡意菩薩的「布施迴向不二」、第二十一位深慧菩薩的「有無心意識不二」、第二十二位寂根菩薩的「三寶有性無性所不二」、第二十三位心無礙菩薩的「身身滅不二」、第二十四位上善菩薩的「三業作無作不二」、第二十五位福田菩薩的「福罪不二」、第二十六位華嚴菩薩的「我、我所不二」、第二十七位德藏菩薩的「有無所得相不二」、第二十八位月上菩薩的「闇與明不二」、第二十九位寶印手菩薩的「涅槃世間不二」、第三十位朱頂王菩薩的「正道邪道不二」、第三十一位樂實菩薩的「實不實不二」、與第三十二位文殊師利菩薩的「實相無相不二」。

　　《維摩詰經》中維摩詰居士問難的三十二菩薩眾，對照上述《無垢施菩薩應辯會》論述的八大菩薩，第一位深解第一的文殊師利菩薩，對應第三十二位同樣是文殊師利菩薩的「言無說不二」；第二位無癡見菩薩，對應第二十三位無礙菩薩「身身滅不二」，與第二十六位華嚴菩薩「見我實相者不起二法」；第三位寶相菩薩對應第二十位無盡意菩薩「布施回向不二」；第四位離惡趣菩薩對應第二十五位福田菩薩「福行罪行不動行爲二」、第八位弗沙菩薩「善不善爲二」、與第九位師子意菩薩「罪福爲二」；第五位除諸

蓋菩薩，對應第三位不眴菩薩「受不受爲二」、與第四位德頂菩薩
「垢淨爲二」；第六位觀世音菩薩對應第一位法自在菩薩「生滅爲
二」、與第十三位善意菩薩「生死涅槃爲二」；第七位辯嚴菩薩，
對應第三十二位文殊師利菩薩「言無言爲二」；與第八位無癡行菩
薩，對應第七位妙臂菩薩「菩薩心聲聞心爲二」等。如下表4.5最後
一欄。

表4.5：三十二菩薩答維摩詰「菩薩入不二法門」與無垢施呵八
　　　菩薩對照表

#	菩薩稱號	答辯內容《維摩詰所說經》T14no475pp.550c-551c	對應八菩薩
1	法自在菩薩	生滅為二。法本不生，今則無滅，得此無生法忍，是為入不二法門。（p550c）	6
2	德守菩薩	我、我所為二。因有我故，便有我所；若無有我，則無我所，是為入不二法門。（p550c）	
3	不眴菩薩	受不受為二。若法不受則不可得。以不可得故無取無捨無作無行。是為入不二法門。（p550c）	5
4	德頂菩薩	垢淨為二。見垢實性則無淨相順於滅相。是為入不二法門。（p550c）	5
5	善宿菩薩	是動是念為二。不動則無念。無念則無分別。通達此者。是為入不二法門。（p550c）	
6	善眼菩薩	一相無相為二。若知一相即是無相。亦不取無相入於平等。是為入不二法門。（p550c）	
7	妙臂菩薩	菩薩心聲聞心為二。觀心相空如幻化者。無菩薩心無聲聞心。是為入不二法門。（p550c）	8

8	弗沙菩薩	善不善為二。若不起善不善。入無相際而通達者。是為入不二法門。（p550c）	4
9	師子菩薩	罪福為二。若達罪性則與福無異。以金剛慧決了此相無縛無解者。是為入不二法門。（p550c）	4
10	師子意菩薩	有漏無漏為二。若得諸法等則不起漏不漏想不著於相亦不住無相。是為入不二法門。（p550c）	
11	淨解菩薩	有為無為為二。若離一切數則心如虛空。以清淨慧無所礙者。是為入不二法門。（p551a）	聲
12	那羅延菩薩	世間出世間為二。世間性空即是出世間。於其中不入不出不溢不散。是為入不二法門。（p551a）	
13	善意菩薩	生死涅槃為二。若見生死性則無生死。無縛無解不生不滅。如是解者。是為入不二法門。（p551a）	6
14	現見菩薩	盡不盡為二。法若究竟盡若不盡皆是無盡相。無盡相即是空。空則無有盡不盡相。如是入者。是為入不二法門。（p551a）	
15	普守菩薩	我無我為二。我尚不可得非我何可得。見我實性者不復起二。是為入不二法門。（p551a）	
16	電天菩薩	明無明為二。無明實性即是明。明亦不可取離一切數。於其中平等無二者。是為入不二法門。（p551a）	
17	喜見菩薩	色色空為二。色即是空非色滅空色性自空。如是受想行識識空為二。識即是空非識滅空識性自空。於其中而通達者。是為入不二法門。（p551a）	1, 2

18	明相菩薩	四種異空種異為二。四種性即是空種性。如前際後際空故中際亦空。若能如是知諸種性者。是為入不二法門。（p551a）	
19	妙意菩薩	眼色為二。若知眼性於色不貪不恚不癡。是名寂滅。如是耳聲鼻香舌味身觸意法為二。若知意性於法不貪不恚不癡。是名寂滅。安住其中。是為入不二法門。（p551ab）	
20	無盡意菩薩	布施迴向一切智為二。布施性即是迴向一切智性。如是持戒忍辱精進禪定智慧。迴向一切智為二。智慧性即是迴向一切智性。於其中入一相者。是為入不二法門。（p551b）	3
21	深慧菩薩	是空是無相是無作為二。空即無相無相即無作。若空無相無作則無心意識。於一解脫門即是三解脫門者。是為入不二法門。（p551b）	
22	寂根菩薩	佛法眾為二。佛即是法法即是眾。是三寶皆無為相與虛空等。一切法亦爾。能隨此行者。是為入不二法門。（p551b）	
23	心無礙菩薩	身身滅為二。身即是身滅。所以者何。見身實相者不起見身及見滅身。身與滅身無二無分別。於其中不驚不懼者。是為入不二法門。（p551b）	2
24	上善菩薩	身口意善為二。是三業皆無作相。身無作相即口無作相。口無作相即意無作相。是三業無作相即一切法無作相。能如是隨無作慧者。是為入不二法門。（p551b）	

25	福田菩薩	福行罪行不動行為二。三行實性即是空。空則無福行無罪行無不動行。於此三行而不起者。是為入不二法門。（p551b）	4
26	華嚴菩薩	從我起二為二。見我實相者不起二法。若不住二法則無有識。無所識者。是為入不二法門。（p551b）	2
27	德藏菩薩	有所得相為二。若無所得則無取捨。無取捨者。是為入不二法門。（p551b）	
28	月上菩薩	闇與明為二。無闇無明則無有二。所以者何。如入滅受想定無闇無明一切法相亦復如是。於其中平等入者。是為入不二法門。（p551c）	
29	寶印手菩薩	樂涅槃不樂世間為二。若不樂涅槃不厭世間則無有二。所以者何。若有縛則有解。若本無縛其誰求解。無縛無解則無樂厭。是為入不二法門。（p551c）	
30	珠頂王菩薩	正道邪道為二。住正道者則不分別是邪是正。離此二者。是為入不二法門。（p551c）	
31	樂實菩薩	實不實為二。實見者尚不見實何況非實。所以者何。非肉眼所見慧眼乃能見。而此慧眼無見無不見。是為入不二法門。（p551c）	
32	文殊師利菩薩	如我意者。於一切法無言無說。無示無識離諸問答是為入不二法門於是文殊師利。問維摩詰。我等各自說已。仁者當說。何等是菩薩入不二法門。（p551c）	1, 7
	維摩詰	時默然無言。（p551c）	

《無垢施菩薩應辯會》中無垢施女問難八大菩薩後，須菩提告諸聲聞與諸大菩薩，無須再入舍衛城乞食，因為無垢施女所說即是智者的法食，就不再須要搏食。無垢施女更進一步呵止須菩提，法無上下，於此法中，當有何求而行乞耶？[128]《維摩詰經》第九品，在維摩詰問完三十二位菩薩入不二法門後，文殊師利菩薩追問維摩詰的看法，維摩詰默然無言。頓時令文殊師利盛贊「無有文字語言，是真入不二法門。」[129] 當下並使得與會五千菩薩，皆入不二法門得無生法忍。[130] 由此可見三十二位菩薩分享的入不二法門，如佛所說「雖解深法，仍有取相分別。」[131] 而維摩詰在此的默然無言，不但否定有、無兩邊的對待，更破除有一個執著有或無者的「不二法門」，是超越並兼容有、無相反的概念。

　　《無垢施菩薩應辯會》中無垢施女問難八大菩薩後，偕同八大聲聞、八大菩薩、梵天等五百婆羅門、波斯匿王及諸大眾，俱詣佛所。無垢施女為多安樂利益諸眾生，與憐愍世間諸天人，請教釋尊諸菩薩摩訶薩像這樣的修行法，佛授以十八種菩薩四法。[132]《維

【128】西晉・聶道真譯，《大寶積經-無垢施菩薩應辯會》，《大正藏》冊11，no.310，頁558中。

【129】姚秦・鳩摩羅什譯，《維摩詰所說經》，《大正藏》冊14，no.475，頁551下。

【130】姚秦・鳩摩羅什譯，《維摩詰所說經》，《大正藏》冊14，no.475，頁551下。

【131】姚秦・鳩摩羅什譯，《維摩詰所說經》，《大正藏》冊14，no.475，頁557中。

【132】西晉・聶道真譯，《大寶積經-無垢施菩薩應辯會》，《大正藏》冊11，no.310，頁560中下。

摩詰經》第九品,在維摩詰問完三十二位菩薩入不二法門後,文殊師利菩薩追問維摩詰的看法,維摩詰默然無言。之後,維摩詰取眾香國佛餘飯至舍供眾,併至佛說法菴羅樹園,謁釋迦牟尼佛。佛為說菩薩成就八法。[133]

第五節　結論

佛教詰難論義諸經中,除佛教徒耳熟能詳的《維摩詰經》外,尚有《須真天子經》、《魔逆經》、《首楞嚴三昧經》,與《離垢施女經》等五經。此五經都在西晉竺法護時代就已完成漢譯(266-303),故影響為其筆受弟子聶道真再譯該經,名為《無垢施菩薩應辯會》。本章採用聶道真譯本《無垢施菩薩應辯會》,與姚秦鳩摩羅什譯本《維摩詰所說經》,做為兩經聲聞與菩薩眾被問難內容的比較研究。其同異結論如下:

一、兩經差異處:共有如下六項。

1.當機背景殊異:《無垢施菩薩應辯會》十二歲的無垢施是舍衛城波斯匿王女,而《維摩詰經》之維摩詰是毘離耶長者居士。兩位雖同為佛教的在家弟子,但為一女一男、一少一老、一王女一長者身份,兩者之間有極大的差異。

2.宣說時間有別:依講經地點而言,據《大悲經》記載:講於舍衛城的《無垢施菩薩應辯會》,早於在毘舍離宣講的《佛說維摩

【133】姚秦・鳩摩羅什譯,《維摩詰所說經》,《大正藏》冊14,no.475,頁553中。

詰經》。依與會對象來看，《離垢施女經》包括無垢施女、八大聲聞、八大菩薩、梵天等五百婆羅門、波斯匿王及一般大眾等；而《佛說維摩詰經》則包括維摩詰、十大聲聞、三十二菩薩、諸天子、香積佛眾、與阿閦佛等多菩薩與多佛思想。依敘述的背景來看，《無垢施菩薩應辯會》敘及佛陀當時的印度社會，不平等的種姓制度、女性歧視，與執著迷信；而《佛說維摩詰經》單純為維摩詰居士示疾，與諸聲聞菩薩，藉助辯論來分別大小乘佛教教義上的差別。綜合上述，佛陀宣說《無垢施菩薩應辯會》的時間應早於《佛說維摩詰經》。

3.成經時間先後：兩經的成經時間，《佛說維摩詰經》約成立於西元一世紀頃，為繼般若經後、華嚴經前的初期大乘經典之一。《無垢施菩薩應辯會》依其六時懺悔內容，應成經於龍樹二、三世紀初期大乘經典時期。兩經傳入中國後，支謙於西元一八三年首譯《佛說維摩詰經》，早西晉竺法護於西元二八九年首譯《離垢施女經》百年。

4.兩經長度殊異：《無垢施菩薩應辯會》全經共有五品，合計11769字；《佛說維摩詰經》全經共有三卷十四品，總共32963字。後者的品數與字數幾乎為前者的三倍。

5.問難對象迥異：雖然無垢施與維摩詰問難對象都是聲聞與菩薩眾，但前者問難八大聲聞、八大菩薩，後者呵責十大聲聞與三十二菩薩。兩者問難對象唯有前五位舍利弗、目犍連、摩訶迦葉、須菩提、富樓那等聲聞眾一致外，其餘完全不同。

6.問難方式有異：無垢施以語言問難於八大聲聞與八大菩薩，主要採用在哲學邏輯上稱為雙關推理式的「雙面否定」，破一切自

性來完成論證空義，得到一切法空的結果。如雙面否定舍利弗「智慧有、無造作」、目犍連「神足爲眾生想或爲作法想」、摩訶迦葉「受施有、無身心報」、須菩提「無諍行有、無自性」、富樓那「說法有、無境界」、離越「行禪有、無心」、阿那律「天眼有、無見物」、與阿難「聞法有、無實義」。此兩難是後來龍樹菩薩辯證《中論》八不的主要方法。而維摩詰是漸次以語言呵止十大聲聞，再聽取三十二菩薩對不二法門的看法，最後輪到維摩詰則以默然示之。不但否定了有無兩邊的對待，更泯除了執著有無的人。除了《無垢施菩薩應辯會》第六聲聞離越外，其他兩經的聲聞眾都是佛的主要十大弟子之一，但都住在各別的專長上。兩經的菩薩眾雖解深法，但仍有取相分別。故維摩詰要默然，無垢施女還要代他們問佛菩薩行持法。

二、兩經相同點：亦有如下六項。

1.兩經文體相同：《無垢施菩薩應辯會》的文體包括長行、五字或七字偈頌，與譬喻。《佛說維摩詰經》的文體亦包括長行，五字或七字偈頌，與集中在第七觀眾生品的譬喻。故兩經有完全相似的文體。

2.問難次序雷同：兩經對聲聞眾問難的次序，非依出家先後排定，而是依弘傳佛陀教法貢獻的大小來排序。問難的議題都是依各人專長提問。無垢施女對八聲聞眾的問難是在同一時空進行，先後問難次序有起承轉合的承續作用，當第一位舍利弗被無垢施女問難而啞口無言時，第二位目犍連即對舍利弗提建言，之後即輪到目犍連被無垢施女質問。當第二位目犍連被問難而啞口無言時，第三位

摩訶迦葉即對目犍連提建言，之後即輪到摩訶迦葉被無垢施女詰問。依此類推至第八位阿難被無垢施女問難而啞口無言時，就升級到菩薩眾文殊師利菩薩來串場。但《維摩詰經》對十聲聞眾的問難則是在不同時空進行，所以沒有像上述無垢施女問難聲聞眾時的相互起承轉合。至於兩位問難菩薩眾時，都是沒有次序可言。

3.名殊內容相符：雖然《佛說維摩詰經》三十二位菩薩眾的稱謂未與《無垢施菩薩應辯會》被問難的八大菩薩相符。但問題卻有些許的相應，第一位深解第一的文殊師利菩薩，對應第三十二位同樣是文殊師利菩薩的「言無說不二」；第二位無癡見菩薩，對應第二十三位無礙菩薩「身身滅不二」，與第二十六位華嚴菩薩「見我實相者不起二法」；第三位寶相菩薩，對應第二十位無盡意菩薩「布施回向不二」；第四位離惡趣菩薩，對應第二十五位福田菩薩「福行罪行不動行為二」、第八位弗沙菩薩「善不善為二」、與第九位師子意菩薩「罪福為二」；第五位除諸蓋菩薩，對應第三位不眴菩薩「受不受為二」、與第四位德頂菩薩「垢淨為二」；第六位觀世音菩薩，對應第一位法自在菩薩「生滅為二」、與第十三位善意菩薩「生死涅槃為二」；第七位辯嚴菩薩，對應第三十二位文殊師利菩薩「言無言為二」；以及第八位無癡行菩薩，對應第七位妙臂菩薩「菩薩心聲聞心為二」等。

4.問難目的相同：《維摩詰經》的「不二法門」思想，深深影響了禪宗的「不二」思想。其中許多典故，也多變成禪宗公案，在這方面的貢獻，就非《無垢施菩薩應辯會》能媲美的。但兩經都在「斥小」「歎大」，藉種種問答，揭示空、無相等大乘深義。

5.同屬大乘經典：從信解行證修行四次第來看，《無垢施菩薩

應辯會》序品第一是由迷信到正信屬於「信」的階段，聲聞品第二與菩薩品第三透過無垢施女分別與八大聲聞及八大菩薩的議論究竟法義，屬於「解」的階段，菩薩行品第四則是佛親授十八種成就無上正等正覺，屬於「行」的階段，授記品第五則屬於最後「證」的階段。《佛說維摩詰經》第一佛國品屬信解行證的「信」的階段，第二方便品至第十香積佛品屬「解」的階段，第十一菩薩行品至第十三法供養品屬「行」的階段，第十四品囑累品屬信解行證的「證」的最後階段。可見兩經同具大乘經典信、解、行、證四修行次第的特質。

6.同具文學價值：《無垢施菩薩應辯會》經文表達方式兼描寫、敘事與議論。藉著年僅十二歲身為王女的無垢施、五百婆羅門、舍利弗等八大聲聞及文殊師利等八大菩薩，與佛陀等諸多人物，加上描繪印度社會最高婆羅門種姓的耽著迷信、與無垢施女睿智示教利喜，最終蒙佛授記成佛，以及無垢施女問難八大聲聞及八大菩薩的議論對話引發的情境，交織成高潮迭起曲折豐富的情節，所具有的文學價值，不亞於《維摩詰經》強烈的故事性，與鮮活的故事人物，所蘊含的文學趣味、藝術與意義價值。

參考書目

一、原典

《種德經》，南傳上座部佛教《巴利文大藏經》中的長部第四部經。

後秦‧佛陀耶舍共竺佛念譯，《長阿含》（二二）第三分種德經第三 《大正藏》冊1，no.1。

西晉‧竺法護譯，《佛說離垢施女經》一卷，《大正藏》冊12， no.338。

西晉‧竺法護譯，《須真天子經》，《大正藏》冊15，no.588。

西晉‧竺法護譯，《魔逆經》，《大正藏》冊15，no.589。

西晉‧聶道真譯，《大寶積經-無垢施菩薩分別應辯會》一卷，《大正 藏》冊11，no.310。

東晉‧瞿曇僧伽提婆譯，《增壹阿含經》卷三，《大正藏》冊2， no.125。

元魏‧瞿曇般若流支譯，《得無垢女經》，《大正藏》冊12， no.339。

北涼‧曇無讖譯，北本《大般涅槃經》卷十四，《大正藏》冊12， no.374。

北涼‧曇無讖譯，《優婆塞戒經》卷一，《大正藏》冊24，no.1488。

後秦‧佛陀耶舍共竺佛念譯，《長阿含經》卷一，《大正藏》冊1， no.1。

後秦‧僧肇撰，《注維摩詰所說經》，《大正藏》冊38，no.1775。

姚秦‧鳩摩羅什譯，《妙法蓮華經》卷二～七，《大正藏》冊9， no.262。

姚秦・鳩摩羅什譯，《金剛般若波羅蜜經》，《大正藏》冊8，no.235。

姚秦・鳩摩羅什譯，《維摩詰所說經》卷一，《大正藏》冊14，no.475。

姚秦・鳩摩羅什譯，《首楞嚴三昧經》，《大正藏》冊15，no.642。

龍樹菩薩造，後秦・鳩摩羅什譯，《大智度論》卷三十四，《大正藏》冊25，no.1509。

後魏・勒那摩提譯，《究竟一乘寶性論》卷一〈無量煩惱所纏品〉第6，《大正藏》冊31，no.1611。

高齊・那連提耶舍譯，《大悲經》，《大正藏》冊12，no.380。

隋・闍那崛多譯，《佛本行集經》，《大正藏》冊3，no.190。

隋・費長房撰，《歷代三寶紀》，《大正藏》冊49，no.2034。

隋・智頤說，《妙法蓮華玄義》序王，《大正藏》冊33，no.1716。

隋・智者大師撰，《法界次第初門》卷六，《大正藏》冊46，no.1925。

唐・玄奘譯，《大般若波羅蜜多經》卷一，《大正藏》冊5，no.220。

唐・實叉難陀譯，《地藏菩薩本願經》，《大正藏》冊13，no.412。

唐・善無畏、一行譯，《大毘盧遮那成佛神變加持經》卷一，《大正藏》冊18，no.848。

唐・湛然述，《法華玄義釋籤》卷十七，《大正藏》冊33，no.1717。

唐・玄應撰，《一切經音義》卷七〇，《大正藏》冊54，no.2128。

唐・明佺等撰，《大周刊定眾經目錄》卷四，《大正藏》冊55，no.2153。

唐・智昇撰，《開元釋教錄》卷二，《大正藏》冊55，no.2154。

譯者不詳，《大方便佛報恩經》卷七，〈親近品〉《大正藏》冊3，
　　no.156。

二、專書

平川彰（2002），《印度佛教史》，高雄：佛光出版社。

印順（1993），《華雨集》第二冊，台北：正聞出版社。

印順（2011），《初期大乘佛教之起源與開展》，北京：中華書局。

星雲編著（1995），《佛教叢書之五—教史》，高雄：佛光出版社。

星雲（1998），《十大弟子傳》，台北：佛光出版社。

陳學仁（2000），《龍樹菩薩八不思想探究》，台北：佛光出版社。

聖嚴（1997），《印度佛教史》，台北市：法鼓文化。

慈怡主編（1988），《佛光大辭典》，高雄：佛光出版社。

釋智諭（1988），《維摩詰所說經句解》，台北：西蓮淨苑。

三、期刊學位論文

古正美（1987），〈從佛教思想史上轉身論的發展看觀世音菩薩：中
　　國造像史上轉男成女像的由來〉，《東吳大學中國藝術史集
　　刊》第15期，頁157-219。

朱慶之（1992），《佛典與中古漢語詞彙研究》，台北：文津出版
　　社。

星雲大師（2005），〈比丘尼僧團的發展〉《普門學報》第九期，頁
　　2-9。

張田勘（2013），〈印度女性悲劇命運的深層原因〉，《觀察》第44
　　期，2013-01-07 。

蔡蓉茹（2008），《佛教童女研究《大寶積經》四部童女經為依

據》，華梵大學東方人文思想研究所。

賴怡如（2011），《竺法護譯經中的女性思想及其影響》，國立臺南
　　大學國語文學系碩士論文。

釋永東（2013），〈矗道真譯經研究〉，《新世紀宗教研究》
　　2013.5.26通過審查，付印中。（見附錄一）

釋慧嚴（2007），〈略探尼僧在台灣佛教史上的地位〉《玄奘佛學研
　　究》第八期，創校十周年增刊，頁55-74。

四、網站

卍字義《法爾辭庫》──佛功德相篇2013.8.14

http://dharmazen.org/X1Chinese/D45Dictionary/D07BudGuna001/
　　D07BudGunaData0001.htm

（本論文刊載於外審期刊《新世紀宗教研究》第十二卷第四期，
　　2014年6月，見接受刊登證明附錄二。）

第五章　聶道真翻譯

《大寶積經・無垢施菩薩應辯會》

之譬喻及其特色

第一節　緒論

　　印度社會有歧視女性的嚴重風氣，古婆羅門教制定的《摩奴法典》認為女性是情欲與性愛的表徵，強調女性的不淨與污穢。發源於印度的佛教亦受其影響，綜觀原始阿含經到大乘佛經中，不乏貶抑女性的內容，然而在這些經典中，又不時出現盛讚女性即身證悟，蒙佛授記成佛轉身論的記載。如本章即將探討的《大寶積經》卷第一百《無垢施菩薩應辯會》女主角無垢施童女，在面對婆羅門執著撞見沙門不利的迷信，之後一一問難佛八大聲聞弟子與八大菩薩眾，再請佛開示十八種成佛四法，到蒙佛授成佛記，便是利用許多譬喻闡揚轉身論的實例。本章將爬梳聶道真翻譯《無垢施菩薩應辯會》之特色，並逐一分析與闡釋《無垢施菩薩應辯會》整個戲劇性的轉變過程中，運用到的所有譬喻的象徵意涵。

一、佛教譬喻略說

　　譬喻自古以來即被人類廣泛使用，無論是散文、小說或是詩，

「譬喻」的修辭技巧在文學創作上運用得多且廣。佛教的譬喻，係由印度通俗文學中尋求主題，再穿插佛教教理，以教化民眾為目的之佛教文學，亦是佛陀使用的十二種說法方式[1]之一。譬喻之梵文為avadāna，音譯為「阿波陀那」，其目的在以了知之法，顯未了之法，以譬喻說明法義，如《雜阿含》卷四十三：「**汝今後聽我說譬，其智者以譬喻得解。**」[2]可見佛陀說法時，為使弟子易於明瞭，善於運用譬喻方式教導弟子。[3]然而「譬喻」在佛教中的說法，往往以迂迴的解釋以助於理解，但通俗理解時是否得以傳神，抑或有失真之弊，甚至形成誤解或曲解。故為掌握「譬喻」的究竟意義，在分析詮釋「譬喻」時，恐要思考其與權、實教，「了義」或「不了義」的關係了。因此，在諸經論中對譬喻的方式與種類就有多種分類法。

　　據北本《大般涅槃經》（Mahāparinirvanasutra）卷二十九〈師子吼菩薩品〉載，譬喻方式可分為八種，即：1.順喻，依事物生起之順序所作之譬喻。2.逆喻，逆於事物生起之順序所作之譬喻。3.現喻，以當前之事實所作之譬喻。4.非喻，以假設之事件所作之譬喻。5.先喻，於比喻之事項前所說之譬喻；即先說譬喻，後舉所

【1】 釋尊時期的教導歸入十二分教：1契經（修多羅），2應頌，3記說，4諷誦（伽他），5自說（憂陀那），6因緣，7譬喻，8本事，9本生，10方廣，11希法，12論議。

【2】 劉宋・求那跋陀羅譯，《雜阿含經》卷四十三，《大正藏》冊2，no.99，頁315下。

【3】 參閱釋滿庭（2011），〈龍樹《迴諍論》中陽炎喻之研究〉，《正觀》第五十八期，2011.9.25，頁1。

欲喻顯之教法。6.後喻，於比喻之事項後所說之譬喻；即先說教
法，後舉譬喻。7.先後喻，先後所說之譬喻；即於闡說教法之前
後均作譬喻以彰顯之。8.遍喻，譬喻內容全部契合所欲喻顯的事項
之全部內容；即逐一設喻，並逐一說明教法，如以植物為喻，逐
一說其萌芽乃至開花、結果，以之逐一比喻佛弟子之出家乃至成
道。[4]

　　依種類來說，常見於諸經論中之著名譬喻亦可分為九種：1、
顯示諸現象之存在悉無實體、一切皆空之譬喻，如《大品般若
經》的幻、焰、水中月、虛空、響、犍闥婆城、夢、影、鏡中像
與化等十喻。[5] 2、顯示人類肉體為空與無常之譬喻，如《維摩詰
經》所舉聚沫、泡、炎、芭蕉、幻、夢、影、響、浮雲、電等十
喻。[6] 3、顯示佛陀一代教化次第之譬喻，如《舊譯華嚴經》卷
三十四寶王如來性起品載華嚴經三照，太陽初出，先照諸大山，
次第及於一切大地，以此比喻佛之出世，順次教化菩薩、緣覺、
聲聞與根機低淺者。[7] 4、顯示三乘斷惑修行深淺不同之譬喻，如
《優婆塞戒經》卷一以兔、馬、象等三獸渡河之情形，比喻聲聞、

<hr>

【4】北涼・曇無讖譯，《大般涅槃經》卷二十九，《大正藏》
　　冊12，no.374，頁536中05-537上。慈怡主編（1988），
　　《佛光大辭典》，高雄：佛光出版社，頁6809中下。

【5】唐・玄奘譯，《大般若波羅蜜經》卷一，《大正藏》冊5，
　　no.220，頁1下。

【6】吳・支謙譯，《維摩詰經》，《大正藏》冊14，no.474，
　　頁528上。

【7】東晉・佛馱跋陀羅譯《大方廣佛華嚴經》卷34，《大正
　　藏》冊9，no.278，頁616上中。

緣覺、菩薩等三乘斷惑修行之深淺。【8】5、顯示佛陀應眾生根機施
以各種不同教法之譬喻，如《妙法蓮華經》火宅、窮子、藥草、化
城、衣珠、髻珠、醫子等法華七喻。【9】6、以蓮花顯示法華開顯宗
旨之譬喻，如《妙法蓮華經》述本三喻。7、顯示如來藏之譬喻，
如《大方廣如來藏經》代表九種煩惱的如來藏九喻。【10】8、顯示念
佛三昧殊勝之譬喻，如《佛說觀佛三昧海經》卷十舉出長者閻浮檀
金、王寶印、長者如意珠、仙人誦呪、力士明珠、劫盡時之金剛山
等譬喻，皆用來比喻念佛三昧之殊勝功德。【11】9、顯示自眾生貪、
瞋煩惱中生清淨之往生心之譬喻。如善導《觀經疏散善義》二河
譬。【12】

　　上述諸經論中的九種譬喻，依其譬喻程度，前兩種1、顯示諸
現象之存在悉無實體、一切皆空之譬喻，與2、顯示人類肉體爲空
與無常之譬喻，屬「即是」的直述法。都在進行否定、掃蕩、揚棄
和超越，告知人一切都是幻化不實，都是顛倒妄想的投射，而從中
捨離一切執著，如此則與空的法義貼近。後七種3、顯示佛陀一代
教化次第之譬喻，至9、顯示自眾生貪、瞋煩惱中生清淨之往生心

【8】北涼・曇無讖譯，《優婆塞戒經》卷一，《大正藏》冊
　　　24，no.1488，頁1038中。

【9】後秦・鳩摩羅什譯，《妙法蓮華經》，《大正藏》冊9，
　　　no.262，頁22下26上。

【10】唐・不空譯，《大方廣如來藏經》，《大正藏》冊16，
　　　no.667，頁461下-464上。

【11】東晉・佛陀跋陀羅譯，《佛說觀佛三昧海經》卷十，《大
　　　正藏》冊15，no.643，頁693中-下。

【12】參閱慈怡主編（1988），《佛光大辭典》，頁6815中。

之譬喻，則有「好比是」或「像是」意，此類譬喻的闡釋，則在肯定或表明一個事物的真實存在，例如「心如明鏡台」而須時時勤拂拭，著重如來藏自性清淨心的觀點。此外，另有疑似譬喻，例如《無垢施菩薩應辯會》出現的「心敬法師如世尊」，按譬喻乃在舉事例以顯了法義，此處則取恭敬心之「等同」、「齊同」之意，非譬喻之比況、類推之意。因此不同譬喻間的比較、對比，及其與教理與教義的方便究竟，恐有諸多值得我們深思之處。

二、相關文獻回顧

探討佛教譬喻的專書，如郭良的《佛教譬喻經文學》一文，對佛藏（特別是巴利文三藏）中的譬喻經一類作品，作了總體的文學價值描述。[13] 丁敏的《佛教譬喻文學研究》，是第一部以譬喻文學這一種佛教文學體裁為研究對象的專著。[14] 不過，該書僅僅研究現存的漢譯佛經中的譬喻文學作品，而沒有涉及梵文、巴利文的相關作品，更沒有注意到在西域出土的梵語文書中也有數量不等的"譬喻"類文獻資料。朱慶之《佛典與中古漢語詞彙研究》探討佛教詞語的構造，為現代漢語、外來語的吸收樹立了樣板；因翻譯佛

【13】 郭良（1989），《佛教譬喻經文學》，《南亞研究》第2
　　　 期，頁62-66、73。

【14】 丁敏（2001），《佛教譬喻文學研究》，中華佛學研究
　　　 所論叢8。陳明書評，載《世界宗教研究》增刊，頁154-
　　　 156。其修改稿載北京大學東方文學研究中心編《東方文
　　　 學研究通訊》，第1期，2002，頁57-59。

經、著述佛典而產生的佛教詞語，充實了漢語詞彙的家族。[15]

　　有關佛教譬喻的論文則有數位學者做過系列的研究，如梁麗玲的《〈雜寶藏經〉及其故事研究》，針對該經一百二十一則故事，做一全面性的整理研究，以顯現佛教文學的璀璨，是從事佛教文學研究很有價值的參考。[16]《〈賢愚經〉研究》，則以《賢愚經》六十九則故事為依據，從敘述主題、思想內涵、修辭技巧等方面，進行全面的整理與剖析。[17]「《賢愚經》及其相關問題研究」，就該經的故事做分析與經文內容比對。[18]〈《撰集百緣經・餓鬼品》研究〉探討該經〈餓鬼品〉的內容。[19]和「《出曜經》的動物譬喻」以研究經中有關動物的譬喻。[20]另有梁曉虹的〈佛典的

【15】朱慶之（1992），《佛典與中古漢語詞彙研究》，台北：文津出版社。

【16】梁麗玲（1998），《〈雜寶藏經〉及其故事研究》，台北：法鼓文化。

【17】梁麗玲（2002），《〈賢愚經〉研究》，台北：法鼓文化，頁610。

【18】梁麗玲（2001），《〈賢愚經〉及其相關問題研究》，國立中正大學博士論文，頁587。

【19】梁麗玲（2003），〈《撰集百緣經・餓鬼品》研究〉，台北：法光出版社，頁307-327。

【20】梁麗玲（2006），〈《出曜經》的動物譬喻〉，潘重規教授百年誕辰紀念學術研討會論文集，潘重規教授百年誕辰紀念學術研討會籌備會、國立臺灣師範大學國文學系，頁427-456。

譬喻〉、[21]《佛教詞語的構造與漢語詞彙的發展》從十二分教的佛經分類方式,將本經的故事內容依本生、因緣、譬喻等不同的類型加以區分,並探討其不同的故事結構形式、[22]〈佛經譬喻造詞之特色〉,旨在探討佛經譬喻的語文造詞的特色、[23]其出現在《佛教與漢語詞彙》中的〈從語言上判定《舊雜譬喻經》非康僧會所譯〉亦然。[24]顏洽茂《佛教語言闡釋:中古佛經詞彙研究》,對譬喻等詞義的研究。[25]丁敏〈譬喻佛典之研究——撰集百緣經、賢愚經、雜寶藏經、大莊嚴論經〉,旨在探討這四部經中譬喻的形式和內容。[26]林韻婷〈雜阿含經譬喻故事研究〉,以譬喻故事的角度,將《雜阿含經》的法義如何與現實生活融合作一整理、

【21】梁曉虹(1993),〈佛典的譬喻〉,《文化知識》1993年1月號。

【22】梁曉虹(1994),《佛教詞語的構造與漢語詞彙的發展》,北京:北京大學語言學院出版社。

【23】梁曉虹(1991),〈佛經譬喻造詞之特色〉,《語文建設通訊》第33期,頁11-16。

【24】梁曉虹(2001),〈從語言上判定《舊雜譬喻經》非康僧會所譯〉,《佛教與漢語詞彙》,高雄:佛光出版社,頁133-147。

【25】顏洽茂(1997),《佛教語言闡釋:中古佛經詞彙研究》,《中國佛教學術論典64》,杭州:杭州大學出版社,頁1-326。

【26】丁敏(1991),〈譬喻佛典之研究——撰集百緣經、賢愚經、雜寶藏經、大莊嚴論經〉。《中華佛學學報》,第4期,頁75-120。

呈現。[27] 以上論文都是針對多項譬喻的探討，唯獨釋滿庭〈龍樹《迴諍論》中陽炎喻之研究〉，則是鎖定單一譬喻做研究。[28]

　　雖然上列諸多專書論文均圍繞著佛教譬喻做探討，另有蔡蓉茹的碩士論文《佛教童女研究以《大寶積經》四部童女經為依據》，就《大寶積經》四部童女經的比對，探討童女的共通形貌特色與條件。[29] 卻都未涉及以譬喻論及兩性平等議題，故本議題有其研究價值，以補學術研究之不足。至於本章的研究方法，則以質性研究的文獻觀察為主。就《大寶積經‧無垢施菩薩應辯會》來梳理聶道真翻譯此經的特色，並解析無垢施童女問難八大聲聞與八大菩薩過程中，所使用譬喻的象徵意涵。

第二節　《無垢施菩薩應辯會》版本、內容與翻譯特色

一、《大寶積經‧無垢施菩薩應辯會》之同本異譯

　　聶道真翻譯《大寶積經‧無垢施菩薩應辯會》外，尚有西晉

【27】林韻婷（2005），《雜阿含經譬喻故事研究》，台北：玄奘大學宗教學系碩士論文。

【28】釋滿庭（2011），〈龍樹《迴諍論》中陽炎喻之研究〉，《正觀》第五十八期，2011.9.25。

【29】蔡蓉茹（2008），《佛教童女研究《大寶積經》四部童女經為依據》，華梵大學東方人文思想研究所）。

竺法護於太康十年（289）[30]譯《離垢施女經》（Vimaladattā-pariprcchāsūtra）[31]及元魏瞿曇般若流支譯《得無垢女經》的同本異譯。竺法護數百譯經中就有十六部經探討女性議題，[32]本章主角無垢施菩薩（Vimaladattā）即是其中之一。既然竺法護譯經已大量談到童女蒙佛授記，聶道真會再譯同部經，除了說明本經的重要性之外，經比對本經三異譯本的八大聲聞與八大菩薩稱謂後，即可發現兩個重要原因：（一）西晉竺法護與元魏瞿曇般若流支譯本都沒有分品，讀者不易掌握經義。（二）竺法護譯本譯辭較生澀難懂，一一比對三異譯本的八大聲聞與八大菩薩眾的聖號，即可分曉。今各舉兩例說明，如聶道真第二譯本與瞿曇般若流支第三譯本，八大聲聞眾的第五位都譯爲「富樓那彌多羅尼子」（簡稱富樓那），竺法護譯本則譯爲「邠耨文陀弗」。至於八大菩薩的稱謂，竺法護與瞿曇般若流支譯本的譯辭，都不及聶道真譯辭的簡潔優雅與傳情達意，如八大菩薩的最後一位，聶道真譯爲「無癡行菩薩」，竺法護譯爲「超度無虛跡」，瞿曇般若流支譯爲「不迷行菩薩」。（見表5.1）此外，三異譯本先後譯者，竺法護是月支僧人，聶道真是本土在家居士，瞿曇般若流支是印度婆羅門出身，本

【30】唐‧智昇撰，《開元釋教錄》卷二，《大正藏》冊55，no.2154，頁493下。

【31】西晉‧竺法護譯，《離垢施女經》，《大正藏》冊12，no.338，頁89中22-97下10。Lewis R. Lancaster（1979），*The Korean Buddhist Canon: A Descriptive Catalogue.*

【32】賴怡如（2011），《竺法護譯經中的女性思想及其影響》，國立臺南大學國語文學系碩士論文，頁2。

經當機者是無垢施女亦是在家女居士，亦爲在家居士的聶道真，爲本土人士，華文造詣深厚，又精通梵文，譯文通順流暢，故本章特擇聶道真譯本爲研究的文本依據。

表5.1：三異譯本八大聲聞與八大菩薩稱謂對照表

		西晉聶道真譯《無垢施菩薩應辯會》	西晉竺法護譯《佛說離垢施女經》	元魏瞿曇般若流支譯《得無垢女經》
	#	T11no310p.556a22-25	T12no338p.89c11-14	T12no339p.98a04-09
八大聲聞	1	舍利弗	舍利弗	舍利弗
	2	目犍連	目犍連	目犍連
	3	摩訶迦葉	大迦葉	摩訶迦葉
	4	須菩提	須菩提	須菩提
	5	富樓那彌多羅尼子	邠耨文陀弗	富樓那彌多羅尼子
	6	離越	離越	離波多
	7	阿那律	阿那律	阿泥樓大
	8	阿難	阿難	阿難陀
八大菩薩	1	文殊師利法王子	溥首童真	文殊師利童子菩薩
	2	無癡見菩薩	不虛見	除惡菩薩
	3	寶相菩薩	寶英	寶幢菩薩
	4	離惡趣菩薩	棄諸惡趣	不迷見菩薩
	5	除諸蓋菩薩	棄諸陰蓋	障一切罪菩薩
	6	觀世音菩薩	光世音	觀世自在菩薩
	7	辯嚴菩薩	辯積	辯聚菩薩
	8	無癡行菩薩	超度無虛跡	不迷行菩薩

二、《無垢施菩薩應辯會》介紹與譬喻分布

　　第四章已介紹過《無垢施菩薩應辯會》主要內容與表達方式。為方便本章有關譬喻的探討，再略述其內容主要敘說波斯匿王女無垢施，於二月八日和五百婆羅門一道，持滿瓶水，出至城外祠堂，欲洗浴天像。這時許多婆羅門見諸比丘在門外立，認為不吉祥，其中一個長者要求無垢施回到城內，但遭到她的拒絕。此時舍利弗等八大聲聞及文殊師利等八大菩薩，正欲入舍衛城乞食，無垢施於是與此八聲聞及八菩薩眾展開辯論，終於感化了五百婆羅門皈依了佛陀。後與大眾俱到佛所問菩薩行，佛陀為說十八種四法，無垢施女發願奉行，並化身為十六童子；佛陀為彼授記。

　　西晉竺法護譯《佛說離垢施女經》與元魏瞿曇般若流支譯《得無垢女經》，兩經都沒有再細分品目，聶道真譯《無垢施菩薩應辯會》則將全經劃分為較容易讀懂的五品，分別為序品第一、聲聞品第二、菩薩品第三、菩薩行品第四與授記品第五。除第五授記品外，其餘四品包含至少兩個或至多二十三個譬喻，除第一序品三個譬喻與第二聲聞品兩個譬喻是穿插在長行中，其餘大多數分佈在偈頌中。

　　西晉竺法護譯《佛說離垢施女經》全文共出現四十個譬喻，聶道真譯《無垢施菩薩應辯會》則有三十六個譬喻，元魏瞿曇般若流支譯《得無垢女經》僅有二十八個譬喻。比對上述三異譯本，第一個譬喻的譯辭即有很大的差異：竺法護譯為「大龍心得自在」，聶道真譯為「其心調伏如大象王」，瞿曇般若流支則譯為「人中大龍……心得自在」，分別以大龍、大象王二種不同對象為喻，但意思相似。第二個譬喻，竺法護譯為「第一潔白，色如妙華」，瞿曇

般若流支則譯爲「面猶百葉花」,聶道真譯本無此譬喻。再單比對
竺法護與聶道真兩譯本,前者在佛的相好諸譬喻前,出現了「4.諸
根寂定,斯眾如海。」、「5.唯當依附,三尊寶耳,譬如失目,而
瞻明鏡。」與「6.外道異學,若斯無益,梵志猶如,須彌山燒。」
三個譬喻是聶道真譯本所沒有。且竺法護本「11.若蜂中之王」,在
瞿曇般若流支與聶道真譯本中未採用「蜂喻」等。(見表5.2)礙於
篇幅,且非本章主要議題,僅略比對如上述。

　　綜合上述三異譯本的譬喻數目與內容,明顯可見隨著譯經時間
的更迭,譬喻有遞減現象,亦可見即使同本異譯的譬喻,也會因譯
者的解讀與習慣,導致譯辭呈現殊異。

表5.2：《無垢施菩薩應辯會》三異譯本譬喻內容比對表

《佛說離垢施女經》	《無垢施菩薩應辯會》	《得無垢女經》
西晉竺法護	西晉聶道真	元魏婆羅門瞿曇般若流支
《大正藏》冊12 no.338 pp.89b-97b （40個譬喻）	《大正藏》冊11 no.310 pp.556a-563c （36個譬喻）	《大正藏》冊12 no.339 pp.97c-106b （28個譬喻）
1.猶如大龍心得自在；p89c01	**序品第一**（23個譬喻）	1.人中大龍…心得自在，p97c20，22
2.第一潔白，色如妙華。90a16	1.其心調伏如大象王。p556a10	2面猶百葉花，.99a28
3.此等所行，為上良醫，慰勞療治，p90a28	2.行世如良醫。p556c26	3.如夜空滿月，99a28
4.諸根寂定，斯眾如海。p90b13	3.其髮如紺青。p557a26	4.項相猶如貝，p99b08
5.唯當依附，三尊寶耳。譬如失目，而瞻明鏡。p90c03	4.佛面如滿月。p557a27	5.人生臂指長，譬如象王鼻，希淨齋卻入。p99b09
6.外道異學，若斯無益。梵志猶如，須彌山燒。p90c05	5.毫相如珂雪。p557a28	6.陰如象王藏，p99b10
7.「『頭髮紺青色，淨好而右旋，如水百葉蓮；8.猶月滿盛明；p90c18	6.頰車如師子。p557b01	7.亦復如日光，p99b10
9.白毛眉中迴，猶如雪之光；p90c19	7.眼眴如牛王。p557b01	8.汝端正如天，p100a01
10.勝眼如青蓮，p90c20	8.脣如頻婆果。p557b02	9.姿媚如莊己，p100a01
11.若蜂中之王；p90c20	9.其髮如鵝行。p557b03	10.有為所此宿，如妓兒戲場，p100a11
12.人中尊師子，p90c21	10.孔雀鵝鴈聲音如琉璃琴。p557b05	11.四大如毒蛇，p100a14
13.脣像若赤朱，p90c21	11.其吼如師子。p557b09	12.如來說譬喻，有聚如須彌，p100a20
14.其聲如鐘鼓，箜篌笳笛笙，p90c25	12.佛語慧莊嚴如雜妙花鬘。p557b16	13.善知識兒子，親友皆圍遶，猶如鏡中像，一切皆無常。p100a24
15.其音和且雅，猶如琴瑟箏，p90c26	13.爪如赤銅色。p557b18	14.若身淨施，身則無知、無覺、不動，如草如木、如壁如土，彼身如是不能淨施。p100c13
	14..陰藏如馬王。p557b20	
	15.其身如金山。p557b21	
	16.右旋而上向其喻如龍象。p557b22	
	17.如大醫王護諸眾生。p557b27	

《佛說離垢施女經》	《無垢施菩薩應辯會》	《得無垢女經》
西晉竺法護	西晉聶道真	元魏婆羅門瞿曇般若流支
《大正藏》冊12 no.338 pp.89b-97b（40個譬喻）	《大正藏》冊11 no.310 pp.556a-563c（36個譬喻）	《大正藏》冊12 no.339 pp.97c-106b（28個譬喻）
16.辭若師子吼，妙聲壞眾病。p90c29	18.憎愛不染如蓮花在水。p557b28	15.若心淨施，心則如幻，不暫時住，不能淨施。p100c14
17.勝己捨中邊，猶如寂滅度。p91a04	19.端嚴如天女。p557c20	16.若心依止禪，心則如幻不實分別，若當如是不實，p101a08
18.巍巍身堅固，寶容若紫金，p91a10	20.居世如幻妓。p558a01	17.世間法不動，猶如須彌山，p103a03
19.佛體顯如日，遠現悉聞音。p91a11	21.如人處蛇間何有睡與欲。p558a04	18.定愛猶如鳥，p103a11
20.毛軟亦紺色，一一生上旋，傭髀猶龍象，而膝平博好。p91a13	22.四大如毒蛇何有歡樂心。p558a05	19.常如月無異，其心既如是，云何有法愛？p103a12
21.安平足如畫，p91a14	23.為諸怨所遶如飢何有樂。p558a06	20.云何有智人，如地水火風？p103a13
22.女人身處於二識，塵欲如火，p91b05	**聲聞品第二（2個譬喻）**	21.不動云何常？愛平等如空。p103a14
23.顏貌淨妙，猶天玉女，p91b13	24.若以身報身性無記。喻如草木牆壁瓦礫等無異。p558b04	22.若能成就如是四法得神身輕如心輕，法中無依止，p0104a17
24.有計身者，譬如草木牆壁瓦石，以是之故，不可別。p92a10	25.心如幻化不實此定亦復不實。p558c04	23.成就四法端正殊特。常一切時先意問訊，見諸法器不欲破壞，心如金剛。p0104a26
25.為以何心依猗於禪？為不用心？設用心者，心則如幻虛無所有。p92b09	**菩薩品第三（5個譬喻）**	24.無垢人王月，力功德如海。p106a15
26.一心立其志，觀察於四大，而常以平等，瞻之如虛空。p94c13	26.斷愛及荒穢志行無高下，其猶如風地。p560b12	
	27.利衰及毀譽稱譏與苦樂云何捨八法，行世猶如日p560b14	
	28.云何如飛鳥。p560b19	
	29.亦如麟一角。p560b19	

《佛說離垢施女經》	《無垢施菩薩應辯會》	《得無垢女經》
西晉竺法護	西晉聶道真	元魏婆羅門瞿曇般若流支
《大正藏》冊12 no.338 pp.89b-97b （40個譬喻）	《大正藏》冊11 no.310 pp.556a-563c （36個譬喻）	《大正藏》冊12 no.339 pp.97c-106b （28個譬喻）
27.觀於法師如奉世尊。p95c22 28.常行等慈志無我，離於供事樂如空。p95c22 29.見諸菩薩念如佛，不以利養懷訧諂。p96a11 30.其聲如大梵，諸天龍鬼音，p96b11 31.如哀鸞悲鳴，微妙甚弘雅，p96b12 32.響若雷震雨，咸悅眾人心。p96b13 33.化制外異學，如獅子御獸。p96b19 34.白毛眉間生，潔白如妙珂，p96b25 35.細滑若好衣，p96b26 36.美澤猶真珠，p96b26 37.聖光如雲氣，照百千佛土。p96b27 38.調定其心意，眉相哀世俗，細微超乳色，如山雪遠現。p96c01 39.青黃赤白黑，復如紫紅相。p96c02 40.諸聲聞菩薩所居，服食猶如天上。 p97a18	30.云何諸智人，觀地水火風無傾動分別，處禪如虛空。p560b22 **菩薩行品第四（6個譬喻）** 31.捨離諸有生，獨行如騏驎。p561b13 32.修此甚深法，便能得應辯。譬如雜花鬘，天人所樂見。p562c02 33.世尊摧伏諸外道猶如師子伏野干。p563b04 34.眉間毫相如珂月。p563b08 35.圓滿柔軟喻天衣。p563b08 36.世尊齒淨無垢穢。方平齊密白如雪。p563b10	25.猶如師子王，破壞小野干，如來能摧壞，一切諸外道。p106a18 26.額中滿如月，眉間淨無垢，p106a26 27.明若秋日月，分陀華無異，p106a27 28.猶如電光發，螢火星不現。p106a28

聶道真譯《無垢施菩薩應辯會》五品中，僅第五授記品未見譬喻，序品第一共有二十三個譬喻，其中二十個譬喻出現在重頌中。聲聞品第二唯見在長行中的兩個譬喻。菩薩品第三有五個譬喻出現在五字重頌中。菩薩行品第四則有六個譬喻，其中二個譬喻出現在五字重頌中，四個譬喻出現在七字重頌中。若以文體來看，全經三十六個譬喻，五個出現長行中、二十七個出現在五字重頌中、四個出現在七字重頌中，以五字重頌譬喻佔七五成最高比例。若以品別來說，第一序品二十三個譬喻佔六成多居最高比例，整理如表5.3。

表5.3：《無垢施菩薩應辯會》譬喻分布表

品目	譬喻			備註
	長行	五字重頌	七字重頌	
序品第一	1.其心調伏如大象王p556a10 2.如大醫王護諸眾生p557b27 3.憎愛不染如蓮花在水p557b28	1.行世如良醫p556c26 2.其髮如紺青p557a26（80-79） 3.佛面如滿月p557a27（80-40） 4.毫相如珂雪p557a28（32-31） 5.頰車如師子p557b（32-25） 6.眼眴如牛王p557b01（32-30） 7.脣如頻婆果p557b02（80-29） 8.其髮如鵝行p557b03（80-46） 9.孔雀鵝鴈聲 音如琉璃琴 p557b05（32-28）（80-30） 10.其吼如師子p557b09（80-44） 11.佛語慧莊嚴如雜妙花鬘 p557b16（80-43） 12.爪如赤銅色p557b18（80-9） 13.陰藏如馬王p557b20（32-10） 14.其身如金山p557b21（32-14） 15.右旋而上向其喻如龍象 p557b22（80-80） 16.端嚴如天女p557c20 17.居世如幻妓p558a01 18.如人處蛇間何有睡與欲 p558a04 19.四大如毒蛇何有歡樂心 p558a05 20.為諸怨所逮如飢何有樂 p558a06		3 + 20

聲聞品第二	1.若以身報身性 無記。喻如草木牆壁瓦礫等無異。p558b04 2.心如幻化不實此定亦復不實。p558c04			2
菩薩品第三		1.云何等怨親？斷愛及荒穢志行無高下，其猶如風地p560b12 2.利衰及毀譽稱譏與苦樂云何捨八法，行世猶如日p560b14 3.云何如飛鳥 4.亦如麟一角p560b19 5.云何諸智人，觀地水火風無傾動分別，處禪如虛空p560b22		5
菩薩行品第四		1.捨離諸有生，獨行如騏驎p561b13 2.修此甚深法，便能得應辯譬如雜花鬘，天人所樂見p562b02	1.世尊摧伏諸外道猶如師子伏野干p563b04 2.眉間毫相如珂月p563b08 3.圓滿柔軟喻天衣p563b08 4.世尊齒淨無垢穢方平齊密白如雪p563b10	2+4

授記品第五			
合計	5	27	4	36

　　綜上所述，再根據《宋高僧傳》卷三將中國歷代譯經分為西域譯經僧主譯期、中外共譯期、本國人主譯期等三期[33]來看，本土在家居士聶道真早年為竺法護譯經筆受，待法護歿後，聶道真即自行譯經五十四部六十六卷經及目錄。依上述三期譯經的分法，聶道真應可歸在第二期的譯經期。然而聶道真較晚期譯出的《無垢施菩薩應辯會》，則完全未再採用梵音直譯法，[34]且譯辭優美、行文流暢，非其師竺法護譯《離垢施女經》與元魏瞿曇般若流支譯《得無垢女經》同本異譯所能媲美，又將本經分品立名讓讀者好讀易解。聶道真既是本土人士，又主譯佛經達五十四部之多，且早於玄奘、義淨至少兩個世紀，依此來看，筆者認為在中國佛教譯經史上，聶道真堪被尊為第三本國人主譯期的先鋒。

【33】永祥著（1990），《佛教文學對中國小說的影響》，高雄市：佛光文化事業有限公司，頁121-122。

【34】釋永東，〈聶道真譯經研究〉，《新世紀宗教研究》，2013.2.13通過審查，付印中，原稿頁8-9。

第三節　《無垢施菩薩應辯會》譬喻闡釋

本經三十六個譬喻，穿梭在五品中前四品的長行與重頌間，尤其是五字重頌中的譬喻，讀起來別有韻味。分佈全經的這些譬喻，事實上是配合系列問題很有次第地貫穿全經，今逐品分述如下。

一、序品第一：本品共有二十三個譬喻，處理了讚佛功德破迷信、答梵志佛者何似、與父王詢女不樂因等三個問題，分述如下：

（一）讚佛功德破迷信

首先，在經首說明本經六成就之一的眾成就─佛及其常隨眾，都是成就的阿羅漢，煩惱已盡、智慧開展，心已調伏的像如如不動的大象王，究竟解脫。[35] 然而，伴隨本經當機眾無垢施女，高齡百二十歲的婆羅門梵天，卻迷信見上述諸比丘在門外立，是不吉祥的事，而要無垢施女速入城以免撞見。無垢施女不但不從，反贊歎佛陀在世間行化如良醫，能救治有病眾生等，而要婆羅門轉爲敬事佛，而能得種種吉祥。[36]

【35】西晉‧聶道眞譯，《大寶積經-無垢施菩薩應辯會》，《大正藏》冊11，no.310，頁556上。

【36】西晉‧聶道眞譯，《大寶積經-無垢施菩薩應辯會》，《大正藏》冊11，no.310，頁556下。

此處經序透過「其心調伏如大象王」、「行世如良醫」等贊歎
佛陀功德的兩個譬喻，鋪陳出大轉折的情節，爲經末佛爲無垢施女
授成佛記埋下伏筆。象是目前世界陸地上最大的哺乳動物，廣泛分
布在非洲撒哈拉沙漠以南、南亞、東南亞以至中國南部邊境的熱帶
及亞熱帶地區。佛陀的祖國印度盛產象，其最大者，佛家比喻佛。
如《涅槃經》二三：「是大涅槃，唯大象王能盡其底。大象王者，
謂諸佛也。」[37]

（二）答梵志佛者何似

　　高齡百二十歲的婆羅門梵天，懷疑無垢施女年幼未嘗見過佛及
僧、亦未曾聞過佛法，爲何信仰三寶？無垢施女回報其初生七日
時，在高殿金足床上，即見五百天子飛行虛空，以無量功德讚歎佛
法僧。此時，另有天子當下即問佛者何似？[38] 本經接著利用在五
字重頌中的十四個譬喻來說明佛像什麼？

　　表5.3序品五字重頌欄第2-15個譬喻，分別爲部份佛的三十二
相與八十種好。三十二相謂如來應化之身，具此三十二相，以表
法身眾德圓極，人天中尊，乃眾聖之王。[39] 本經三十二相譬喻有
「2.其髮如紺青、4.毫相如珂雪、5.頰車如師子、6.眼眴如牛王、
9.音如琉璃琴、13.陰藏如馬王、14.其身如金山」等七相，分別對應

【37】北涼・曇無讖譯，《大般涅槃經》卷二十三，《大正藏》
　　　冊12，no.374，頁502中。

【38】西晉・聶道真譯，《大寶積經-無垢施菩薩應辯會》，
　　　《大正藏》冊11，no.310，頁557上。

【39】後秦・佛陀耶舍共竺佛念譯，《長阿含經》卷一，《大正
　　　藏》冊1，no.1，頁5上中。

三十二相的第12、31（32）、25、30、28、10、14相。此七項譬喻都在讚歎佛身的殊勝容貌與微妙形相，說明如下：

（甲）2.其髮如紺青：即指佛的一切髮毛，由頭至足皆右旋。旋迴表示佛力的無限運作，向西方無限地延伸、無盡地展現，無休無止地救濟十方無量的眾生。毛髮右旋，自成紋樣，令見者咸得欣悅相貌。[40]其色紺青（紫色帶點暗青色），柔潤。此相由行一切善法而有，能令瞻仰的眾生，心生歡喜，獲益無量。[41]

（乙）4.毫相如珂雪：謂佛陀的兩眉之間，有白玉毫，清淨柔軟，如兜羅綿（梵語，華言細香），長一丈五尺，右旋而捲收，以其常放光明，有如白雪，故稱毫光、眉間光。因見眾生修三學而稱揚讚歎遂感此妙相。[42]

（丙）5.頰車如師子：謂佛陀兩頰隆滿如師子頰。獅子頰相又作頰車相、頰車如獅子相。即見此相者，得除滅百劫生死之罪，面見

【40】後秦・佛陀耶舍共竺佛念譯，《長阿含經》卷一，《大正藏》冊1，no.1，頁5上。卍字義《法爾辭庫》——佛功德相篇2013.8.14 http://dharmazen.org/X1Chinese/D45Dictionary/D07BudGuna001/D07BudGunaData0001.htm

【41】後秦・佛陀耶舍共竺佛念譯，《長阿含經》卷一，《大正藏》冊1，no.1，頁5中。慈怡主編（1988），《佛光大辭典》，頁508。

【42】後秦・佛陀耶舍共竺佛念譯，《長阿含經》卷一，《大正藏》冊1，no.1，頁5中。慈怡主編（1988），《佛光大辭典》，頁510。

諸佛。【43】

　　(丁)6.眼睭如牛王：謂佛陀眼睫殊勝如牛王，指睫毛整齊而不雜亂。此相係由觀一切眾生如父母，以思一子之心憐愍愛護而感得。【44】

　　(戊)9.音如琉璃琴：即佛清淨之梵音，洪聲圓滿，如天鼓響，亦如迦陵頻伽之音。乃由說實語、美語，制守一切惡言所得之相；聞者隨其根器而得益生善，大小權實亦得惑斷疑消。謂此音聲和雅，近遠皆到，無處不聞。【45】

　　(己)13.陰藏如馬王：即男根密隱於體內如馬陰（或象陰）之相，不可見。此相係由斷除邪淫，救護怖畏之眾生等而感得，表壽命長遠，得多弟子之德。【46】

【43】後秦・佛陀耶舍共竺佛念譯，《長阿含經》卷一，《大正藏》冊1，no.1，頁5中。慈怡主編（1988），《佛光大辭典》，頁510。

【44】後秦・佛陀耶舍共竺佛念譯，《長阿含經》卷一，《大正藏》冊1，no.1，頁5中。慈怡主編（1988），《佛光大辭典》，頁510。

【45】後秦・佛陀耶舍共竺佛念譯，《長阿含經》卷一，《大正藏》冊1，no.1，頁5中。慈怡主編（1988），《佛光大辭典》，頁510。

【46】後秦・佛陀耶舍共竺佛念譯，《長阿含經》卷一，《大正藏》冊1，no.1，頁5中。慈怡主編（1988），《佛光大辭典》，頁508。

(庚)14.其身如金山：指佛身及手足悉為真金色，如眾寶莊嚴之
妙金臺。此相係以離諸忿恚，慈眼顧視眾生而感得。此德相能令瞻
仰之眾生厭捨愛樂，滅罪生善。【47】

　　佛的應化身另有八十種好（微細隱密者），與三十二相，合稱
相好。有關八十種好之順序與名稱，異說紛紜。本章依據《法界次
第初門》卷六所載，【48】本經部份八十種好的譬喻包括：「3.佛面
如滿月、7.脣如頻婆果、8.其髮如鵝行、10.其吼如師子、11.佛語慧
莊嚴如雜妙花鬘、12.爪如赤銅色、15.右旋而上向其喻如龍象」等
七個譬喻，對應八十種好的「第40、29、46、44、43、9、80。」
此七種譬喻都在讚歎佛身的種種好，說明如下：

　　(甲)3.佛面如滿月：佛面淨如秋天的滿月。【49】

　　(乙)7.脣如頻婆果：頻婆果別名：蘋婆、九層皮、頻澎；頻婆
為梧桐科蘋婆屬喬木，又稱七姐果、鳳眼果。果實似豆莢，皮厚秋
季成熟，果柄長10～20公分，果實莢果未成熟是淡紅帶青色，漸成
熟時果莢裂開內有種子，莢變豬肝色，裂開成熟種子由土色變黑
色，其形似鳳凰眼睛稱為鳳眼，未成熟果實為淡黃綠色，內成熟
種子可食用，煮熟後味如栗子，未成熟食味不佳帶有苦味，成熟

【47】後秦・佛陀耶舍共竺佛念譯，《長阿含經》卷一，《大正
　　　藏》冊1，no.1，頁5中。慈怡主編（1988），《佛光大辭
　　　典》，頁509。

【48】隋・智者大師撰，《法界次第初門》卷六，《大正藏》冊
　　　46，no.1925，頁696中。慈怡主編（1988），《佛光大辭
　　　典》，頁268。

【49】慈怡主編（1988），《佛光大辭典》，頁269。

者帶有甜味松美味可口。[50]佛脣如頻婆果色，系佛身八十種好之一。因如來通達一切世間猶如影像，感得脣丹如蘋果色之好。[51]

(丙)8.其髮如鵝行：佛的髮脩長密而不白，髮齊不交雜、不斷落，[52]像鵝和鴨子那樣的八字步走路，比喻步行緩慢搖擺而穩重。行法如鵝王，即進止儀雅宛如鵝王。[53]

(丁)10.其吼如師子：譬喻佛的說法雄壯有力如獅子的吼叫聲，行步威容齊肅則如獅子王。[54]

(戊)11.佛語慧莊嚴如雜妙花鬘："花鬘"是由很多花串在一起，像念珠一樣可以挂在脖子上。佛莊嚴的語言智慧，令聽聞者生歡喜心，猶如諸多妙花串成的花鬘。這是過去世「言語柔和，與衆

【50】錢崇澍、陳煥鏞主編，《中国植物志》第49（2）卷，北京：科學出版社，1984，頁121。

【51】隋・智者大師撰，《法界次第初門》卷六，《大正藏》冊46，no.1925，頁696中。慈怡主編（1988），《佛光大辭典》，頁269。

【52】隋・智者大師撰，《法界次第初門》卷六，《大正藏》冊46，no.1925，頁696中。慈怡主編（1988），《佛光大辭典》，頁268。

【53】隋・智者大師撰，《法界次第初門》卷六，《大正藏》冊46，no.1925，頁696中。慈怡主編（1988），《佛光大辭典》，頁269。

【54】隋・智者大師撰，《法界次第初門》卷六，《大正藏》冊46，no.1925，頁696中。

人言護口節辭，無央數人聞其所語無不悅故」。【55】

　　(己)12.爪如赤銅色：指佛的爪如赤銅色薄而細澤。三十二相中有三好都在形容佛爪的殊勝相好，即（3）指爪狹長，薄潤光潔猶如成串花。（4）手足之指圓而纖長、柔軟如天衣。（5）手足各等無差，諸指間皆充密。【56】

　　(庚)15.右旋而上向其喻如龍象：毛右旋，身一時迴如象王。迴顧必皆右旋如龍象王之舉身隨轉。【57】

（三）父王詢女不樂因

　　序品第一剩餘的七個譬喻都與此議題相關。無垢施女出生七日即見聞世尊如是實功德，自此已來恆無睡眠，亦無欲覺瞋恚覺惱覺。對於六親眷屬財物甚至己身壽命，盡無戀愛之心，唯除念佛。波斯匿王質問端嚴如天女的女兒無垢施，身在王宮諸快樂悉無所少，為何為憂色而不睡眠，不樂世樂？【58】無垢施女以偈答父王，其中即以「居世如幻妓」、「如人處蛇間」、「四大如毒蛇」、

【55】隋‧智者大師撰，《法界次第初門》卷六，《大正藏》冊46，no.1925，頁696中。慈怡主編（1988），《佛光大辭典》，頁269。

【56】隋‧智者大師撰，《法界次第初門》卷六，《大正藏》冊46，no.1925，頁696中。

【57】隋‧智者大師撰，《法界次第初門》卷六，《大正藏》冊46，no.1925，頁696中。慈怡主編（1988），《佛光大辭典》，頁268。

【58】西晉‧聶道真譯，《大寶積經-無垢施菩薩應辯會》，《大正藏》冊11，no.310，頁557下。

「如飢何有樂」[59]四個譬喻來形容地、水、火、風四大和合色身與世間的虛幻無常，四大如毒蛇般不斷地潛蝕著我們，我們的生命猶如處在眾蛇間，隨時有被囓食致死的危險，怎敢貪睡？此種生活又有何樂可言？

二、聲聞品第二

此品內容為無垢施女善觀機逗教，各以專長問難於舍利弗、目犍連、摩訶迦葉、須菩提、富樓那彌多羅尼子、離越、阿那律與阿難等八大聲聞眾。此品僅有兩個譬喻，分別出現在無垢施女問難摩訶迦葉與離越的對話中，略述如下：

（一）如何以身心報恩

無垢施女詰難摩訶迦葉的頭陀行，破斥摩訶迦葉為憐愍眾生故，入八解脫已而受施，乃至一念而受施，欲報施恩，是以身報恩或以心報恩？若以身報，身是沒有善惡無記性，與草木牆壁瓦礫等無異，是故不能必報施恩。若以心報，心念念不停，亦不能報。若除身心則無為法，若無為法誰能報者。[60]此處以草木牆壁瓦礫沒有善惡比喻色身沒有善惡的無記性，如何用以報恩？

（二）有心亦無心行禪

【59】西晉・聶道真譯，《大寶積經-無垢施菩薩應辯會》，
　　　《大正藏》冊11，no.310，頁558上。

【60】西晉・聶道真譯，《大寶積經-無垢施菩薩應辯會》，
　　　《大正藏》冊11，no.310，頁558中。

無垢施女再以離越擅長的行禪來問難他，行禪時是依有心或無心來行禪？

　　若依心入禪，心如幻化不實，所得的定亦是幻化不實。若無心入禪，諸外法草木枝葉花果等亦應得禪。所以者何？以彼同無心故。[61] 此處「無心」乃在問難「若不依心識入禪」，則無心識之草木亦應得禪，然實不爾，故不依心識入禪亦不應理。無垢施女分別以諸佛行處與問法真際，來破斥摩訶迦葉的頭陀行，與離越的行禪，兩聲聞眾均無以言對，默然無語。

三、菩薩品第三

　　此品內容爲無垢施女各以文殊師利法王子、無癡見菩薩、寶相菩薩、離惡趣菩薩、除諸蓋菩薩、觀世音菩薩、辯嚴菩薩與無癡行菩薩等八大菩薩的專長問難之。八大菩薩一一被詰難後，各各默然無語。這時，須菩提告訴諸聲聞與諸大菩薩，不須入舍衛城乞食。因爲無垢施女所說即是智者的法食，不須再乞摶食（入口之物可食啖者）。無垢施女再追問須菩提：若說諸法無上無下，於此法中，當有何求而行乞耶？[62] 大眾不解，俱詣佛所求法。無垢施女以五字偈問佛「菩薩應如何行持？」其中出現五個譬喻，處理如下問題。

【61】西晉・聶道真譯，《大寶積經-無垢施菩薩應辯會》，《大正藏》冊11，no.310，頁558下。

【62】西晉・聶道真譯，《大寶積經-無垢施菩薩應辯會》，《大正藏》冊11，no.310，頁560上。

（一）怨親平等如風地

在此品中，無垢施女應用第一個譬喻問於佛：「云何等怨親，斷愛及荒穢？志行無高下，其猶如風地。」[63] 此處愛及荒穢是對比，對應於前一偈的親與怨。第三句的「高下」與第四句「風地」又彼此互相呼應。偈頌末句「其猶如風地」，對照另二異譯本均作「如（虛）空」，可見此處之「如風地」，與「如（虛）空」，均以風、地與虛空之無分別施與萬物一般，來比況平等心，正呼應佛陀反對當時印度社會兩性不平等問題。後兩句合起來又與前兩句相呼應。

（二）捨八法行世如日

在此品中，無垢施女應用第二個譬喻問於佛：「利衰及毀譽，稱譏與苦樂，云何捨八法，行世猶如日？」[64] 此處八法指利、衰、毀、譽、稱、譏、苦、樂，又稱爲「八世風」或「八風」。1.利，指利益，凡有益於我的皆稱爲利。2.衰，即衰減，指凡有減損於我，皆稱爲衰。3.毀，即毀謗，謂因惡其人，構合異語，而訕謗之。4.譽，即讚譽，謂因喜其人，雖不對面，亦必以善言讚譽。5.稱，即稱道，謂因推重其人，凡於眾中必稱道其善。6.譏，即譏誹，謂因惡其人，本無其事，妄爲實有，對眾明說。7.苦，即逼迫之意，或謂遇惡緣惡境，身心受其逼迫。8.樂，即歡悅之意，謂或

【63】西晉・聶道真譯，《大寶積經-無垢施菩薩應辯會》，《大正藏》冊11，no.310，頁560中。

【64】西晉・聶道真譯，《大寶積經-無垢施菩薩應辯會》，《大正藏》冊11，no.310，頁560中。

遇惡緣惡境，身心皆得歡悅。這八風為世間所愛所憎，能煽動人心，故以風為喻稱之。[65]

　　無垢施女問佛如何捨上述八法，能行世如日遍照大地？此處亦如上「如風地」譬喻，以日之無分別施與萬物一般，來比況平等心，捨離對怨親、愛憎、高下，乃至利衰等八法之分別心，此譬喻亦呼應當時印度社會性平問題。

（三）飛鳥騏驎樂閑靜

　　在此品中，無垢施女同時應用兩個譬喻問於佛：「云何諸行人，樂於閑靜處？

　　云何如飛鳥？亦如麟一角？」[66] 修行人要能樂於獨處，樂於閑靜，捨離諸眾生，才能像鳥單飛，獨行如騏驎。根據龐進《中國祥瑞：麒麟》，騏驎是中國古籍中記載的一種動物，與鳳、龜、龍共稱為"四靈"，是神的坐騎，古人把麒麟當作仁獸、瑞獸。雄性稱麒，雌性稱麟，明代鄭和下西洋帶來了長頸鹿後，又用來代指長頸鹿（在日本依然如此）。常用來比喻傑出的人。[67] 根據《春秋感精符》麟一角明海內共一主。[68] 此處宜解為修道者要能身心一

【65】慈怡主編（1988），《佛光大辭典》，高雄：佛光出版社，頁292-293。

【66】西晉‧聶道真譯，《大寶積經-無垢施菩薩應辯會》，《大正藏》冊11，no.310，頁560中。

【67】龐進著（2013），《中國祥瑞：麒麟》，陝西：陝西人民出版社，頁11。

【68】嚴一萍輯、黃氏逸書考（1972），《春秋感精符》叢書集成三編，頁8。

如，做自己的主人。

（四）智人處禪如虛空

在此品中，無垢施女再運用第五個譬喻問於佛：「云何諸智人，觀地水火風，無傾動分別，處禪如虛空？」[69]此問題主要請示如何像智者，長處在無分別的空禪觀中，如無色、無味、清淨無瑕、無界限、無所不包、無所不在的虛空。

以上本品所用譬喻以自然界的風、地、日、虛空爲主，加上獅子、象、馬、牛、鵝、飛鳥、騏驎、蛇等動物，與頻婆、蓮花等植物，唯少數植物如頻婆果，在本地少見，只種植於某些佛寺外，其餘大都是日常生活周遭中，耳熟能詳的生物。藉助自然生態物種當譬喻，透過先說教法，後舉譬喻之後喻法，易爲大眾所瞭解。

四、菩薩行品第四

此品內容爲世尊答覆無垢施女提問，爲說十八種菩薩成就四法。於第七種菩薩成就四法得殊妙端正、與第十五種菩薩成就四法得善應辯的五字偈中，各出現一個譬喻。另外，在本品結束前，阿難以七字偈請教世尊時，亦運用了四個譬喻。分別說明如下：

（一）五字偈部分：爲世尊答覆無垢施女提問，共有如下二個譬喻。

【69】西晉・聶道真譯，《大寶積經・無垢施菩薩應辯會》，《大正藏》冊11，no.310，頁560中。

1.騏驎獨行世稀有

於第五種菩薩成就四法得三昧的第一法即「捨離諸有生，獨行如騏驎」[70]中國古代用騏驎象徵祥瑞。相傳只在太平盛世，或世有聖人時此獸才會出現。麒麟每次出現都將是一個非常特別的時期。據記載，伏羲、舜、孔子等聖人都伴有麒麟出現，並帶來神的指示，最終指引勝利。麒麟是天上的神物，不是地上的，常伴神靈出現，是神、仙、佛的座騎，屬火系天仙。[71]

此處「捨離諸有生」，有二解：一為捨離所有有情眾生，包括自己的父母兄弟六親眷屬，即割愛辭親捨貪離執；二為斷除所有的生死輪迴。依本偈頌稍前之長行云：「多厭患生死」[72]來看，此譬喻以後釋為宜。獨行的騏驎世稀有，正因為離群修行，方能得三昧定而感召在太平盛世出現，此處藉獨行的騏驎世間稀有，來譬喻佛陀經由離群修行而成就佛道的殊勝稀有。

2.護法如天人花鬘

第十五種菩薩成就四法得善應辯，譬如天人所樂見的雜花鬘。[73]此四法為（1）受持親近菩薩法藏。（2）晝夜六時誦三陰經。（3）受持讀誦菩提法，廣為他說令得喜悅。（4）不愛身

【70】西晉・聶道真譯，《大寶積經-無垢施菩薩應辯會》，《大正藏》冊11，no.310，頁561中。

【71】龐進著（2013），《中國祥瑞：麒麟》，頁12。

【72】西晉・聶道真譯，《大寶積經-無垢施菩薩應辯會》，《大正藏》冊11，no.310，頁561中。

【73】西晉・聶道真譯，《大寶積經-無垢施菩薩應辯會》，《大正藏》冊11，no.310，頁562中。

命。[74] 若親近佛法，勇猛誦三陰，即日夜在十方如來前，懺悔，隨喜，勸請，回向。[75] 捨身命受持正法為人解說，能得辯才，正如天人樂見雜花鬘。根據《大寶積經卷第十六—淨居天子會第四之二》所載：「若初中後生定善心，捨一切物不生愁惱。如是清淨，若得一色鬘是初地，若得惡色鬘是二地，若得種種色鬘是三地，若得一切花鬘是四地，若得龍花鬘是五地，若得天花鬘是六地，若得天種種花鬘是七地，若得雜天人花鬘是八地。……」[76] 筆者認為經文中「若得惡〔二〕色鬘是二地。」惡字應是【二】字的誤寫。對於天人來說，見花鬘或夢花鬘的多少決定其修行道地的深淺，故天人是樂見雜花鬘的，此處「雜花鬘」的「雜」，非一般人所認知的雜亂，而是繁多之意。此第十五種菩薩成就四法藉天人樂見雜花鬘，來盛讚行此四法得善應辯的殊勝及受歡迎的程度。

（二）七字偈部分：

　　阿難以七字偈請教世尊微笑之因緣，在此四十四句七字偈中共出現了四個譬喻讚歎佛的相好功德，分別闡釋如下：

　　1.世尊摧伏諸外道，猶如師子伏野干。

【74】西晉‧聶道真譯，《大寶積經-無垢施菩薩應辯會》，《大正藏》冊11，no.310，頁562中。

【75】印順（1993），〈第三章大乘「念佛」法門〉《華雨集》第二冊，頁140。

【76】西晉‧竺法護譯，《大寶積經》卷十六，〈淨居天子會第四之二〉《大正藏》冊11，no.310，頁88中。

什麼是外道？《漢語詞典》有三說：1.佛教徒稱本教以外的宗教及思想為外道。2.泛指不合于正道的論說、法則等。3.歪門邪道搞不正當的活動。佛教把佛陀所說的教法，符合因果實相真理的實證法道，佛弟子依之而修能成就無上正等正覺，故稱為內道，或內教。真理在真心如來藏自性中，心外求法都是不究竟，因此佛教把心外求法的種種宗教統稱為外道。《大方便佛報恩經》卷7〈9親近品〉：「菩薩何故勤求佛法？欲令眾生生信心故。」是故求於因論。為知諸過罪故，為破外道惡邪論故。」世尊又言：「應勤摧伏外道邪論，不令異見損眾生故。」[77]《一切經音義》卷二四：「野幹，梵言'悉伽羅'。形色青黃，如狗羣行，夜鳴，聲如狼也。」[78]字有作'射幹'。《佛光大辭典》解釋為「狐之一種」或直接說是「野狐」。[79]此處世尊為令眾生生信心與不令外道邪論損眾生，故要勇猛摧伏諸外道，猶如師子制伏野干。在此以獅子制伏野狐，來形容釋迦牟尼佛摧伏外道的威德。

　　2.眉間毫相如珂月

　　阿難請教佛微笑的因緣。世間萬億日月電光的光明，與天龍梵王等諸光明，都比不上釋迦牟尼佛口中放出的清淨光明，以及眉間散發出如白月的毫相光。珂，玉之白者。以珂與月譬物之鮮白。

【77】譯者不詳，《大方便佛報恩經》卷七，〈親近品〉《大正藏》冊3，no.156，頁163下。

【78】唐‧玄應撰，《一切經音義》卷七〇，《大正藏》冊54，no.2128，頁763上。

【79】慈怡主編（1988），《佛光大辭典》，頁4817，4952。

《法華經—嚴王品》曰：「眉間毫相，白如珂月。」[80]《大寶積經—彌勒菩薩所問會》：「眉間白毫相，猶如頗梨光，普照於世間，超過於一切。」[81] 頗梨光梵語sphatika，巴厘語phalika。為七寶之一。意譯水玉、白珠、水精。又作玻璃、頗胝等。其質瑩淨通明，光瑩如水，堅實如玉，有紫、白、紅、碧等多種顏色，其中，以紅色、碧色最珍貴，紫色、白色次之。[82] 佛陀眉間此種白毫相，猶如水玉的光明，普照於世間，超過於一切。

　　3.圓滿柔軟喻天衣

　　「天衣」，佛教謂諸天人所著之衣。據《大智度論》卷三十四載：「六欲界六天中皆服天衣飛行自在，看之似衣光色具足，不可以世間繒綵比之。色界諸天衣服，雖號天衣其猶光明，轉勝轉妙不可名也。北俱盧洲衣重一兩。四天王天長半由旬，衣長一由旬，闊半由旬，重半兩。忉利天衣重六銖，焰摩天衣重三銖，兜率陀天衣重一銖半，化樂天衣重一銖。他化自在天衣重半銖。」[83] 又載：「欲界天衣從樹邊生無縷無織，譬如薄冰光曜明淨有種種色。色界天衣純金色光明不可稱知。」[84] 謂天人之衣重量甚輕之意，且天

【80】姚秦・鳩摩羅什譯，《妙法蓮華經》卷九，《大正藏》冊7，no.262，頁60下。

【81】唐・菩提流志譯，《大寶積經—彌勒菩薩所問會》卷一一一，《大正藏》冊11，no.310，頁629中。

【82】慈怡主編（1988），《佛光大辭典》，頁269。

【83】姚秦・鳩摩羅什譯，《大智度論》卷三十四，《大正藏》冊25，no.1509，頁310中。

【84】姚秦・鳩摩羅什譯，《大智度論》卷三十四，《大正藏》冊25，no.1509，頁310下。

愈高衣則愈輕。[85] 此處以天衣譬喻佛手足柔軟細滑，猶如天衣。

4.世尊齒淨無垢穢，方平齊密白如雪

此譬喻包括佛三十二相的第二十二、四十齒相，二十三、齒白齊密相，與二十四、四牙白淨相。分述如下：

二十二、四十齒相，謂常人但有三十六齒，唯佛具足四十齒，一一皆齊等、平滿如白雪。此相係由遠離兩舌、惡口、恚心，修習平等慈悲而感得，常出清淨妙香；此一妙相能制止眾生之惡口業，滅無量罪、受無量樂。[86]

二十三、齒白齊密相，謂佛的四十齒皆白淨齊密，根復深固，不粗不細，齒間密接而不容一毫。係以十善法化益眾生，復常稱揚他人功德所感之相，表能得清淨和順、同心眷屬之德。[87] 十善指能永離殺生、偷盜、邪行、妄語、兩舌、惡口、綺語、貪欲、瞋恚、邪見。[88]

二十四、四牙白淨相，謂佛的四牙最白而大，瑩潔鮮淨。即四十齒外，上下亦各有二齒，其色鮮白光潔，銳利如鋒，堅固如金鋼。係以常思惟善法，修慈而感得此相。此妙相能摧破一切眾生

【85】慈怡主編（1988），《佛光大辭典》，頁1348-1349。

【86】後秦‧佛陀耶舍共竺佛念譯，《長阿含經》卷一，《大正藏》冊1，no.1，頁5中。慈怡主編（1988），《佛光大辭典》，頁509。

【87】後秦‧佛陀耶舍共竺佛念譯，《長阿含經》卷一，《大正藏》冊1，no.1，頁5中。慈怡主編（1988），《佛光大辭典》，頁509。

【88】唐‧實叉難陀譯，《十善業道經》，《大正藏》冊15，no.600，頁158上。

強盛堅固之三毒。[89] 此七句偈再以純淨白雪譬喻佛方平齊密的齒相。

上述《無垢施菩薩應辯會》的序品第一有二十三個譬喻，處理了三個問題。聲聞品第二計兩個譬喻，處理了兩個問題。菩薩品第三共五個譬喻，處理四項問題。菩薩行品第四共六個譬喻，比喻佛教授的三種四法與贊佛相好功德等議題。

第四節　結論

《大寶積經・無垢施菩薩應辯會》為西晉聶道真再譯其師竺法護《無垢施女經》的異譯本。聶道真會再譯同部經，除了華文造詣深厚，又精通梵文外，尚有兩個重要原因：（一）西晉竺法護與元魏瞿曇般若流支譯本都沒有分品，讀者不易掌握經義。（二）竺法護譯本音譯辭藻生澀難懂，不及聶道真意譯辭句的簡潔優雅與流暢達意。此兩項成為聶道真漢譯《無垢施菩薩應辯會》最大的優點。

聶道真早年為竺法護譯經筆受，待法護歿後，兼通漢語與梵文的聶道真，即自行譯經五十四部六十六卷經及目錄。依中國佛教三期譯經的分法與特色，聶道真應可歸在第二期的譯經期。但依其晚期譯出的《無垢施菩薩應辯會》，完全未採用梵音直譯法，且譯辭優美、行文流暢。加上聶道真既是本土人士，深諳中華文化，又主譯佛經達五十四部之多，且早於玄奘、義淨至少兩個世紀，在中國

【89】後秦・佛陀耶舍共竺佛念譯，《長阿含經》卷一，《大正藏》冊1，no.1，頁5中。慈怡主編（1988），《佛光大辭典》，頁510。

佛教譯經史上，聶道真堪被尊為第三本國人主譯期的先鋒。

　　《無垢施菩薩應辯會》的當機眾無垢施女，即《地藏經忉利天宮神通品》的優婆夷，亦是《法華經》卷七〈莊嚴王本事品〉二十七中，雲雷音宿王華智佛教法中妙莊嚴王的夫人，名淨德（梵Vimaladatta又作離垢施），有二子，名淨藏與淨眼，善神通，修菩薩行，勸原信婆羅門之王歸佛，王終以其國付弟而出家。二子即藥王與藥上菩薩，王即後之蓮華德菩薩，后即光照莊嚴香菩薩，世尊稱為無垢施菩薩，授記成佛，號無垢光相王如來。出現在《地藏經》與《法華經》的無垢施女，較普為一般佛教信仰者所熟知。

　　《無垢施菩薩應辯會》的內容，浮現釋迦牟尼佛創立佛教時的三種印度社會現象—不平等的種姓制度、女性歧視與迷信思想。本經利用譬喻透過無垢施女讚佛的相好功德，與八大聲聞與八大菩薩一一的詰難，來破除婆羅門迷信見沙門穢氣不利的執著，與自視婆羅門種姓尊貴的驕慢。最後世尊教授十八種成佛四法，並授記無垢施女成佛的轉身論思想，即闡揚著大乘空系「無男無女」的平等女人觀。本經菩薩品第三的「怨親平等如風地」與「捨八法行世如日」兩個譬喻均以如風地虛空日之無分別與萬物一般，來比況平等心，捨離對怨親、愛憎、高下，乃至利衰等八法之分別心，正透露出兩性平等觀點的訊息。

　　《無垢施菩薩應辯會》的三十六個譬喻，除第一序品第16「端嚴如天女」是譬喻無垢施女端正莊嚴有如天女外，其餘依次透過序品、聲聞品、菩薩品、菩薩行品、到授記品，由讚佛功德與應身莊嚴的譬喻，到說法破斥世間法入究竟法義境界的譬喻，再回歸到讚佛身清淨光明的譬喻。大致可分為兩類，一類即是讚佛三十二相的

十九個譬喻（序品第一：1-15；菩薩行品第四：1-4）。第二類則是描繪修行境界的十五個譬喻（序品第一：長行2-3；五字重頌1，16-19；聲聞品第二：長行1-2；菩薩品：五字重頌1-5；菩薩行品第四：五字重頌1-2；七字重頌1-4）。

　　在第二類描繪修行境界的十五個譬喻中，聲聞品第二的「2.心如幻化不實此定亦復不實。」譬喻，可歸納為九種譬喻種類的第一類別「顯示諸現象之存在悉無實體、一切皆空之譬喻」。序品第一的「17.居世如幻妓」，聲聞品第二的「1.若以身報身性無記，喻如草木牆壁瓦礫等無異」，與菩薩品第三「5.云何諸智人，觀地水火風無傾動分別，處禪如虛空」，則相應於上述九種譬喻種類的第二類別「顯示人類肉體為空與無常之譬喻」。這三個譬喻都屬「即是」的直述法，都在進行否定、掃蕩、揚棄和超越，告知人一切都是幻化不實，都是顛倒妄想的投射，而從中捨離一切執著，如此則與空的法義貼近。佛化身、報身與法身三身清淨光明，非等同於一般人，修行的境界更是超乎凡人的想像，故藉用譬喻更易呈現其深義與意涵。

　　《無垢施菩薩應辯會》的三十六個譬喻都是對佛功德相好或佛教義理做種種的描述。根據北本《大般涅槃經》所載的八種譬喻方式，本經所有譬喻都是屬於先說教法，後舉譬喻之後喻法。且多是以具體的實物或實相來做譬喻，計採用了8個地、水、火、風、日、月、虛空等自然生態，14個獅子、象、馬、牛、孔雀、鵝、鴈、飛鳥、騏驎、蛇等動物的譬喻，與5個頻婆、蓮花、草、木等花卉或植物做譬喻，其中以畜生道譬喻最多，透由譬喻使抽象的佛教教義易為大眾所瞭解，增加本經的價值與可讀性。唯少數植物如

頻婆不常出現於台灣本土，僅見種植於少數佛寺中，如高雄佛光山。透過這些譬喻，亦可觀察到佛陀時代印度的自然生態與風土文化。而這些自然現象與動植文物，再透過佛典的漢譯，與中國本土自然風土文化做進一步的會通與融合，也豐富了中國譬喻文學的內涵。

參考書目

一、原典

後漢‧安世高譯，《五陰譬喻經》，《大正藏》冊2，no.105。

後漢‧支婁迦讖譯，《雜譬喻經》，《大正藏》冊4，no.204。

吳‧康僧會譯，《六度集經》，《大正藏》冊3，no.152。

吳‧支謙譯，《菩薩本緣經》，《大正藏》冊3，no.153。

吳‧支謙譯，《撰集百緣經》，《大正藏》冊4，no.200。

吳‧支謙譯，《維摩詰經》，《大正藏》冊14，no.474。

作者不詳，《菩薩本生鬘論》，《大正藏》冊3，no.160。

馬鳴菩造，姚秦‧鳩摩羅什譯，《大莊嚴論經》，《大正藏》冊4，no.201。

元魏‧慧覺等譯，《賢愚經》，《大正藏》冊4，no.202。

元魏‧吉迦夜共曇曜譯，《雜寶藏經》，《大正藏》冊4，no.203。

元魏‧瞿曇般若流支譯，《得無垢女經》，《大正藏》冊12，no.339。

僧伽斯那撰，蕭齊・求那毘地譯，《百喻經》，《大正藏》冊4，no.209。

西晉・法炬共法立譯，《法句譬喻經》，《大正藏》冊4，no.211。

西晉・竺法護譯，《佛說離垢施女經》一卷，《大正藏》冊12，no.338。

西晉・聶道真譯，《大寶積經-無垢施菩薩分別應辯會》一卷，《大正藏》冊11，no.310。

東晉・佛陀跋陀羅譯，《舊譯華嚴經》卷三十四，《大正藏》冊9，no.278。

東晉・佛陀跋陀羅譯，《觀佛三昧海經》卷十，《大正藏》冊15，no.643。

東晉・佛陀跋陀羅譯，《大方等如來藏經》卷一，《大正藏》冊16，no.666。

劉宋・求那跋陀羅譯，《雜阿含經》，《大正藏》冊2，no.99。

元魏・瞿曇般若流支譯，《得無垢女經》，《大正藏》冊12，no.339。

北涼・曇無讖譯，北本《大般涅槃經》卷十四，《大正藏》冊12，no.374。

北涼・曇無讖譯，《優婆塞戒經》卷一，《大正藏》冊24，no.1488。

後秦・佛陀耶舍共竺佛念譯，《長阿含經》卷一，《大正藏》冊1，no.1。

姚秦・鳩摩羅什譯，《妙法蓮華經》卷二~五〈譬喻品〉-〈如來壽量品〉，《大正藏》冊9，no.262。

姚秦・鳩摩羅什譯，《維摩詰所說經》卷一，《大正藏》冊14，no.475。

龍樹菩薩造，姚秦‧鳩摩羅什譯，《大智度論》卷三十四，《大正藏》冊25，no.1509。

後魏‧勒那摩提譯，《究竟一乘寶性論》卷一〈無量煩惱所纏品〉第6，《大正藏》冊31，no.1611。

隋‧費長房撰，《歷代三寶紀》，《大正藏》冊49，no.2034。

隋‧智頤說，《妙法蓮華玄義》序王，《大正藏》冊33，no.1716。

隋‧智者大師撰，《法界次第初門》卷六，《大正藏》冊46，no.1925。

唐‧義淨譯，《佛說譬喻經》，《大正藏》冊4，no.217。

唐‧玄奘譯，《大般若波羅蜜多經》卷一，《大正藏》冊5，no.220。

唐‧實叉難陀譯，《地藏菩薩本願經》，《大正藏》冊13，no.412。

唐‧實叉難陀譯，《十善業道經》，《大正藏》冊15，no.600。

唐‧不空譯，《大方廣如來藏經》，《大正藏》冊16，no.667。

唐‧善無畏、一行譯，《大毘盧遮那成佛神變加持經》卷一，《大正藏》冊18，no.848。

唐‧湛然述，《法華玄義釋籤》卷十七，《大正藏》冊33，no.1717。

唐‧玄應撰，《一切經音義》卷七○，《大正藏》冊54，no.2128。

唐‧靖邁撰，《古今譯經圖紀》，《大正藏》冊55，no.2151。

唐‧明佺等撰，《大周刊定眾經目錄》卷四，《大正藏》冊55，no.2153。

唐‧智昇撰，《開元釋教錄》卷二，《大正藏》冊55，no.2154。

譯者不詳，《大方便佛報恩經》卷七，〈親近品〉《大正藏》冊3，no.156。

二、專書

印順（1993），《華雨集》第二冊，台北：正聞出版社。

印順（2011），《初期大乘佛教之起源與開展》，台北：中華書局。

朱慶之（1992），《佛典與中古漢語詞彙研究》，台北：文津出版社。

徐蔚如刊行（1918），《增廣文鈔》卷一，北京：文學古籍刊行社。

陳學仁（2000），《龍樹菩薩八不思想探究》，高雄：佛光出版社。

梁曉虹（1994），《佛教詞語的構造與漢語詞匯的發展》，北京：北京大學語言學院出版社。

梁曉虹（2001），〈從語言上判定《舊雜譬喻經》非康僧會所譯〉，《佛教與漢語詞彙》，高雄：佛光出版社。

梁麗玲（1998），《〈雜寶藏經〉及其故事研究》，台北：法鼓文化。

梁麗玲（2002），《〈賢愚經〉研究》，台北：法鼓文化。

慈怡主編（1988），《佛光大辭典》，高雄：佛光出版社。

雷可夫與詹生合著（1980），《我們賴以生存的譬喻》，周世箴，當代譬喻理論：LakoffandJohnson，《我們賴以生存的譬喻》，台北：聯經出版社。

錢崇澍、陳煥鏞主編（1984），《中国植物志》第49（2）卷，北京：科學出版社。

龐進著（2013），《中國祥瑞：麒麟》，陝西：陝西人民出版社。

顏洽茂（1997），《佛教語言闡釋：中古佛經詞匯研究》，《中國佛教學術論典64》，杭州：杭州大學出版社。

嚴一萍輯、黃氏逸書考（1972），《春秋感精符》叢書集成三編，上

海：古籍出版社。

三、期刊論文

丁敏（1991），〈譬喻佛典之研究──撰集百緣經、賢愚經、雜寶藏經、大莊嚴論經〉。《中華佛學學報》，第4期，頁75-120。

丁敏（2001），〈佛教譬喻文學研究〉，中華佛學研究所論叢8。陳明書評，載《世界宗教研究》增刊，頁154-156。其修改稿載北京大學東方文學研究中心編（2002）《東方文學研究通訊》，第1期，頁57-59。

郭良（1989），〈佛教譬喻經文學〉，《南亞研究》第2期，頁62-66、73。

梁麗玲（2003），〈《撰集百緣經・餓鬼品》研究〉，台北：法光出版社，頁307-327。

梁麗玲（2006），〈《出曜經》的動物譬喻〉，潘重規教授百年誕辰紀念學術研討會

論文集，潘重規教授百年誕辰紀念學術研討會籌備會、國立臺灣師範大學國文學系，頁427-456。

梁曉虹（1993），〈佛典的譬喻〉，《文化知識》1月號。

梁曉虹（1991），〈佛經譬喻造詞之特色〉，《語文建設通訊》，第33期，頁11-16。

釋永東（2013），〈聶道真譯經研究〉，《新世紀宗教研究》2013.2.3通過審查，付印中。

四、學位論文

林韻婷（2005），《雜阿含經譬喻故事研究》，台北：玄奘大學宗教

學系碩士論文。

梁麗玲（2001），《〈賢愚經〉及其相關問題研究》，國立中正大學
博士論文。

蔡蓉茹（2008），《佛教童女研究《大寶積經》四部童女經為依
據》，華梵大學東方人文思想研究所碩士論文。

釋永祥（1990），《佛教文學對中國小說的影響》，高雄市：佛光文
化事業有限公司。

五、網站

卍字義《法爾辭庫》──佛功德相篇2013.8.14

http://dharmazen.org/X1Chinese/D45Dictionary/D07BudGuna001/
D07BudGunaData0001.htm

（本論文已於2014年3月26日經外審期刊《新世紀宗教研究》審
查通過，接受刊登。）（接受刊登證明見附錄三）

第六章　《聶道真錄》
之研究

第一節　緒論

　　自東漢末年迄兩晉南北朝時，佛典漢譯的數量已累積相當成果，因此隨佛經翻譯事業發展，譯出經典數量的增多，為應佛教傳教事業所需，加上自東漢末年以來時局動盪不安，戰亂頻繁，為避免經典的散失，因此對佛經整理、鑑別、著錄、考訂、分類的工作便隨之產生，此是南北朝時開始編定佛經目錄的原因之一。

　　之後歷朝的漢譯佛經與經錄編撰從未斷過。然而，即使各種經錄爭相面世，較早撰成的諸多經錄卻由於年代久遠，已泰半佚失，本章探討主題《聶道真錄》即是其中之一。

一、經錄簡介

　　梁啓超<佛家經錄在中國目錄之位置>一文提及，隋開皇十七年（597）費長房撰《歷代三寶紀》（簡稱長房錄）之前有三十二家經錄，其中二十五家經錄在費長房時已佚失。這二十五家經錄依時代先後為：古經錄一卷（長房錄云似是秦始皇時釋利防等所齎經

錄），【1】舊錄一卷（長房錄云似前漢劉向校書所見經錄），漢時佛經目錄一卷（內典錄云似是明帝時迦葉摩騰譯經成錄），朱士行漢錄一卷（見長房錄），【2】西晉竺法護撰眾經錄一卷（見貞元錄疑即聶道真錄），西晉聶道真撰眾經錄一卷（見長房錄案聶道真筆受竺法護所譯經此蓋其目錄），趙錄一卷（內典錄云似是二趙時諸錄迄注未知姓氏），東晉釋道安撰綜理眾經目錄一卷（簡稱安錄），姚秦釋僧叡撰二秦錄一卷（此書蓋專記羅什新譯本），東晉釋道竺流道祖撰眾經錄四卷（分魏錄吳錄晉錄河西錄見長房），東晉成帝時支敏度撰經錄都錄、經錄別錄各一卷（祐錄中屢引別錄當即此書），【3】南齊王宗撰眾經目錄二卷與釋彌充錄一卷，以及釋道慧撰宋齊錄一卷，北齊釋道憑撰釋道憑錄一卷，釋正度撰正度錄一卷，王車騎錄一卷，始興錄一卷（長房錄云即南錄），盧山錄一卷，【4】岑號錄一卷，元魏菩提流支錄一卷，梁釋僧紹撰華林佛殿

【1】 梁啟超（1981），《佛教目錄學述要・佛家經錄在中國目錄之位置》，張曼濤主編《現代佛教學術叢刊（40）台北：大乘文化出版社，頁22。

【2】 梁啟超（1981），《佛教目錄學述要・佛家經錄在中國目錄之位置》，張曼濤主編《現代佛教學術叢刊（40），頁23。

【3】 梁啟超（1981），《佛教目錄學述要・佛家經錄在中國目錄之位置》，張曼濤主編《現代佛教學術叢刊（40），頁23。

【4】 梁啟超（1981），《佛教目錄學述要・佛家經錄在中國目錄之位置》，張曼濤主編《現代佛教學術叢刊（40），頁23。

眾經錄四卷，靈裕法師撰譯經錄一卷及眾經都錄八卷。【5】

上述佚失經目，幸經費長房收存在其《長房錄》。另有眾經別錄二卷凡十篇，作者不詳，疑爲宋時所撰，經長房錄備列其目。梁僧佑撰《出三藏記集》十五卷（簡稱僧祐錄）與彥琮隋眾經目錄五卷，以及隋法經等二十人撰隋眾經目錄六卷等三錄目前都還存在。其他尚有梁寶唱撰梁眾經目錄四卷，北魏李郭魏眾經目十卷與北齊法上撰齊眾經目錄八卷等三錄已佚失，費長房亦未收存。【6】以上共計三十二部經錄均出現在隋長房錄之前，顯見費長房之前譯經之盛況，惜其中僅有三部留存下來。此亦是筆者試圖藉助其他早期留存經目來還原《聶道真錄》的原因。

在《長房錄》之後，又陸續出現了十六部經錄，其中僅有隋玄琬撰仁壽內典錄、宋祥符釋教錄與宋景祐釋教錄三錄佚失。其餘十三錄尚存，依撰述年代先後分別爲：唐靜泰撰唐眾經目錄十五卷（此爲東京大敬愛寺藏經目），【7】唐釋道宣撰大唐內典錄十卷（簡稱內典錄），唐靖邁撰古今譯經圖記，唐明佺撰武周眾經目錄十五卷（簡稱大周錄），唐智昇撰續大唐內典錄一卷、續譯經圖

【5】 梁啟超（1981），《佛教目錄學述要·佛家經錄在中國目錄之位置》，張曼濤主編《現代佛教學術叢刊（40）》，頁23。

【6】 梁啟超（1981），《佛教目錄學述要·佛家經錄在中國目錄之位置》，張曼濤主編《現代佛教學術叢刊（40）》，頁26。

【7】 梁啟超（1981），《佛教目錄學述要·佛家經錄在中國目錄之位置》，張曼濤主編《現代佛教學術叢刊（40）》，頁26。

記一卷、開元釋教錄二十卷（簡稱開元錄）、開元釋教錄略書四卷，唐圓照撰續開元釋教錄二卷、[8] 同年間又撰貞元釋教錄三十卷（簡稱貞元錄），唐恆安撰續貞元釋教錄一卷，元王吉撰聖教法寶標目，同年慶吉祥撰至元法寶勘同十卷。[9] 其中內典錄、大周錄、開元錄與貞元錄亦多少收錄了《聶道真錄》。

二、文獻回顧

　　與本研究較相近有關佛教經錄的研究，計有兩篇專書文章、兩篇期刊論文及三篇碩士學位論文，分述如下：

　　兩篇專書文章分別為梁啓超<佛家經錄在中國目錄之位置>和黃懺華<西晉佛教>，前者針對中國佛教歷來編撰佛教經錄做了極仔細的介紹，可惜在經錄撰述年代與部卷數量的考證不夠準確，該文認為聶道真自譯之書不過三四種，不可能為自譯佛經撰經錄，故推斷《聶道真錄》是專載其師竺法護譯經。[10] 根據長房錄記載聶道真譯經計五十四部合六十六卷及經錄，[11] 儘管大部分已佚失，但

【8】梁啓超（1981），《佛教目錄學述要‧佛家經錄在中國目錄之位置》，張曼濤主編《現代佛教學術叢刊（40）》，頁27。

【9】梁啓超（1981），《佛教目錄學述要‧佛家經錄在中國目錄之位置》，張曼濤主編《現代佛教學術叢刊（40）》，頁28。

【10】梁啓超（1981），《佛教目錄學述要‧佛家經錄在中國目錄之位置》，張曼濤主編《現代佛教學術叢刊（40）》，頁31。

【11】隋‧費長房撰，《歷代三寶紀》，《大正藏》冊49，no.2034，頁65下。

《大正藏》至少收錄有五部五卷，[12] 不似梁任公所言僅三四種。此外，該文中另將唐道宣麟德元年（664）撰《大唐內典錄》的年代誤植爲662年。[13]《續貞元釋教錄》撰述年代應爲唐寶曆四年（825）而非保大四年。後者黃懺華《中國佛教史略—西晉佛教》敘說從晉武帝泰始元年（265）到湣帝建興四年（316）建都洛陽共五十一年間的佛教。

三篇期刊論文爲阮忠仁〈從《歷代三寶紀》論費長房的史學特質及意義〉，作者認爲《長房錄》可以反映出佛教學者費長房的史學思想。[14] 另一篇爲梅迺文，〈竺法護的翻譯初探〉，主要探討竺法護的傳記與其譯經相關的問題以及其翻譯經典共同的公式。[15] 陳士強〈漢傳佛教目錄學小史〉，雖未多加著墨《聶道真

【12】西晉·聶道真譯，《異出菩薩本起經》一卷，《大正藏》冊3，no.188，頁617中。《諸菩薩求佛本業經》一卷，《大正藏》冊10，no.282，頁451上。《大寶積經·無垢施菩薩答辯會》一卷，《大正藏》冊11，no.310，頁556上。《佛說文殊師利般涅槃經》一卷，《大正藏》冊14，no.463，頁480中。《三曼陀跋陀羅菩薩經》一卷，《大正藏》冊14，no.483，頁666下。《菩薩受齋經》一卷，《大正藏》冊24，no.1502，頁1116上。

【13】梁啟超（1981），《佛教目錄學述要·佛家經錄在中國目錄之位置》，張曼濤主編《現代佛教學術叢刊（40）》，頁27。

【14】阮忠仁（1990），〈從《歷代三寶紀》論費長房的史學特質及意義〉，《東方宗教研究》新一期，頁93-129。

【15】梅迺文（1996），〈竺法護的翻譯初探〉，《中華佛學學報》，第九期，頁49-64。

錄》，但對中國佛教譯經初期撰寫的經錄如古錄、別錄等都略有探討。[16]

　　三篇碩士學位論文為陳莉玲《中國佛教經錄譯典之分類研究》，黃碧姬《費長房《歷代三寶紀》研究》和趙詠萱《《開元釋教錄》研究》。第一篇陳莉玲《中國佛教經錄譯典之分類研究》旨在探討南北朝至民國七個時代的歷代經錄分類的架構，並探討近代學者所提分類法及提出中國佛教經錄的分類構想。[17]第二篇黃碧姬《費長房《歷代三寶紀》研究》從目錄學角度論述《長房錄》之撰述背景，詳細解說本書之體例、組織結構等[18]。第三篇趙詠萱《《開元釋教錄》研究》以《開元錄》作為研究對象，揭示佛經目錄在目錄學中所具有的特色與功用。最後探討《開元錄》的貢獻、缺失及其影響，並從各方面歸納出《開元錄》的價值，具體呈現《開元錄》與佛經目錄的學術地位。[19]

　　上述諸文獻均未涉及本研究還原與補足《聶道真錄》的主旨，以及釐清《聶道真錄》與《竺法護錄》一異之問題。故本章在下列各節中將先透過最早出現「見聶道真錄」字眼的《長房錄》來考證《聶道真錄》，再比對目前尚存最早經錄《僧祐錄》中的竺法護譯

【16】陳士強（2012），〈漢傳佛教目錄學小史〉，《內明》，第二四二期，頁3。

【17】陳莉玲（1992），《中國佛教經錄譯典之分類研究》，淡江大學中國文學研究所碩士論文。

【18】黃碧姬（2008），〈費長房《歷代三寶紀》研究〉，華梵大學東方人文思想研究所碩士論文。

【19】趙詠萱（2011），《開元釋教錄》研究，國立臺北大學古典文獻與民俗藝術研究所古典文獻組碩士論文。

經目，最後再比對《內典錄》、《開元錄》與《貞元錄》等經錄來追溯《聶道真錄》經目的譯出時間，最後藉助《聶道真錄》年表來窺探竺法護譯事相關問題，以還原並補足《聶道真錄》完整的面貌。迄今仍未有探討《聶道真錄》的任何學術研究問世，故本章議題深具研究價值與意義。

第二節　《歷代三寶紀》與《聶道眞錄》

現存最早經錄《出三藏記集》，簡稱僧祐錄。[20]是梁僧佑（445-518）於天監年間，將後漢至南朝梁代期間所有佛經加以組織整理的一部創作，但未明載有收錄《竺法護錄》或《聶道真錄》，稍後卻在隋費長房撰《長房錄》中，尋得該經錄之蹤跡。

最早收錄聶道真經目錄的《歷代三寶紀》（又稱《長房錄》）共十五卷，分帝年三卷、代錄九卷、入藏目錄二卷與總錄一卷四部分，該錄保存了上代經錄極其豐富而又寶貴的資料。[21]對後世經錄影響很大。《聶道真錄》即歸屬在第二部分中。

首先，《長房錄》卷十五明確記載聶道真譯經五十四部六十六卷經及目錄，又記載晉時竺法護錄與聶道真錄各一卷，分別摘錄如下：

【20】梁・僧佑撰，《出三藏記集》，《大正藏》冊55，no.2145，頁1上中。

【21】參閱慈怡主編（1988），《佛光大辭典》，高雄：佛光出版社，頁6253下-6254上。

承遠子清信士聶道真　五十四部（六十六卷經及目錄）[22]

　　聶道真錄一卷（晉時）　釋僧叡二秦錄一卷（後秦）　朱士行漢錄一卷（魏時）

　　竺道祖眾經錄四卷（魏世吳世晉世雜錄河西偽錄）　竺法護錄一卷（晉時）[23]

　　由上摘錄可見《長房錄》於《聶道真錄》之外別有《竺法護錄》一卷，但梁任公認為聶道真為晉懷帝時人，先安公約五十年，當時有最大譯家竺法護，譯經二百餘部，聶道真實司筆受之役。護公歿，真復自譯數部，不過三四種，不能別自成錄，凡聶道真錄所記者皆竺法護書。[24] 根據《長房錄》記載聶道真譯經計五十四部合六十六卷及經錄，[25] 儘管大部分已佚失，但如第一章文獻回顧提到《大正藏》至少仍收錄有六部聶道真譯經，不似任公所言僅三四種。任公又認為當時譯家多有專錄，竺法護錄於超[起]信

【22】隋・費長房撰，《歷代三寶紀》，《大正藏》冊49，no.2034，頁122下。

【23】隋・費長房撰，《歷代三寶紀》，《大正藏》冊49，no.2034，頁127下。

【24】梁啟超（1981），《佛教目錄學述要・佛家經錄在中國目錄之位置》，張曼濤主編《現代佛教學術叢刊（40）》，頁31。

【25】隋・費長房撰，《歷代三寶紀》，《大正藏》冊49，no.2034，頁65下。

論條下云「勘真諦錄無此論」，[26] 是當時有真諦錄專記諦所譯書。[27] 但筆者認為：不能只憑真諦專錄就推論《聶道真錄》所記者皆竺法護譯經，應實際深入《長房錄》搜尋出所有《聶道真錄》的經目加以考證。

一、《聶道真錄》之彙整

依據「見聶道真錄」字眼來蒐集《長房錄》中《聶道真錄》的譯經條目，計有五十八條，其中第一條包含兩部譯經為「聶道真錄云：般舟三昧經二卷、寶積經一卷，是支婁迦讖於後漢光和三年（180）庚申年十月八日於洛陽譯出」，[28] 這條經目收錄在《長房錄》第一部分帝年三卷之第二卷（帝年次前漢新王後漢），是後來撰出的其他經錄所沒有的，也沒有和另外五十七條經目一起收錄在《長房錄》第二部分代錄九卷之第六卷（譯經西晉）中 [29]。再者，這條經錄記載了兩部經，而其他五十七條經目只收錄單經。最後，這條經錄雖有「聶道真錄」，卻是置於該經錄前的「聶道真錄

【26】隋・法經等撰，《眾經目錄》卷5，《大正藏》冊55，no.2146，頁142上。

【27】梁啟超（1981），《佛教目錄學述要・佛家經錄在中國目錄之位置》，張曼濤主編《現代佛教學術叢刊（40）》，頁31。

【28】隋・費長房撰，《歷代三寶紀》，《大正藏》冊49，no.2034，頁34上。

【29】隋・費長房撰，《歷代三寶紀》，《大正藏》冊49，no.2034，承遠子清信士聶道真。五十四部六十六卷經錄目註23（經+（及）），頁61下。

云」，不似其他五十七條置放於經錄尾的「見聶道真錄」。筆者特依條列次序編號，並將年代、經名、卷數、地點、記事分門別類如表6.1：

表6.1：房錄「見聶道真錄」彙整表

編號	譯出年代	譯經名稱	卷數	譯經地點	聶道真錄記事《歷代三寶紀》卷6 T49 no.2034 pp.62a-64a
1	庚申年十月八日	般舟三昧經寶積經	二卷一卷	洛陽	聶道真錄云。支婁迦讖十月八日於洛陽譯般舟三昧經二卷寶積經一卷。p.34a
2	元康七年	漸備一切智德經	十卷		是華嚴十地品。或五卷。見聶道真錄。p.62a
3	太康七年	正法華經	十卷		清信士張士明張仲正及法獻等筆受。或七卷。見聶道真錄曇邃誦之日一遍。遂感神請。九十日畢。施白馬一匹白羊五頭絹九十匹。p.62a
4	永嘉二年	普曜經	八卷	天水寺	是第三譯。沙門康殊白法巨等筆受。與蜀普曜及智猛寶雲所出六卷者小異。見聶道真及古緣。p.62a
5	元康元年	賢劫經	七卷		趙文龍筆受。或十卷十三卷。舊錄云。永康年出。見聶道真錄。p.62a
6	太始四年三月四日	小品經	七卷		第二出。或八卷。與舊道行經本同。文小異。p.62a

7	太康七年	持心經	六卷		凡十七品。一名等御諸法經。一名持心梵天所問經。一名莊嚴佛法經。亦云持心梵天經。見舊錄聶道真錄。p.62a
8	元康元年四月十三日	度世品經	六卷		是華嚴經世間品。見聶道真錄。p.62a
9		樓炭經	五卷		或六卷八卷是長阿含世記句文小異。見聶道真錄。道安云。出方等部。p.62a
10	太康六年正月十九日	生經	五卷		或四卷。見聶道真錄。p.62a
11	元康元年十二月二十五日	如來興顯經	五卷		是華嚴經如來性品。亦云興顯如幻經。見聶道真錄。p.62a
12	永嘉元年十二月一日	阿差末經	四卷		是第二出。或五卷七卷。出大集或云阿差末菩薩經。見聶道真錄及別錄。p.62b
13	太始元年	無盡意經	四卷		第二出。與阿差末同本別譯。出大集。見聶道真錄。或五卷。p.62b
14	太康八年四月二十七日	寶女經	四卷		或三卷。亦云寶女三昧經。或云寶女問慧經。出大集見聶道真錄。p.62b
15	太康六年七月	海龍王經	四卷		或三卷。聶道真錄。p.62b

16		阿惟越致經	四卷		或云阿惟越致遮經。或云不退轉法輪經四卷。或云廣博嚴淨經六卷。四經同本別譯。聶道真錄。p.62b
17		等集眾德三昧經	三卷		或云集一切福德三昧經。或二卷。見聶道真錄。p.62b
18	太始七年正月	超日明三昧經	三卷		初出。或兩卷。或直云超日明經。見聶道真錄。p.62b
19	泰熙元年七月十四日	寶髻菩薩所問經	二卷		大集一名菩薩淨行經。舊錄云。寶髻經見聶道真錄。p.62b
20	永嘉二年三月	弘道廣顯三昧經	二卷		一云阿耨達。一云阿耨達請佛一云金剛門定意。或無三昧字。凡四名有十品。一本但有七品少中三品一本正有前五品。見聶道真錄。p.62b
21	太始五年七月三日	大般泥洹經	二卷		亦云方等泥洹經。見聶道真錄。p.62b
	永嘉二年正月二十一日	無量壽經	二卷		是第四出。與吳世支謙魏世康僧鎧白延等出本同文異亦云無量清淨平等覺經。見竺道祖晉世雜錄。p.62b
22	太康六年六月	大善權經	二卷		初出亦云慧上菩薩問大善權經。或云慧上菩薩經。或善權方便。或方便所度無極。凡五名見聶道真錄。p.62b

23		順權方便經	二卷		亦云轉女身菩薩經。亦云推權方便經。舊錄云。順權女經。見聶道真錄。p.62b
24	元康元年四月九日	勇伏定經	二卷		是第四譯。與支讖支謙白延等所出首楞嚴經本同名異文少別。見聶真道錄。p.62b
25	太始年出	佛昇忉利天為母說法經	二卷		亦云佛昇忉利天品經。見聶道真錄。p.62b
26	太康八年正月	普門品經	一卷		見聶道真錄。p.62b
27	建興元年十二月二十六日	大淨法門經	一卷		見聶道真錄。p.62c
28	太康十年二月二日	離垢施女經	一卷		見聶道真錄。p.62c
29		須摩提菩薩經	一卷		亦云須摩提經。亦云須摩經。見聶道真及竺道祖等錄。p. 62c
		龍施女經	一卷		舊錄云。龍施本起經。第二出。p.62c
30		無所悕望經	一卷		亦云象步經亦云象腋經。見聶道真錄。p.63a
31	太康十年十二月二日	魔逆經	一卷		見聶道真錄。p.63a

32	大（太）安二年五月十七日	彌勒菩薩所問本願經	一卷		一名彌勒菩薩本願經。一名彌勒難經。見聶道真錄及竺道祖錄。p.63a
	太康十年四月八日	文殊師利淨律經	一卷		護於洛陽白馬寺遇西域沙門寂志誦出。經後尚有數品悉忘但宣憶者聶道真筆受見竺道祖錄一云淨律經。p.63a
33	太安二年	彌勒成佛經	一卷		一名彌勒當來下生經。見聶道真錄。p.63a
34		寶施女經	一卷		一名須摩提法律三昧經。見聶道真錄。p.63a
35	太安二年五月	佛為菩薩五夢經	一卷		一名佛五夢。一名太子五夢。一名仙人五夢。見舊錄及聶道真錄。p.63a
36		四不可得經	一卷		見聶道真及正度等錄。p.63a
37		鴦掘魔經	一卷		一名指鬘經或作鴦掘魔羅經。見聶道真錄。p.63a
38	太安三年正月	所欲致患經	一卷		見聶道真及王宗等錄。p.63b
39	永寧二年四月十二日	五蓋疑結失行經	一卷		見聶道真錄。p.63b
40	永嘉元年三月三日	無極寶三昧經	一卷		見聶道真錄及別錄。p.63b

41		寶網童子經	一卷		亦云寶網經。 見聶道真錄。p.63b
		文殊師利 悔過經	一卷		初出亦云文殊師利五體悔過經。 p.63b
42		普法義經	一卷		亦云普義經第二譯與漢世安世高 譯者大同小異。 見聶道真錄。p.63b
43	光熙元年 八月十四日	滅十方冥經	一卷		一本無滅字。 見聶道真錄。p.63b
44		溫室洗浴 眾僧經	一卷		一名溫室經。 見聶道真錄。p.63b
45		當來變經	一卷		見聶道真錄。p.63b
46	太安二年 五月	五百弟子自 說本起經	一卷		舊錄云五百弟子說本末經。 見聶道真錄。p.63c
47	大安年	師子月 佛生經	一卷		見聶道真錄。p.63c
48		迦葉結 集傳經	一卷		或云結集戒經。 見聶道真錄。p.63c
49	太安年	柰女耆域經	一卷		一名柰女經。 見聶道真錄。p.63c
50	太安二年 八月一日	胞胎經	一卷		或云胞胎受身經。 見聶道真錄。p.63c
51	太安二年 四月一日	維摩詰所說 法門經	一卷		是第三出。與漢世嚴佛調吳世支 謙出者大同小異。 見聶道真錄。p.63c

52		幻士仁賢經	一卷		見聶道真錄。p.63c
53		無言童子經	一卷		或二卷亦云無言菩薩經。 出大集。見聶道真錄。p.63c
54	元康四年 十二月五日	聖法印經	一卷	酒泉郡	竺法首筆受。亦直云聖印經。亦 云慧印經。道安云。出雜阿含。 見聶道真及寶唱錄。p.63c
55	元康年	光世音大勢 至受決經	一卷		亦直云觀世音受記經。 見聶道真錄。p.64a
56		普首童真經	一卷		見聶道真錄。p.64a
57	建武元年	阿闍貰女經	一卷		第二譯。與吳世支謙譯者小異。 亦名阿述達經亦名。阿闍世王女 經。亦名阿述達菩薩經。見聶道 真及支敏度錄。p.64a
58	元康元年	首楞嚴經	二卷		是第五譯。與二支一白一竺出者 文異本同。見道真錄。p.64a

上表6.1依「見聶道真錄」彙整出的五十八條經目中，有十一條不僅出自《聶道真錄》，尚出自早於《長房錄》的其他經錄，如4.普曜經八卷亦出自古緣【錄】，7.持心經六卷與35.佛爲菩薩五夢經一卷亦出自舊錄，12.阿差末經四卷與40.無極寶三昧經一卷亦出自別錄，該錄是支敏度在東晉初期成帝世代（326-342），所撰《經論都錄》的分類目錄。【30】29.須摩提菩薩經一卷與32.彌勒菩薩所問本願經一卷亦出自竺道祖晉世雜錄一卷，36.四不可得經一卷亦出自正度錄，38.所欲致患經一卷亦出自南齊王宗《眾經目錄》二卷，54.聖法印經一卷亦出自梁寶唱天監十七年撰《梁代眾經目錄》二卷，57.阿闍貰女經一卷亦出自支敏度錄，該錄是支敏度在東晉初期成帝世代（326-342），總校群經，合古今目錄爲一家，而撰成了《經論都錄》。【31】

　　《長房錄》卷六《聶道真錄》收錄五十八條經目合計五十九部一五七卷譯經，編號13無盡意經四卷備註爲「**太始元年第二出。與阿差末同本別譯。出大集。**」【32】。但該錄卷三又出現「**（甲午）十護又出無盡意經四卷**」【33】兩處摘錄都指第二出，卻有太始元年（265）與甲午年（274）九年之差。此外，《聶道真錄》亦收錄無

【30】陳士強（2012），〈漢傳佛教目錄學小史〉，《內明》，
　　　第二四二期，頁3。

【31】陳士強（2012），〈漢傳佛教目錄學小史〉，《內明》，
　　　第二四二期，頁3。

【32】隋・費長房撰，《歷代三寶紀》，《大正藏》冊49，
　　　no.2034，頁62中。

【33】隋・費長房撰，《歷代三寶紀》，《大正藏》冊49，
　　　no.2034，頁37上。

盡意經四卷的同本別譯，編號12阿差末經四卷，譯出時間爲永嘉元年（307），[34]而非甲午年（274）。三筆經目都指竺法護所譯第二出之無盡意經四卷，卻有上述三個不同的譯出年代，由此可見學界詬病《長房錄》常將過去「失譯」的經典依主觀意見歸於某位譯師名下的評價了。故筆者認爲西晉《聶道真錄》爲直接記錄，比隋《長房錄》間接收錄的準確度高。

《長房錄》中《聶道真錄》的排序完全依卷數多寡由大而小方式排列，且註有「見聶道真錄」或「見道真錄」字眼。但仍有穿插在其中的四部經目未載有前述字眼，即第21與22經之間的無量壽經二卷、第29與30經之間的龍施女經一卷、第32與33經之間的文殊師利淨律經一卷、與第41與42經之間的文殊師利悔過經一卷。無量壽經二卷與普曜經八卷同爲竺法護分別於晉懷帝永嘉二年（308）一月與五月譯出，[35]卻只見普曜經八卷註有「見聶道真錄」，未見同註於無量壽經二卷。另外，雖然文殊師利淨律經一卷[36]只註明爲聶道真筆受，未有「見聶道真錄」，但與龍施女經一卷[37]與

【34】隋‧費長房撰，《歷代三寶紀》，《大正藏》冊49，no.2034，頁62中。

【35】星雲監修（2007），《世界佛教史年表》高雄：佛光文化事業有限公司，頁21。

【36】西晉‧竺法護，《文殊師利淨律經》，《大正藏》冊14，no.460，頁448上。

【37】西晉‧竺法護，《佛說龍施菩薩本起經》，《大正藏》冊14，no.558，頁910中。

文殊師利悔過經一卷[38]都是竺法護的譯經，是無庸置疑的。但《聶道真錄》未必全是竺法護譯經，如第一條後漢靈帝光和三年（180）十月八日支婁迦讖於洛陽譯般舟三昧經二卷寶積經一卷即是。

　　另有十六部經未附譯出時間，如阿惟越致經四卷、等集眾德三昧經三卷、順權方便經二卷、須摩提菩薩經一卷、無所悕望經一卷、寶施女經一卷、四不可得經一卷、鴦掘魔經一卷、寶網童子經一卷、普法義經一卷、溫室洗浴眾僧經一卷、普法義經一卷、迦葉結集傳經一卷、幻士仁賢經一卷、無言童子經一卷、普首童真經一卷等。再者，只有編號1般舟三昧經與寶積經、編號4普曜經以及編號54聖法印經提到譯經地點，其他則不詳，故相關經目的譯出時間與地點亦將藉助與其他晚出經錄做比對後儘可能來補足。

第三節　《出三藏記集》竺法護譯經考

　　西晉時期佛教的傳播，主要以譯經為主，從事譯經的國內外沙門及優婆塞中以竺法護最為有名。在竺法護的譯經工作中，有許多助手為他執筆、詳校。其中著名的是關中聶承遠和其子聶道真，聶承遠父子對竺法護譯事幫助最大，他們承旨筆受外，還常常參正文句，聶道真甚至收錄大量竺法護譯經成錄，因而促成竺法護的大量譯經不但能順利問世，還存留至今。

【38】西晉・竺法護，《文殊師利悔過經》，《大正藏》冊14，no.459，頁441下。

《僧祐錄》是最早較完整收錄竺法護譯經條目的經錄。故本章將透過《僧祐錄》中竺法護譯經條目的考據，來證實《聶道真錄》是否專為竺法護譯經編撰的經錄。

一、竺法護簡介

　　竺法護梵名達磨羅察（Dharmaraksa），是世居敦煌的月支僑民，原來以支為姓，八歲依竺高座出家，以後從師姓竺。他博學強記，刻苦踐行，深感當時（曹魏末）佛教徒只重視寺廟圖像，而忽略了西域大乘經典的傳譯，因此決心宏法，隨師西遊。他通曉西域三十六種語言文字，搜集到大量經典原本，回到長安。晉武帝泰（太）始二年（266）竺法護從敦煌到達長安，後至洛陽，再到江左，沿路翻譯經典不斷，內容包括大小乘經論律。到懷帝永嘉二年（308），譯出了一百五十餘部經論。武帝末年（274頃），他曾一度隱居山中，隨後在長安青門外立寺修行，聲名遠揚，各地僧俗從學的達千餘人。他又去各地宏化，並隨處譯經。晚年，行蹤不詳。據說以七十八歲的高齡去世。竺法護因原居敦煌，化洽各處，時人又稱他為敦煌菩薩。【39】

二、　竺法護譯經

　　根據《僧祐錄》的記載，竺法護譯經計有一百四十一部三百三十二卷，概分為兩類：第一類為仍存在的經典，第二類為已佚失經典。第一類仍存在的竺法護譯經收錄數量「九十部凡二百六

【39】梁‧僧佑撰，《出三藏記集》，《大正藏》冊55，no.2145，頁8下。

卷」【40】，實際有九十五部二百五卷；第二類已佚經錄六十四部凡
一百一十六卷。【41】實際為六十九部凡一百三十三卷。茲因該錄未
有經目編號，筆者特在每條經目前依序編號，以利與《聶道真錄》
做比對與說明。

【40】 梁・僧佑撰，《出三藏記集》，《大正藏》冊55，
no.2145，頁1上中。

【41】 梁・僧佑撰，《出三藏記集》，《大正藏》冊55，
no.2145，頁9中。

表6.2：僧佑錄尚存竺法護譯經目

#	譯出年代	譯經名稱	卷數	記事《出三藏記集》T55no.2145 pp.7a-10a	真錄
1	太康七年十一月二十五日	光讚經	十卷	十七品。p.7a	
2	元康元年七月二十一日	賢劫經	七卷	舊錄云賢劫三昧經或云賢劫定意經。p.7a	5
3	太康七年八月十日	正法華經	十卷	二十七品舊錄云正法華經或云方等正法華經。p.7a	3
4	永嘉二年五月	普曜經	八卷	三十品安公云方等部。p.7a	4
5	元康元年七月七日	大哀經	七卷	二十八品舊錄云如來大哀經。p.7a	
6	元康元年四月十三日	度世品經	六卷	六卷。p.7a	8
7	太康九年十月八日	密跡經	五卷	或云密跡金剛力士經或七卷。p.7a	
8	太康七年三月十日	持心經	六卷	十七品一名等御諸法一名莊嚴佛法舊錄云持心梵天經或云持心梵天所問經。p.7a	7
9	太康五年二月二十三日	修行經	七卷	二十七品舊錄云修行道地經。p.7a	

10	元康七年十一月二十一日	漸備一切智經	十卷	或五卷。p.7a	2
11	元康元年十二月二十五日	生經五卷	五卷	或四卷。p.7a	10
12	太康六年七月十日	海龍王經	四卷	或三卷。p.7a	15
13	太康七年十二月二十七日	普超經	四卷	一名阿闍世王品安錄亦云更出阿闍世王經或為三卷舊錄云文殊普超三昧經。p.7a	
14		維摩鞊經	一卷	一本云維摩鞊名解。p.7b	51
15	太康五年十月十四日	阿惟越致遮經	四卷	p.7b	16
16		嚴淨佛土經	二卷	舊錄云文殊師利嚴淨經或云文殊佛土嚴淨經。p.7b	
17		阿耨達經	二卷	一名弘道廣顯三昧經舊錄云阿耨達龍王經或云阿耨達請佛經。p.7b	20
18		首楞嚴經	二卷	異出首稱阿難言。p.7b	58
19		無量壽經	二卷	一名無量清淨平等覺經。p.7b	

20	太始 六年十月	寶藏經	二卷	舊錄云文殊師利寶藏經或云文殊師利現寶藏。p.7b	
21	永熙 元年七月 十四日	寶結經	二卷	一名菩薩淨行經舊錄云寶結菩薩經或云寶結菩薩所問經。p.7b	19
22		要集經	二卷	或云諸佛要集經天竺曰佛陀僧祇提。p.7b	
23		佛昇忉利 天品經	二卷	p.7b	25
24		等集眾德 三昧經	二卷	舊錄云等集眾德經或云等集。p.7b	17
25		無盡意經	四卷	p.7b	13
26	大康 十年十二 月二日	離垢 施女經	一卷	p.7b	28
27		郁迦 長者經	一卷	或云郁迦羅越問菩薩行經即大郁迦經或為二卷。p.7b	
28	建始 元年三月 二十六日	大淨 法門經	一卷	p.7b	27
29	泰始二年 十一月	須真 天子經	二卷	p.7b	
30		幻士 仁賢經	一卷	或云仁賢幻上經。p.7b	52

31	太康十年十二月二日	魔逆經	一卷	p.7b	31
32		濟諸方等經	一卷	或云濟諸方等學經。p.7b	
33		德光太子經	一卷	或云賴吒和羅所問光德太子經。p.7b	
34	太康十年四月八日	文殊師利淨律經	一卷	一本云淨律經。p.7b	
35		決總持經	一卷	p.7b	
36	太康八年四月二十七日	寶女經	四卷	舊錄云寶女三昧經或云寶女問慧經。p.7b	14
37	元康元年十二月二十五日	如來興顯經	四卷	一本云興顯如幻經。p.7b	11
38		般舟三昧經	二卷	安公錄云更出般舟三昧經。p.7c	
39		首意女經	一卷	或云梵女首意經。p.7c	
40		十二因緣經	一卷	p.7c	
41		月明童子經	一卷	一名月光童子經。p.7c	
42		五十緣身行經	一卷	舊錄云菩薩緣身五十事經或云菩薩行五十緣身經。p.7c	
43		六十二見經	一卷	或云梵網六十二見經。p.7c	
44		四自侵經	一卷	四自侵經。p.7c	

45		須摩經	一卷	舊錄云須摩提經或云須摩提菩薩經。p.7c	29
46		隨權女經	二卷	出別錄安錄無。p.7c	
47	太始五年七月二十三日	方等泥洹經	二卷	或云大般泥洹經。p.7c	21
48	太康六年六月十七日	大善權經	二卷	或云慧上菩薩問大善權經或云慧上菩薩經或云善權方便經或云善權方便所度無極經。p.7c	22
49		無言童子經	一卷	或云無言菩薩經。p.7c	53
50		溫室經	一卷	舊錄云溫室洗浴眾僧經。p.7c	44
51		頂王經	一卷	一名維鞊子問經安公云出方等部或云大方等頂王經。p.7c	
52		聖法印經	一卷	天竺名阿遮曇摩文圖安公云出雜阿含。p.7c	54
53		移山經	一卷	舊錄云力士移山經。p.7c	
54		文殊師利五體悔過經	一卷	舊錄云文殊師利悔過。p.7c	
55		持人菩薩經	三卷	p.7c	

56	元熙元年八月十四日	滅十方冥經	一卷	p.7c	43
57		無思議孩童經	一卷	舊錄云孩童經或云無思議光孩童菩薩經或云無思議光經。p.7c	
58		迦葉集結經	一卷	舊錄云迦葉結經。p.7c	48
59		彌勒成佛經	一卷	與羅什所出異本。p.7c	33
60		舍利弗目連遊諸國經	一卷	或云舍利弗摩目揵連遊諸四衢經。p.7c	
61		琉璃王經	一卷	p.7c	
62		奈女耆域經	一卷	或云奈女經。p.8a	49
63		寶施女經	一卷	p.8a	34
64		寶罔童子經	一卷	舊錄云寶罔經。p.8a	41
65		順權方便經	二卷	一本云惟權方便經舊錄云順權女經一名轉女身菩薩經。p.8a	23
66		五百弟子本起經	一卷	舊錄云五百弟子自說本末經或云佛五百弟子自說本起經。p.8a	46
67		佛為菩薩五夢經	一卷	舊錄云佛五夢或云太子五夢。p.8a	35

68		普門經	一卷	一本云普門品。p.8a	26
69		如幻三昧經	二卷	舊錄云三卷。p.8a	
70		彌勒本願經	一卷	或云彌勒菩薩所問本願經。p.8a	32
71		舍利弗悔過經	一卷	p.8a	
72		胞胎經	一卷	舊錄云胞胎受身經。p.8a	50
73		十地經	一卷	或云菩薩十地經。p.8a	
74		摩目揵連本經	一卷	p.8a	
75		太子慕魄經	一卷	p.8a	
76		四不可得經	一卷	p.8a	36
77		菩薩悔過經	一卷	或云菩薩悔過法下注云出龍樹十住論。p.8a	
78		當來變經	一卷	p.8a	45
79		乳光經	一卷	p.8a	
80		心明女梵志婦飯汁施經	一卷	或云心明經。p.8a	
81		大六向拜經	一卷	舊錄云六向拜經或云威華長者六向拜經。p.8a	
82		鴦掘摩經	一卷	或云指鬘經或云指髻經。p.8a	37

83		菩薩 十住經	一卷	p.8a	
84		摩調王經	一卷	出六度集。p.8a	
85		象出經	一卷	一名無所希望經。 p.8a	30
86		照明 三昧經	一卷	p.8a	
87		所欲 致患經	一卷	p.8b	38
88		法沒盡經	一卷	或云空寂菩薩所問 經。p.8b	
89		菩薩齋法	一卷	一名菩薩正齋經一 名持齋經。p.8b	
90		獨證自誓 三昧經	一卷	或云如來獨證自誓 三昧經。p.8b	
91		過去佛 分衛經	一卷	舊錄云過世佛分衛 經。p.8b	
92		五蓋疑結 失行經	一卷	安公云不似護公出 後記云。p.8b	39
93		阿差末經	一卷	或云阿差末菩薩經 別錄所載安錄先 闕。p.8b	12
94		無極寶經	一卷	別錄所載先闕安錄 或云無極寶三昧 經。p.8b	40
95		阿述達經	一卷	別錄所載安錄先闕 舊錄云阿述達女經 或云阿闍王女阿術 達菩薩經。p.8b	

表6.3：僧佑錄已佚竺法護譯經目

#	譯出年代	譯經名稱	卷數	記事《出三藏記集》T55no.2145 pp.7a-10a	真錄
1		等目菩薩經	二卷	別錄所載安錄先闕。p.8b	
2		閑居經	一卷	p.8b	
3		更出小品	六卷	p.8b	6
4		總持經	一卷	祐案出生經或云佛心總持。p.8b	
5		超日明經	二卷	p.8b	18
6		刪維摩鞊經	一卷	祐意謂先出維摩煩重護刪出逸偈也。p.8b	
7		虎耳意經	一卷	p.8b	
8		無憂施經	一卷	一本云阿闍世女名無憂施。p.8b	
9		五福施經	一卷	p.8b	
10		樓炭經	五卷	安公云出方等部。p.8b	9

11	元康元年四月九日	勇伏定經	二卷	安公云更出首楞嚴。p.8c	24
12		嚴淨經	一卷	一名序世經。p.8c	
13		慧明經	一卷	p.8c	
14		迦葉經	一卷	p.8c	
15		光世音大勢至受決經	一卷	p.8c	55
16		諸方佛名經	一卷	p.8c	
17		目連淨居天經	一卷	p.8c	
18		普首童經	一卷	p.8c	56
19		十方佛名	一卷	p.8c	
20		三品修行經	一卷	安公云近人合大修行經。p.8c	
21		金益長者子經	一卷	p.8c	
22		眾祐經	一卷	p.8c	

23		觀行不移四事經	一卷	p.8c	
24		小法沒盡經	一卷	p.8c	
25		四婦喻經	一卷	p.8c	
26		盧夷經	一卷	p.8c	
27		諸神咒經	三卷	p.8c	
28		盧羅王經	一卷	p.8c	
29		龍施經	一卷	p.8c	
30		檀若經	一卷	p.8c	
31		馬王經	一卷	p.8c	
32		普義經	一卷	p.8c	42
33		鹿母經	一卷	p.8c	
34		給孤獨明德經	一卷	舊錄云給孤獨氏經。p.8c	
35		龍王兄弟陀誡王經	一卷	p.8c	

36		勸化王經	一卷	p.8c	
37		百佛名	一卷	p.8c	
38		更出阿闍世王經	二卷	p.8c	
39		殖眾德本經	一卷	p.9a	
40		沙門果證經	一卷	p.9a	
41		龍施本起經	一卷	舊錄云龍施本經或云龍施女經。p.9a	
42		佛悔過經	一卷	p.9a	
43		三轉月明經	一卷	p.9a	
44		解無常經	一卷	p.9a	
45		胎藏經	一卷	p.9a	
46		離垢蓋經	一卷	p.9a	
47		小郁迦經	一卷	p.9a	

48		阿闍 貰女經	一卷	p.9a	57
49		賈客經	二卷	p.9a	
50		人所 從來經	一卷	p.9a	
51		戒羅 云經	一卷	p.9a	
52		鴈王經	一卷	p.9a	
53		十等 藏經	一卷	p.9a	
54		鴈王 五百鴈 俱經	一卷	p.9a	
55		誡具經	一卷	p.9a	
56		決道 俗經	一卷	p.9a	
57		猛施經	一卷	p.9a	
58		城喻經	一卷	p.9a	
59		耆闍 崛山解	一卷	p.9a	

60		譬喻三百首經	25卷	p.9a	
61		比丘尼誡經	一卷	p.9a	
62		誡王經	一卷	p.9a	
63		三品悔過經	一卷	p.9a	
64		菩薩齋法一卷	一卷	舊錄云菩薩齋經或云賢首菩薩齋經。p.9a	
65		超日明經	二卷	舊錄云超日明三昧經。p.9a	
66	太始二年十一月八日	須真天子經	二卷	或云須真天子問四事經。p.9c	
67		合維摩詰經	五卷	合支謙竺法護竺叔蘭所出維摩三本合為一部。p.9c	
68		合首楞嚴經	八卷	合支識支謙竺法護竺叔蘭所出首楞嚴四本合為一部或為五卷。p.10a	

根據《僧祐錄》所載竺法護存佚經錄總計為一百五十四部，合三百九卷。僧祐收錄道安錄有關竺法護經錄時，另增收四部竺法護經目：超日明經二卷、須真天子經二卷【42】、合維摩詰經五卷與合首楞嚴經八卷等，【43】總計《僧祐錄》所載竺法護譯經錄共為一百五十九部。經筆者核計過應為一百六十四部，合三百三八卷。但之後《長房錄》則合計竺法護譯經為二百一十部三百九十四卷經戒。【44】

　　上述《僧祐錄》竺法護譯經錄的排序，看似依卷數多寡，由多而少排列，卷數多的經典集中在前面，單卷經目集中在後面，但偶爾又有不規則的穿插，如編號2七卷賢劫經就排在編號3十卷正法華經前面。在諸多單卷經錄中又插入了多卷經，如第一類編號93四卷阿差末經就插在單卷的編號92五蓋疑結失行經與編號94無極寶經之間。若依譯出時間先後來看，正法華經譯於太康七年（286），早於元康元年（291）譯出的賢劫經。阿差末經譯於永嘉元年（307），介於五蓋疑結失行經永寧二年（302）與無極寶經永嘉元年（307）的譯出，之後最後一部編號95為較晚於建武元年（317）譯出的阿述達經，此排序在最後的四部經的譯出時間卻有依先後收錄。然而編號排序87於太安三年正月（304）譯出的所欲致患經又

【42】梁・僧祐撰，《出三藏記集》，《大正藏》冊55，no.2145，頁9下。

【43】梁・僧祐撰，《出三藏記集》，《大正藏》冊55，no.2145，頁10上。

【44】梁・僧祐撰，《出三藏記集》，《大正藏》冊55，no.2145，頁122中。

晚於編號92的五蓋疑結失行經。可見《僧祐錄》經目的排序既不是全然依卷數多寡來排列，亦不是依譯出年代的先後排序。再者，第一類尚存譯經的最後一部編號95阿述達經的譯出時間（317），已是竺法護辭世（316）的隔年。可見以上摘錄自《僧祐錄》竺法護譯經錄非竺法護親造，且《僧祐錄》亦未記載上述爲竺法護錄。

在上列竺法護譯經中，有多少經目爲《聶道真錄》所收錄？其經錄含蓋的年代意義與貢獻爲何？經與《僧祐錄》竺法護譯經目比對後，得知九十五部之中的四十八部一百一十六卷出現在《聶道真錄》中，編號爲2，3，4，6，8，10，11，12，14，15，17，18，21，23，24，25，26，28，30，31，36，37，45，47，48，49，50，52，56，58，59，62，63，64，65，66，67，68，70，72，76，78，82，85，87，92，93，94。第二類已佚失竺法護譯經有六十四部一百一十六卷，其中編號3，5，10，11，15，18，32，48等八部二十卷譯經亦收錄在聶道真經錄中。如筆者在每條經目後括弧內所標示號碼，《聶道真錄》只收錄竺法護五十六部一百三十六卷譯經目，僅佔竺法護所有譯經近百分之三十五。

竺法護第一類尚存經目第89菩薩齋法一卷（一名菩薩正齋經一名持齋經），[45]晚出的《開元錄》與《貞元錄》都懷疑是安世高所譯，恐有濫竊眞名之嫌。[46]然而《大周錄》與《開元錄》又

【45】　梁・僧佑撰，《出三藏記集》，《大正藏》冊55，no.2145，頁8下。

【46】　唐・智昇撰，《開元釋教錄》卷18，《大正藏》冊55，no.2154，頁676中。唐・圓照撰，《貞元新定釋教目錄》卷28，《大正藏》冊55，no.2157，頁1020下。

載，此經前後有三譯，第一譯爲西晉竺法護《菩薩齋法經》，第二
譯爲西晉聶道真譯《菩薩受齋經》，第三譯爲東晉祇多蜜《菩薩正
齋經》。【47】若依後者的三譯說，聶道真《菩薩受齋經》是再譯竺
法護《菩薩齋法經》，但爲何竺法護的《菩薩齋法經》未出現在上
一節的《聶道真錄》中？假設竺法護譯《菩薩齋法經》在聶道真再
譯《菩薩受齋經》前已佚失，聶道真因而再譯此經，在其經錄中應
該也會記上一筆？有關《菩薩齋法經》版本考據，可參閱本書第
二章〈論《菩薩受齋經》之生命轉化教育〉【48】一文有極詳盡的論
述。

　　上一節《聶道真錄》收錄譯經目共有五十八條，與本節《僧祐
錄》所載竺法護存佚經目比對後，確定吻合者有五十六條，其中兩
條不符經目爲編號1（庚申）三（聶道真錄云。支婁迦讖十月八日
於洛陽譯般舟三昧經二卷寶積經一卷）及編號47師子月佛生經一卷
（大安年譯。見聶道真錄）。前者般舟三昧經譯者爲支婁迦讖而非
竺法護，後者師子月佛生經經首「如是我聞：一時，佛住王舍城迦
蘭陀竹園，與千二百五十比丘百菩薩俱。」【49】非爲竺法護譯經所
慣用「聞如是」，顯然非竺法護譯經，其失譯人名附三秦錄。【50】

【47】唐・智昇撰，《開元釋教錄》（卷18），《大正藏》冊
　　　55，no.2154，頁636下。

【48】釋永東（2009），〈論《菩薩受齋經》之生命轉化教
　　　育〉，《新世紀宗教研究》，第八卷第二期，頁89-91。

【49】新爲失譯人名附三秦錄，《師子月佛生經》，《大正藏》
　　　冊3，no.176，頁443下。

【50】新爲失譯人名附三秦錄，《師子月佛生經》，《大正藏》
　　　冊3，no.176，頁443下。

顯見《聶道真錄》非全爲竺法護譯經專錄，但竺法護譯經目佔有比例高達百分之九十五。雖然《聶道真錄》幾乎專收錄竺法護的譯經目，但數量只佔竺法護所有譯經的百分之三十五，可見該錄仍未完整收錄竺法護譯經，也許是該錄未能受到後世重視的原因之一。

第四節　其他晚出經錄與《聶道眞錄》

上列經筆者初步彙整過的《聶道真錄》，將在此節進一步與晚出涉及《聶道真錄》的《內典錄》、《大周錄》、《開元錄》與《貞元錄》等經錄做交叉比對，以儘可能還原出一部較完整的《聶道真錄》。

一、《大唐內典錄》與《聶道眞錄》

唐道宣麟德元年（664）撰《大唐內典錄》因襲《長房錄》，惟增漢時佛經目錄一種，故其所載有關《聶道真錄》條目，亦完全承襲《長房錄》，除了未收錄支婁迦讖般舟三昧經二卷、寶積經一卷外，漸備一切智德經十卷之後只列（元康），[51] 未有「七年出。是華嚴十地品。或五卷。見聶道真錄」[52]，筆者懷疑是《內典錄》抄錄此條目時遺漏所致。其他條目除盡去標點符號外，未有

【51】唐・道宣撰，《大唐內典錄》卷2，《大正藏》冊55，no.2149，頁232下。

【52】隋・費長房撰，《歷代三寶紀》，《大正藏》冊49，no.2034，頁62上。

任何文字增刪。[53]

　　此外，《聶道真錄》中編號3正法華經十卷譯出時間為太康七年（286），但《法華文句記》卻記載為竺法護太康元年（280）八月十一日譯訖，兩者有長達七年的差距，[54] 且卷數亦不符。再者，《內典錄》中師子月佛生經一卷（太安年譯見聶道真錄），[55] 除了《長房錄》外，既未見於《僧祐錄》竺法護譯經群中，亦未被收錄在上述任何其他晚出經錄中。因此更能證明師子月佛生經一卷非竺法護譯經。

二、《大周刊定衆經目錄》與《聶道眞錄》

　　唐明佺等萬歲元年（695）撰《大周刊定眾經目錄》，凡十五卷，簡稱《大周錄》或《武周錄》，為東漢至武周有關翻譯經論之目錄。該錄只出現四部八卷與《聶道真錄》編號14、28、35、53條目相符的經目，摘錄如下，並在每筆經目之後摘錄相應於《聶道真錄》的條目內容，以利比對說明：

> 寶女問慧經一部四卷（或三卷，或名寶女經，亦名寶女三昧經，六十三紙。）
> 右晉太康八年沙門竺法護於長安譯。是大集經寶髻菩薩品

【53】唐・道宣撰，《大唐內典錄》卷2，《大正藏》冊55，no.2149，頁232下。

【54】唐・湛然述，《法華文句記》卷8，《大正藏》冊34，no.1719，頁312下。

【55】唐・道宣撰，《大唐內典錄》卷2，《大正藏》冊55，no.2149，頁234中。

出，聶道真錄。[56]

寶女經四卷（太康八年四月二十七日出。或三卷。亦云寶女三昧經。或云寶女問慧經。出大集見。聶道真錄。）《聶道真錄14》

無垢賢女經一卷（長房錄云離垢施女經，三紙。）西晉太康年竺法護譯出聶道真錄。[57]

離垢施女經一卷（太康十年二月二日出。見聶道真錄）《聶道真錄28》

佛為菩薩五夢經一卷（第二譯一名佛五夢經一名太子五夢經一名仙人五夢經）

西晉太安二年竺法護譯。見舊錄及道真錄[58]

佛為菩薩五夢經一卷（太安二年五月譯。一名佛五夢。一名太子五夢。一名仙人五夢。見舊錄及聶道真錄。）《聶道真錄35》

無言菩薩經一部二卷（或名無言童子經四十一紙）西晉沙門竺法護譯。是大集經無言品。出聶道真錄。[59]

無言童子經一卷（或二卷，亦云無言菩薩經。出大集。見聶道真錄。）《聶道真錄53》

比對上述四條兩組經目，可歸納出如下四點差異：

【56】唐・道宣撰，《大唐內典錄》卷2，《大正藏》冊55，no.2149，頁234中。

【57】唐・道宣撰，《大唐內典錄》卷2，《大正藏》冊55，no.2149，頁395下。

【58】唐・道宣撰，《大唐內典錄》卷2，《大正藏》冊55，no.2149，頁410上。

【59】唐・明佺撰，《大周刊定眾經目錄》卷2，《大正藏》冊55，no.2153，頁383中。

（一）收錄在《大周錄》的四條經目都明載著竺法護是譯者，《大周錄》顯然結合了竺法護譯經與聶道真錄的內容，明確說明了《竺法護錄》與《聶道真錄》的關係。

　　（二）《大周錄》四條《聶道真錄》經目之一的寶女問慧經加上了譯經地點「長安」。

　　（三）《大周錄》四條《聶道真錄》經目譯經時間被刪除年以下的「月」與「日」，其中無垢賢女經正確的譯出年代「太康十年」，甚至被刪減爲更籠統的「太康年」，時間的過度簡化無益於筆者還原《聶道真錄》。

　　（四）這四條《聶道真錄》經目分散在《大周錄》不同處，不似《長房錄》中的《聶道真錄》較爲集中。

三、《開元釋教錄》與《聶道真錄》

　　《開元釋教錄》簡稱爲《開元錄》。全書共二十卷，由唐代智昇開元十八年（730）所撰，是一部佛經目錄專書。內容詳細著錄後漢明帝永平十年（67）至開元十八年（730），凡六百六十四年間，傳譯緇素總一百七十六人，及其所出之大小乘經律論三藏、賢聖集傳、失譯闕本經等，共二千二百七十八部，七千零四十六卷。《開元錄》爲歷代佛經目錄中最完備者，但也只收錄四十八條《聶道真錄》經目，少了如下十條計十一部二十六卷經目：

　　1.支婁迦讖般舟三昧經二卷、寶積經一卷，

　　5.小品經七卷（或八卷）

　　13.無盡意經四卷（五卷）

　　14.寶女經四卷（或三卷）

35.佛為菩薩五夢經一卷

47.師子月佛生經一卷

48.迦葉結集傳經一卷

56.普首童真經一卷

57.阿闍貰女經一卷

58.首楞嚴經二卷

《開元錄》收錄的四十八條《聶道真錄》經目與《長房錄》之《聶道真錄》比對後，有編號2、5、12、16、19、28六條經目在譯出時間上互有出入，分別摘錄比對說明如下：

> 漸備一切智德經五卷（一名十住，又名大慧光三昧，或十卷。元康元年十一月二十一日出，是華嚴十地品異譯，見聶道真及僧、祐二錄。）[60]《開元錄》
>
> 漸備一切智德經十卷，元康七年。是華嚴十地品或五卷，見聶道真錄。[61]《長房錄·聶道真錄2》
>
> 漸備一切智經十卷（或五卷，元康七年十一月二十一日出。）[62]《僧祐錄》

《開元錄》漸備一切智德經五卷的譯出時間為元康元年

【60】唐·智昇撰，《開元釋教錄》卷2，《大正藏》冊55，no.2154，頁494上。

【61】隋·費長房撰，《歷代三寶紀》，《大正藏》冊49，no.2034，頁62上。

【62】梁·僧佑撰，《出三藏記集》，《大正藏》冊55，no.2145，頁7中。

（291）十一月二十一日，是依據《聶道真錄》與《僧祐錄》的記錄。然而同經目在《長房錄》載爲元康七年（297），更早的《僧祐錄》則爲元康七年十一月二十一日。《開元錄》的該經目顯然早出了六年，筆者認爲是晚出的《開元錄》在收錄時誤植所造成。

> 賢劫經十三卷（題云：颰陀劫三昧，晉曰賢劫定意經，永康元年七月二十一日出，趙文龍筆受，初出或七卷或十卷，見道真、僧祐二錄房，等別存颰陀劫三昧經誤也。）[63]《開元錄》
> 賢劫經七卷元康元年出，趙文龍筆受，或十卷、十三卷。舊錄云永康年出，見聶道真錄。[64]《長房錄・聶道真錄5》
> 賢劫經七卷（舊錄云賢劫三昧經，或云賢劫定意經，元康元年七月二十一日出。）[65]《僧祐錄》

上述《開元錄》賢劫經十三卷經目既是參閱道真僧祐二錄等，前者載爲永康元年（300）七月二十一日出，後兩者《聶道真錄》與《僧祐錄》卻分別爲元康元年（291）及元康元年七月二十一日，雖然永康與元康均爲晉惠帝的年號，但前後相隔九年。可能又是晚出的《開元錄》收錄時的誤植？

【63】唐・智昇撰，《開元釋教錄》卷2，《大正藏》冊55，no.2154，頁494下。

【64】隋・費長房撰，《歷代三寶紀》，《大正藏》冊49，no.2034，頁62上。

【65】梁・僧祐撰，《出三藏記集》，《大正藏》冊55，no.2145，頁7中。

阿差末經七卷（題云：晉曰無盡意或四卷或五卷，出大集
第三譯，元嘉元年十一月一日出。或加菩薩字，見真、祐
二錄。祐、房二錄重載無盡意經四卷，誤也。）[66]《開
元錄》

阿差末經四卷（永嘉元年十二月一日譯，是第二出。或
五卷七卷，出大集或云阿差末菩薩經，見聶道真錄及別
錄。）[67]《長房錄・聶道真錄12》

　　《開元錄》阿差末經七卷爲元嘉元年十一月一日出，然而元嘉
年號卻未見於晉朝歷任帝王年號中，十一月譯出月份也別於《長房
錄》的十二月。雖然在《僧祐錄》未有譯出時間的收錄，但再依據
晚出《貞元錄》該經譯出時間元壽元年十二月一日【68】來看，元
壽年號亦未見於晉朝歷任帝王年號中，故筆者認爲阿差末經譯出時
間以《長房錄》中《聶道真錄》所載永嘉元年（307）十二月一日
較爲可信。

阿惟越致遮經三卷（初出，或四卷或云阿惟越致經，太康
五年十月十四日於燉煌出，與不退轉經廣博嚴淨經同本異

【66】唐・智昇撰，《開元釋教錄》卷2，《大正藏》冊55，
　　　no.2154，頁493下。

【67】隋・費長房撰，《歷代三寶紀》，《大正藏》冊49，
　　　no.2034，頁62上。

【68】唐・圓照撰，《貞元新定釋教目錄》卷3，《大正藏》冊
　　　55，no.2157，頁791上。

譯。見真祐二錄[69]《開元錄》

阿惟越致經四卷（或云阿惟越致遮經，或云不退轉法輪經
四卷，或云廣傳嚴淨經六卷，四經同本別譯，見聶道真
錄）[70]《長房錄・聶道真錄16》

　　比對上列兩筆阿惟越致遮經三卷經錄，可見後出《開元錄》依
據《僧祐錄》，增錄了譯出時間「太康五年十月十四日」。可以補
足《聶道真錄》此條經目內容的完整性。

寶髻菩薩所問經二卷（一名菩薩淨行經。舊錄直云寶髻經
是別譯大集寶髻品。太熙元年七月十四日出，見道真、僧
祐二錄。今入寶積當四十七會。）[71]《開元錄》

寶髻菩薩所問經二卷（泰熙元年七月十四日出大集，一名
菩薩淨行經。舊錄云寶髻經，見聶道真錄。）[72]《長房
錄・聶道真錄19》

寶結經二卷（一名菩薩淨行經。舊錄云寶結菩薩經或云寶
結菩薩所問經。

【69】唐・智昇撰，《開元釋教錄》卷2，《大正藏》冊55，
　　　no.2154，頁494上。

【70】隋・費長房撰，《歷代三寶紀》，《大正藏》冊49，
　　　no.2034，頁62中。

【71】唐・智昇撰，《開元釋教錄》卷2，《大正藏》冊55，
　　　no.2154，頁493中。

【72】隋・費長房撰，《歷代三寶紀》，《大正藏》冊49，
　　　no.2034，頁62中。

永熙元年七月十四日出。）〔73〕《僧祐錄》

上述摘錄中，《開元錄》寶髻菩薩所問經二卷太熙元年
（290）七月十四日出，《長房錄》同經泰熙元年七月十四日出，
《僧祐錄》則永熙元年（290）七月十四日出，太熙元年與永熙元
年是晉惠帝同一年前後的年號。《開元錄》在此更正了《長房錄》
泰【太】熙的筆誤。

> 離垢施女經一卷（初出太康十年十二月二日出，與寶積無
> 垢施會等同本，見道真僧祐二錄。內典錄內更載無垢施應
> 辯經者誤也，彼道真譯如後所顯。）〔74〕
> 《開元錄》
> 離垢施女經一卷（太康十年二月二日出，見聶道真
> 錄。）〔75〕《長房錄·聶道真錄28》
> 離垢施女經一卷（大康十年十二月二日出。）〔76〕《僧祐
> 錄》

上列三錄離垢施女經一卷譯出時間有十二月與二月兩說，筆者
認為《開元錄》與最早《僧祐錄》同為大康十年（289）十二月二

【73】 梁·僧佑撰，《出三藏記集》，《大正藏》冊55，
no.2145，頁7下。
【74】 唐·智昇撰，《開元釋教錄》卷2，《大正藏》冊55，
no.2154，頁493下。
【75】 隋·費長房撰，《歷代三寶紀》，《大正藏》冊49，
no.2034，頁62下。
【76】 梁·僧佑撰，《出三藏記集》，《大正藏》冊55，
no.2145，頁7下。

日出，較爲正確。

　　綜合上述《開元錄》六條相應於《聶道真錄》經目的譯出時間與《僧祐錄》及《長房錄》中《聶道真錄》的比對，雖然《開元錄》相關經錄譯出時間的準確度還有待商榷，然而在補足原《聶道真錄》漏載譯出時間上是有貢獻的。

四、《貞元新定釋教目錄》與《聶道眞錄》

　　唐圓照貞元十五年（799）撰《貞元新定釋教目錄》，簡稱《貞元錄》，凡三十卷。係編錄自後漢明帝永平十年（67）至唐德宗貞元十六年，凡七百三十四年間之大小乘經律論、賢聖集傳等之傳譯，並錄出失譯闕本。[77]《貞元錄》因襲《內典錄》，《內典錄》則因襲《長房錄》，《內典錄》所載《聶道真錄》條目，除了編號1支婁迦讖般舟三昧經二卷、寶積經一卷外，其他五十七條目完全承襲《長房錄》。《貞元錄》共收錄五十條《聶道真錄》經目，比上節《開元錄》多收錄了編號35.佛爲菩薩五夢經一卷與48.迦葉結集傳經一卷兩條經目。

　　《貞元錄》收錄的五十條《聶道真錄》經目中，有四部經目的譯出時間需分別透過與其他經錄的比對來加以釐清如下：

　　　寶女經四卷（太康八年四月二十日出是大集寶女品異譯或
　　　四卷亦直云寶女經或云寶女問慧經亦云寶女三昧經見道真

【77】唐・圓照，《貞元新定釋教目錄》，《大正藏》冊55，
　　　　no.2157，頁3954-3955。

僧祐二錄 [78]《貞元錄》

寶女經四卷（太康八年四月二十七日出或三卷亦云寶女三
昧經或云寶女問慧經出大集見《聶道真錄》）[79]《長房
錄・聶道真錄14》

寶女經四卷（舊錄云寶女三昧經或云寶女問慧經太康八年
四月二十七日出）[80]《僧祐錄》

　　《貞元錄》寶女經四卷經目參考自道真僧祐二錄，但收錄在
《長房錄》的《聶道真錄》卻記載寶女經四卷譯出時間是太康八年
四月二十七日而非二十日，再者《僧祐錄》寶女經四卷亦出於太康
八年四月二十七日，由此不難看出是《貞元錄》收錄寶女經四卷時
的筆誤。

弘道廣顯三昧經四卷（一名阿耨達龍王所問決諸狐疑清淨
品亦名入金剛問定意經凡十二品或二卷永嘉二年十二月出
見真祐二錄內典中別載阿耨達經誤也）[81]《貞元錄》

弘道廣顯三昧經二卷（永嘉二年三月出一云阿耨達一云阿

【78】唐・圓照，《貞元新定釋教目錄》，《大正藏》冊55，
　　　no.2157，頁791上。

【79】隋・費長房撰，《歷代三寶紀》，《大正藏》冊49，
　　　no.2034，頁62中。

【80】梁・僧祐撰，《出三藏記集》，《大正藏》冊55，
　　　no.2145，頁7下。

【81】唐・圓照，《貞元新定釋教目錄》，《大正藏》冊55，
　　　no.2157，頁792上。

耨達請佛一云金剛定意或無三昧字凡四名凡十品一本但
有七品少中三品一本正有前五品見聶道真錄）[82]《長房
錄・聶道真錄20》

弘道廣顯三昧經四卷（一名阿耨達龍王所問決諸狐疑清淨
品亦名入金剛問定意經凡十二品或二卷永嘉二年三月出見
真祐二錄內典中別載阿耨達經誤也）[83]《開元錄》

《貞元錄》與《開元錄》之弘道廣顯三昧經四卷條目的內容都
參考自真祐二錄，但兩錄所載之譯出時間卻有殊異，者前為永嘉二
年（308）十二月，後者卻為永嘉二年三月。再比對《長房錄》中
聶道真錄後，可以確認該經應出於永嘉二年三月而非十二月。

佛昇忉利天為母說法經二卷（初出或三卷亦云佛昇忉利天
品與道神且經等同本太始元年出見聶道真及僧祐錄）[84]
《貞元錄》

佛昇忉利天為母說法經二卷（太始年出亦云佛昇忉利天品
經見聶道真錄）[85]《長房錄・聶道真錄25》

佛昇忉利天為母說法經二卷（初出或三卷亦云佛昇忉利天

【82】隋・費長房撰，《歷代三寶紀》，《大正藏》冊49，
　　　no.2034，頁62中。

【83】唐・智昇撰，《開元釋教錄》卷2，《大正藏》冊55，
　　　no.2154，頁494下。

【84】唐・圓照，《貞元新定釋教目錄》，《大正藏》冊55，
　　　no.2157，頁791上。

【85】隋・費長房撰，《歷代三寶紀》，《大正藏》冊49，
　　　no.2034，頁62下。

品經與道神足經等同本太始年出見聶道真及僧祐錄）[86]
《開元錄》

　　《貞元錄》佛昇忉利天爲母說法經二卷太【泰】始元年
（265）出乃參考自聶道真及僧祐二錄，經查《長房錄》中《聶道
真錄》與《開元錄》僅只載爲太始年（265-270）出，《貞元錄》
縮短該經譯出時間在太【泰】始元年（265）。

　　（舊錄云胞胎受身經太康二年八月一日出初出與寶積處胎
　　會同本見聶道真錄及僧祐錄）[87]《貞元錄》
　　胞胎經一卷（太安二年八月一日譯或云胞胎受身經見聶道
　　真錄）[88]《長房錄‧聶道真錄50》
　　胞胎經一卷（舊錄云胞胎受身經）[89] 太安二年八月一日
　　出《祐錄》
　　胞胎經一卷（舊錄云胞胎受身經太安二年八月一日出與寶
　　積處胎會同本見聶道真錄及僧祐錄）[90]《開元錄》

【86】唐‧智昇撰，《開元釋教錄》卷2，《大正藏》冊55，
　　　no.2154，頁494上。
【87】唐‧圓照，《貞元新定釋教目錄》，《大正藏》冊55，
　　　no.2157，頁790下。
【88】隋‧費長房撰，《歷代三寶紀》，《大正藏》冊49，
　　　no.2034，頁63下。
【89】梁‧僧祐撰，《出三藏記集》，《大正藏》冊55，
　　　no.2145，頁8中。
【90】唐‧智昇撰，《開元釋教錄》卷2，《大正藏》冊55，
　　　no.2154，頁493中。

《貞元錄》胞胎受身經太康二年（281）八月一日出乃參考自真祐二錄，經查真祐二錄胞胎經一卷均譯出於太安二年（303）八月一日，前後相距二十二年，且太康爲晉武帝年號，太安則爲晉惠帝年號。此外《開元錄》亦記錄胞胎經一卷太安二年八月一日出，該經於太安二年（303）八月一日譯出是無庸置疑的。

　　從上述五組《聶道真錄》經錄比對中，可見《開元錄》與《貞元錄》同經目內容一致，但譯出時間均有出入，已隨上文說明釐清。接著下一節將就第二節依據《長房錄》所彙整之《聶道真錄》，與第三節考擄《僧祐錄》中竺法護譯經所確認的《聶道真錄》譯者，以及第四節與其他經錄比對後所釐清《聶道真錄》條目之譯出時間，以年表方式重整《聶道真錄》，從中再過濾討論所衍生出來的問題。

第五節　《聶道真錄》年表與相關問題

　　《長房錄》是最早明載有收錄《聶道真錄》的經錄，除了首尾兩條經目外，其他經目是按卷數多寡由十卷漸備一切智德經到一卷阿闍貰女經的方式排序。此種排列方式無法窺知譯經時間先後所引發的時代背景與環境變遷等問題。故筆者特依《聶道真錄》所有經目譯出時間先後製成年表，第一欄兩組編號，前者爲依年表新編號碼，後者括弧內號碼爲筆者給原聶道真錄的編號；第二譯者欄比對《聶道真錄》與《僧祐錄》確認出的譯者，其下載有《大正藏》出處者爲現存譯經；第三欄則爲《長房錄》原《聶道真錄》條目內容，如表6.4所示：

表6.4：《聶道真錄》年表

編號	譯出時間	譯者《出三藏記集》 T55 no2145 pp8c-9b	聶道真錄內容 《歷代三寶紀》卷6 T49 no2034 pp62a-64a
1 （1）	漢光和三年庚申年十月八日（180）	後漢支婁迦讖	（庚申）三（聶道真錄云。支婁迦讖十月八日於洛陽譯般舟三昧經二卷寶積經一卷）34a
2 （13）	太（泰）始元年（265）	西晉竺法護	無盡意經四卷（太始元年第二出。與阿差末同本別譯。出大集。見聶道真錄。或五卷）62b
3 （25）	太始元年（265）	西晉竺法護 T17no815p787b	佛昇忉利天為母說法經二卷（太始年出。亦云佛昇忉利天品經。見聶道真錄）62c
4 （6）	太始四年三月四日（268）	西晉竺法護	小品經七卷（太始四年三月四日譯。是第二出。或八卷。見聶道真錄。與舊道行經本同。文小異）62a
5 （21）	太始五年七月三日（269）	西晉竺法護 T12no378p912b	大般泥洹經二卷（太始五年七月三日出亦云方等泥洹經。見聶道真錄）62b
6 （45）	太始六年九月三十日（270）	西晉竺法護 T12no395p1118	賴吒和羅所問光德太子經一卷（太始六年九月三十日出。一名當來變經（見聶道真錄）63a
7 （18）	太始七年正月（271）	西晉竺法護 T49n2034p62b	超日明三昧經三卷（太始七年正月譯。初出。或兩卷。或直云超日明經。見聶道真錄）62b
8 （16）	太康五年十月十四日（284）	西晉竺法護 T09no266p219a	阿惟越致經四卷（或云阿惟越致遮經。或云不退轉法輪經四卷。或云廣博嚴淨經六卷。四經同本別譯。見聶道真錄）62b

9（10）	太康六年正月十九日（285）	西晉竺法護	生經五卷（太康六年正月十九日譯。或四卷。見聶道真錄）62c
10（22）	太康六年六月十七日（285）	西晉竺法護 T12no345p156a	大善權經二卷（慧上菩薩問大善權經/慧上菩薩經/善權方便/方便所度無極）62c
11（15）	太康六年七月十日（285）	西晉竺法護 T15no598p131c	海龍王經四卷（太康六年七月出。或三卷見聶道真錄）62b
12（7）	太康七年三月十日（286）	西晉竺法護 T15no585p1a	持心經六卷（太康七年出。凡十七品。一名等御諸法經。一名持心梵天所問經。一名莊嚴佛法經。亦云持心梵天經。見舊錄聶道真錄）62a
13（3）	太康七年八月十日（286）	西晉竺法護 T09no263p63a	正法華經十卷（太康七年出。清信士張士明張仲正及法獻筆受。或七卷。見聶道真錄曇遷誦之日一遍。遂感神請。九十日畢。施白馬一匹白羊五頭絹九十匹）62a
14（26）	太康八年正月十一日（287）	西晉竺法護 T11no315p770c	普門品經一卷（太康八年正月出。見聶道真錄）62c
15（14）	太康八年四月二十七日（287）	西晉竺法護 T13no399p452a	寶女經四卷（太康八年四月二十七日出。或三卷。亦云寶女三昧經。或云寶女問慧經。出大集見聶道真錄）62b
16（37）	太康十年四月八日（289）	西晉竺法護 T2no118p508	鴦掘魔經一卷（一名指鬘經或作鴦掘魔羅經。見聶道真錄）63a

17 （28）	太康十年 十二月二日 （289）	西晉竺法護 T12no338p89b	離垢施女經一卷（太康十年二 月二日出。見聶道真錄）62c
18 （31）	太康十年 十二月二日 （289）	西晉竺法護 T15no589p112a	魔逆經一卷（太康十年十二月 二日出。見聶道真錄）63a
19 （19）	泰熙元年七 月十四日 （290）	西晉竺法護	寶髻菩薩所問經二卷（泰熙元 年七月十四日出。大集一名菩 薩淨行經。舊錄云。寶髻經見 聶道真錄）62b
20 （42）	永平中 （291）出 9a	西晉竺法護	普法義經一卷（亦云普義經第 二譯與漢世安世高譯者大同小 異見聶道真錄）63b
21 （8）	元康元年四 月十三日 （291）	西晉竺法護	度世品經六卷（元康元年四月 十三日出。是華嚴經世間品。 見聶道真錄）62a
22 （24）	元康元年 四月九日 （291）	西晉竺法護	勇伏定經二卷（元康元年四月 九日出。是第四譯。與支讖支 謙白延等所出首楞嚴經本同名 異文少別。見聶真道錄）62c
23 （58）	元康元年 （291）	西晉竺法護	首楞嚴經二卷（元康元年出。 是第五譯。與二支一白一竺出 者文異本同見道真錄）64a
24 （5）	元康元年七 月二十一日 （291）	西晉竺法護	賢劫經七卷（元康元年出。趙 文龍筆受。或十卷十三卷。舊 錄云。永康年出。見聶道真 錄）62a
25 （11）	元康元年 十二月 二十五日 （291）	西晉竺法護 T10no291p592c	如來興顯經五卷（元康元年 十二月二十五日出。是華嚴經 如來性品。亦云興顯如幻經見 聶道真錄）62a

26 （55）	元康年 （291-299）	西晉竺法護	光世音大勢至受決經一卷（元康年出。亦直云觀世音受記經。見聶道真錄）64a
27 （54）	元康四年 十二月五日 （294）	西晉竺法護 T02no103p500a	聖法印經一卷（元康四年十二月五日。於酒泉郡出。竺法首筆受。亦直云聖印經。亦云慧印經。道安云。出雜阿含。見聶道真及寶唱錄）63c
28 （2）	元康七年 二十一月 二十一日 （297）	西晉竺法護 T10no285p458a	漸備一切智德經十卷（元康七年出。是華嚴十地品。或五卷。見聶道真錄）62a
29 （39）	永寧二年四 月十二日 （302）	西晉竺法護	五蓋疑結失行經一卷（永寧二年四月十二日出。見聶道真錄）63b
30 （9）	太安元年正 月（302）出 8c	西晉竺法護乾隆54 小乘阿含部（六）	樓炭經五卷（或六卷八卷是長阿含世記句文小異見聶道真錄。道安云。出方等部）62a
31 （51）	太安二年 四月一日 （303）	西晉竺法護	維摩詰所說法門經一卷（太安二年四月一日譯。是第三出。與漢世嚴佛調吳世支謙出者大同小異見聶道真錄）63c
32 （23）	太安二年四 月（303）	西晉竺法護 T14no565p921	順權方便經二卷（亦云轉女身菩薩經。亦云推權方便經。舊錄云。順權女經。見聶道真錄）62c
33 （46）	太安二年五 月（303）	西晉竺法護 T04no199p190a	五百弟子自說本起經一卷（太安二年五月譯。舊錄云五百弟子說本末經。見聶道真錄）63c

34 （32）	大（太）安二年五月十七日（303）	西晉竺法護 T12no349p186c	彌勒菩薩所問本願經一卷（大安二年五月十七日譯。一名彌勒菩薩本願經。一名彌勒難經。見聶道真錄及竺道祖錄）63a
35 （35）	太安二年五月（303）	西晉竺法護	佛為菩薩五夢經一卷（太安二年五月譯。一名佛五夢。一名太子五夢。一名仙人五夢。見舊錄及聶道真錄）63a
36 （50）	太安二年八月一日（303）	西晉竺法護 T11no317p886a	胞胎經一卷（太安二年八月一日譯。或云胞胎受身經。見聶道真錄）63b
37 （33）	太安二年十一月（303）	西晉竺法護	彌勒成佛經一卷（太安二年出。一名彌勒當來下生經見聶道真錄）63a
38 （47）	大【太】安年（302-303）	失譯人名附三秦錄	師子月佛生經一卷（大安年譯。見聶道真錄）63c
39 （49）	太安年（302-303）	西晉竺法護小乘阿含部第663經	奈女耆域經一卷（太安年出。一名奈女經。見聶道真錄）63c
40 （38）	太安三年正月（304）	西晉竺法護 T17no737p539b	所欲致患經一卷（太安三年正月譯。見聶道真及王宗等錄）63b
41 （43）	光熙元年八月十四日（306）	西晉竺法護 T14no435p105b	滅十方冥經一卷（光熙元年八月十四日出。一本無滅字。見聶道真錄）63b

42 （40）	永嘉元年 三月三日 （307）	西晉竺法護 T15no636p507b	無極寶三昧經一卷（永嘉元年 三月三日譯。見聶道真錄及別 錄）63b
43 （12）	永嘉元年 十二月一日 （307）	西晉竺法護 T13no403p583a	阿差末經四卷（永嘉元年十二 月一日譯。是第二出。或五卷 七卷。出大集或云阿差末菩薩 經。見聶道真錄及別錄）62b
44 （20）	永嘉二年三 月（308）	西晉竺法護 T15no635p488b	弘道廣顯三昧經二卷（永嘉二 年三月出。一云阿耨達。一云 阿耨達請佛一云金剛門定意。 或無三昧字。凡四名有十品。 一本但有七品少中三品一本正 有前五品。見聶道真錄）62b
45 （4）	永嘉二年五 月（308）	西晉竺法護 T03no186p483a	普曜經八卷（永嘉二年。於天 水寺出。是第三譯。沙門康殊 白法巨等筆受。與蜀普曜及智 猛寶雲所出六卷者小異。見聶 道真及古緣【錄】）62a
46 （27）	建興元年 十二月 二十六日 （313）	西晉竺法護 T17no817p817a	大淨法門經一卷（建興元年 十二月二十六日出。見聶道真 錄）62c
47 （57）	建武元年 （317）	西晉竺法護 T12no337p83c	阿闍貰女經一卷（建武元年 出。第二譯。與吳世支謙譯者 小異。亦名阿述達經亦名。阿 闍世王女經。亦名阿述達菩薩 經。見聶道真及支敏度錄）64a
48 （17）	284-308	西晉竺法護 T12no381p978b	等集眾德三昧經三卷（或云。 集一切福德三昧經。或二卷。 見聶道真錄）62b

49 （29）	284-308	西晉竺法護 T12no334p76b	須摩提菩薩經一卷（亦云須摩提經。亦云須摩經。見聶道真及竺道祖等錄）62c
50 （30）	284-308	西晉竺法護 T17no813p775	無所悕望經一卷（亦云象步經亦云象腋經。見聶道真錄）63a
51 （34）	284-308	西晉竺法護	寶施女經一卷（一名須摩提法律三昧經。見聶道真錄）63a
52 （36）	284-308	西晉竺法護 T17no770p706b	四不可得經一卷（見聶道真及正度等錄）63a
53 （41）	284-308	西晉竺法護	寶網童子經一卷（亦云寶網經。見聶道真錄）63b
54 （44）	284-308	西晉竺法護	溫室洗浴眾僧經一卷（一名溫室經。見聶道真錄）63b
55 （48）	284-308	西晉竺法護	迦葉結集傳經一卷（或云結集戒經。見聶道真錄）63c
56 （52）	284-308	西晉竺法護 T12no324p31a	幻士仁賢經一卷（見聶道真錄）63c
57 （53）	284-308	西晉竺法護 T13no401p522c	無言童子經一卷（或二卷亦云無言菩薩經。出大集。見聶道真錄）63c
58 （56）	284-308	西晉竺法護	普首童真經一卷（見聶道真錄）64a
		37/17	

由表6.4《聶道真錄》年表可見該錄所收錄經目最早始於支婁
迦讖於漢光和三年（180）庚申年十月八日在洛陽譯般舟三昧經二
卷寶積經一卷，最晚迄建武元年（317）西晉竺法護譯阿闍貰女經
一卷，前後137年期間，共收錄了經錄五十八條計五十九部一四六
卷譯經。第二部始於西晉竺法護太（泰）始元年（265）譯無盡意
經四卷，與第一部支婁迦讖譯經差了85年，這期間尚出現許多其
他早期譯經，如後漢靈帝中平二年（185）西域僧支曜《成具光明
經》、後漢獻帝興平元年（194）康孟詳譯《四諦經》等，[91]聶
道真為何單收錄支婁迦讖譯般舟三昧經二卷寶積經一卷？且當時聶
道真仍未出世，為何突然收錄近百年前與其無關支婁迦讖譯經目？
再者，這85年期間支婁迦讖譯經尚有中平二年（185）譯《首楞嚴
經》二卷，以及與般舟三昧經二卷寶積經一卷同時譯出的《般若道
行品經》等，為何聶道真獨衷般舟三昧經二卷與寶積經一卷？除非
聶道真隨竺法護筆受期間，竺法護曾再譯支婁迦讖譯過般舟三昧經
二卷寶積經一卷，經查《僧祐錄》竺法護諸譯經中，確有般舟三昧
經二卷。[92]

　　迄今雖然無法考據出所有竺法護譯經的時間與地點，但透過
《聶道真錄》年表及幾條經目的譯經地點，多少可以勾勒出竺法護
五十餘年譯經弘講的路線。竺法護早在晉武帝太始元年（265）即
攜帶大批胡本經典至東土，於長安譯出編號2與3的無盡意經四卷與

【91】　梁‧僧祐撰，《出三藏記集》，《大正藏》冊55，
　　　　no.2145，頁14。
【92】　梁‧僧祐撰，《出三藏記集》，《大正藏》冊55，
　　　　no.2145，頁8上。

佛昇忉利天爲母說法經二卷。[93] 之後至太始七年（271）正月譯出超日明三昧經三卷的六年期間，《矗道真錄》又收錄了五部竺法護譯經目，應該都是出於長安。此後271-284年共十三年期間就沒有出現任何經目，這時期應是竺法護發憤立志弘法求取《般若經》，隨師去遊歷西域諸國。直到武帝太康五年（284）竺法護於敦煌譯出《修行道地經》七卷[94]、及編號8《阿惟越致遮經》四卷，當時竺法護師徒已在回長安的路上。編號15寶女經四卷即是竺法護於太康八年四月二十七日（287）回到長安後譯出，三年後的泰熙元年（290）七月十日竺法護再轉至洛陽譯出編號19寶髻菩薩所問經二卷，元康四年十二月五日（294）又回到往敦煌路上的涼州酒泉郡譯出聖法印經一卷，到了永嘉二年五月（308）竺法護在回長安方向的秦州天水寺譯出普曜經八卷。這期間竺法護譯經共有三十七部一〇八卷被收入在《矗道真錄》。另有編號48到58計十一部十三卷無法確認譯出時間者，全歸爲竺法護由西域返回長安後到懷帝永嘉二年的284-308年間譯出。可見竺法護由西域歸來（284）直到懷帝永嘉二年（308），二十幾年歲月的譯經地點，並非都在長安。

《僧祐錄》載竺法護譯經始於武帝世太始元年（265）至懷帝世永嘉二年（308）。[95]《開元錄》起於武帝太始二年（266）景

【93】唐・僧詳撰，《法華傳記》，《大正藏》冊51，no.2068，頁54中。

【94】梁・僧佑撰，《出三藏記集》，《大正藏》冊55，no.2145，頁19。

【95】梁・僧佑撰，《出三藏記集》，《大正藏》冊55，no.2145，頁64上。

戌至愍帝建興元年癸酉（313）。[96]《聶道真錄》則始於太始元年（265）至建武元年（317），譯經時間最長。由《聶道真錄》年表顯見在永嘉二年後，尚收錄了兩部竺法護譯經目，分別為編號46建興元年（313）十二月二十六日出大淨法門經一卷與編號47建武元年（317）出阿闍貰女經一卷。然而，阿闍貰女經一卷譯出時間已是竺法護圓寂（316）翌年。若此，很有可能是由聶道真繼續完成該經的譯事，故為《聶道真錄》最後所收錄譯經。《開元錄》亦載道真從武帝太康初至懷帝永嘉末其間詢稟諮承竺法護筆受，及護歿後真遂自譯。[97]《僧祐錄》載道真為竺法護筆受之三部譯經時間分別為太康十年（289）魔逆經[98]與文殊師利淨律經[99]及元康元年（291）如來大哀經[100]，其中唯有魔逆經收錄在《聶道真錄》中。由此推斷道真是在竺法護西域歸來後，才在洛陽加入其筆受行列。此時道真約為二十歲，執司筆受較為合理。在竺法護前後半世紀譯經期間，其大量譯經集中在西域歸來後的晉惠帝元康元年（291）一年內共譯經六部二十三卷，與太安二年（303）四月迄

【96】唐・智昇撰，《開元釋教錄》卷2，《大正藏》冊55，no.2154，頁496下。

【97】唐・智昇撰，《開元釋教錄》卷2，《大正藏》冊55，no.2154，頁501上。

【98】梁・僧佑撰，《出三藏記集》，《大正藏》冊55，no.2145，頁50中。

【99】梁・僧佑撰，《出三藏記集》，《大正藏》冊55，no.2145，頁51中。

【100】梁・僧佑撰，《出三藏記集》，《大正藏》冊55，no.2145，頁63中。

十一月半年內共譯經七部八卷，筆者推測這段時間是在竺法護避難於涼州，尚未轉至秦州之前。

《聶道真錄》眾條目中，筆受者不全然是聶道真本人，如正法華經十卷，是由清信士張士明張仲正及法獻等筆受；普曜經八卷是由沙門康殊白法巨等筆受；賢劫經七卷由趙文龍筆受；聖法印經一卷則由竺法首筆受。既然《聶道真錄》非全然是聶道真為竺法護筆受的譯經，也未收錄竺法護全部的譯經，如武帝太康五年（284）二月竺法護譯出《修行道地經》七卷、十月譯《阿惟越致遮經》四卷，唯有後者被收入《聶道真錄》，聶道真當時是依據什麼因緣條件只收錄這五十八條經目？相當耐人尋味，亦可做為未來的延伸研究。

第六節　結論

西晉《聶道真錄》的經目錄是聶道真隨著竺法護佛經翻譯事業的開展而編撰，該佛經目錄不能算是體例完整的目錄，但在開啟隋、唐之後佛經目錄發展的基礎上不無貢獻。本章除還原《聶道真錄》原貌外，還在與其他經錄比對的過程中，實地瞭解到各相關經錄的概況與差異，並澄清了下列四項疑點：

一、《聶道真錄》非全為竺法護譯經專錄：現存最早《僧佑撰》，未有明顯收錄《聶道真錄》的痕跡。但在《費長房》中，考證出「見聶道真錄」為依據的五十八條依卷數大小排列的《聶道真錄》經目錄，合計五十九部一五七卷譯經。其中第一條支婁迦讖於後漢光和三年（180）十月八日於洛陽譯出般舟三昧經二卷、寶積經一卷，與第四十七條師子月佛生經非為竺法護譯經，其失譯人名

附三秦錄。足證《聶道真錄》非全爲竺法護譯經專錄，可以釐清貞元錄竺法護撰眾經錄一卷即是聶道真錄之懷疑。然而《聶道真錄》雖非竺法護譯經專錄，但佔有率高達百分之九十五，惜未能完整收錄所有竺法護譯經，因而導致該錄未能受到後世的重視。

二、《聶道真錄》收錄經目迄竺法護歿翌年：《聶道真錄》年表所收錄五十八條經目前後長達一三七年，最早始於支婁迦讖於漢光和三年（180）十月八日在洛陽譯般舟三昧經二卷寶積經一卷，此時竺法護與聶道真都尚未出世，但因竺法護再譯支婁迦讖譯般舟三昧經二卷，而被收錄爲《聶道真錄》最早譯出經目。最晚迄建武元年（317）阿闍貰女經一卷的譯出，此時已爲竺法護寂歿翌年。可能是由聶道真繼續完成該經的譯事，故爲《聶道真錄》最後所收錄譯經。

三、《聶道真錄》竺法護經目非全爲聶道真筆受：《聶道真錄》所收錄竺法護譯經目，非全爲聶道真筆受，故非如長房錄所謂聶道真筆受竺法護所譯經之目錄。《僧祐錄》記載聶道真爲竺法護筆受之三部譯經時間分別爲太康十年（289）魔逆經與文殊師利淨律經及元康元年（291）如來大哀經，其中唯魔逆經被收錄在《聶道真錄》中。由此可以推測聶道真是在竺法護西域歸來後，才在洛陽加入竺法護筆受行列。此時聶道真約爲二十歲。

四、《聶道真錄》年表透露竺法護譯經路線：《聶道真錄》年表可以勾勒出竺法護五十餘年譯經弘講的路線，竺法護早在晉武帝太（泰）始元年（265）即攜帶大批胡本經典至東土，於長安陸續譯出編號2-7的無盡意經四卷等六部十九卷經。此後271-284年共13年期間，竺法護隨師遊歷西域諸國，故沒有任何經目出現。直到武帝太康五年（284）竺法護於敦煌譯出《修行道地經》七卷，太康

八年四月二十七日（287）回到長安後繼續譯經事業，三年後的泰熙元年（290）七月十日竺法護再轉至洛陽譯出編號19寶髻菩薩所問經二卷，之後元康四年十二月五日（294）又回到往敦煌路上的涼州酒泉郡譯出聖法印經一卷，到了永嘉二年五月（308）竺法護在回長安方向的秦州天水寺譯出普曜經八卷。這期間竺法護譯經共有三十七部一〇八卷被收入在《聶道真錄》。在竺法護前後半世紀譯經期間，其大量譯經集中在西域歸來後的晉惠帝元康元年（291）內共譯出六部二十三卷，與太安二年（303）四月迄十一月之半年內共譯出七部八卷，這段時間推測是竺法護避難於涼州，尚未轉至秦州之前。可見竺法護一生各地弘化，並隨處譯經。

參考書目

一、原典

西晉・竺法護譯，《阿差末菩薩經》，《大正藏》冊13，no.403，台北：新文豐出版公司，1987。

西晉・竺法護譯，《文殊師利悔過經》，《大正藏》冊14，no.459。

西晉・竺法護譯，《文殊師利淨律經》，《大正藏》冊14，no.460。

西晉・聶道真譯，《異出菩薩本起經》一卷，《大正藏》冊3，no.188。

西晉・聶道真譯，《諸菩薩求佛本業經》一卷，《大正藏》冊10，no.282。

西晉・聶道真譯，《大寶積經・無垢施菩薩答辯會》一卷，《大正藏》冊11，no.310。

西晉・聶道真譯，《佛說文殊師利般涅槃經》一卷，《大正藏》冊14，no.463。

西晉・聶道真譯，《三曼陀跋陀羅菩薩經》一卷，《大正藏》冊14，no.483。

西晉・聶道真譯，《菩薩受齋經》一卷，《大正藏》冊24，no.1502。

梁・僧佑撰，《出三藏記集》卷2，《大正藏》冊55，no.2145。

新為失譯人名附三秦錄，《師子月佛生經》，《大正藏》冊3，no.176。

隋・費長房撰，《歷代三寶紀》卷2，《大正藏》冊49，no.2034。

隋・法經等撰，《眾經目錄》，《大正藏》冊55，no.2146。

唐・湛然述，《法華文句記》卷8，《大正藏》冊34，no.1719。

唐・道宣撰，《大唐內典錄》卷2，《大正藏》冊55，no.2149。

唐・明佺撰，《大周刊定眾經目錄》卷2，《大正藏》冊55，no.2153。

唐・智昇撰，《開元釋教錄》卷2，《大正藏》冊55，no.2154。

唐・圓照撰，《貞元新定釋教目錄》卷2，《大正藏》冊55，no.2157。

唐・僧詳撰，《法華傳記》，《大正藏》冊51，no.2068。

二、專書

梁啟超<佛家經錄在中國目錄之位置>，張曼濤主編（民67），《佛教目錄學述要》冊40，台北：大乘佛教出版社，頁21-52。

張曼濤主編（1978），《佛教目錄學述要》，臺北：大乘文化出版社。

黃懺華（1940），《中國佛教史略—西晉佛教》，吉林出版集團出版
　　社。

星雲監修（2007），《世界佛教史年表》，高雄市：佛光文化事業有
　　限公司。

慈怡主編（1988），《佛光大辭典》，高雄市：佛光文化事業有限公
　　司。

三、期刊及學位論文

（一）期刊論文：

阮忠仁（1990），〈從《歷代三寶紀》論費長房的史學特質及意
　　義〉，《東方宗教研究》新一期，頁93-129。

梅迺文（1996），〈竺法護的翻譯初探〉，《中華佛學學報》，第九
　　期，頁49-64。

陳士強（2012），〈漢傳佛教目錄學小史〉，《內明》，第二四二
　　期，頁3。

釋永東（2009），〈論《菩薩受齋經》之生命轉化教育〉，《新世紀
　　宗教研究》，第八卷第二期，頁82-122。

（二）學位論文：

陳莉玲（1992），《中國佛教經錄譯典之分類研究》，新北市：淡江
　　大學中國文學研究所碩士論文。

黃碧姬（2008），〈費長房《歷代三寶紀》研究〉，華梵大學東方人
　　文思想研究所碩士論文。

趙詠萱（2011），《開元釋教錄》研究，台北：國立臺北大學古典文
　　獻與民俗藝術研究所古典文獻組碩士論文。

> # 附錄：房錄中聶道眞錄原文
> ## （費長房《歷代三寶紀》卷6T49No2034pp62a-64a）

1.（庚申）三（聶道眞錄云。支妻迦讖十月八日於洛陽譯般舟三昧經二卷寶積經一卷）
　　（p.34a）

2.漸備一切智德經十卷（元康七年出。是華嚴十地品。或五卷。見聶道眞錄）

3.正法華經十卷（太康七年出。清信士張士明張仲正及法獻等筆受。或七卷。見聶道眞錄
　　曇邃誦之一日一遍。遂感神請。九十日畢。施白馬一匹白羊五頭絹九十匹）

4.普曜經八卷（永嘉二年。於天水寺出。是第三譯。沙門康殊白法巨等筆受。與蜀普曜及智
　　猛寶雲所出六卷者小異。見聶道眞及古緣【錄】）

5.賢劫經七卷（元康元年出。趙文龍筆受。或十卷十三卷。舊錄云。永康年出。見聶道眞
　　錄）

6.小品經七卷（太始四年三月四日譯。是第二出。或八卷。見聶道眞錄。與舊道行經本同。
　　文小異）

7.持心經六卷（太康七年出。凡十七品。一名等御諸法經。一名持心梵天所問經。一名莊嚴
　　佛法經。亦云持心梵天經。見舊錄聶道眞錄）

8.度世品經六卷（元康元年四月十三日出。是華嚴經世間品。見聶道眞錄）

9.樓炭經五卷（或六卷八卷是長阿含世記句文小異見聶道眞錄。道安云。出方等部）

10.生經五卷（太康六年正月十九日譯。或四卷。見聶道眞錄）

11.如來興顯經五卷（元康元年十二月二十五日出。是華嚴經如來性品。亦云興顯如幻經
　　見聶道眞錄）

12.阿差末經四卷（永嘉元年十二月一日譯。是第二出。或五卷七卷。出大集或云阿差末菩

薩經。見聶道真錄及別錄）

13.無盡意經四卷（太始元年第二出。與阿差末同本別譯。出大集。見聶道真錄。或五卷）

14.寶女經四卷（太康八年四月二十七日出。或三卷。亦云寶女三昧經。或云寶女問慧經。
　　出大集見聶道真錄）

15.海龍王經四卷（太康六年七月出。或三卷見聶道真錄）

16.阿惟越致經四卷（或云阿惟越致遮經。或云不退轉法輪經四卷。或云廣博嚴淨經六
　　卷。四經同本別譯。見聶道真錄）

17.等集眾德三昧經三卷（或云。集一切福德三昧經。或二卷。見聶道真錄）

18.超日明三昧經三卷（太始七年正月譯。初出。或兩卷。或直云超日明經。見聶道真錄）

19.寶髻菩薩所問經二卷（泰熙元年七月十四日出。大集一名菩薩淨行經。舊錄云。寶髻
　　經見聶道真錄）

20.弘道廣顯三昧經二卷（永嘉二年三月出。一云阿耨達。一云阿耨達請佛一云金剛門定
　　意。或無三昧字。凡四名有十品。一本但有七品少中三品一本正有前五品。見聶道真
　　錄）

21.大般泥洹經二卷（太始五年七月三日出亦云方等泥洹經。見聶道真錄）

22.大善權經二卷（太康六年六月譯。初出亦云慧上菩薩問大善權經。或云慧上菩薩經。或
　　善權方便。或方便所度無極。凡五名見聶道真錄）

23.順權方便經二卷（亦云轉女身菩薩經。亦云推權方便經。舊錄云。順權女經。見聶道
　　真錄）

24.勇伏定經二卷（元康元年四月九日出。是第四譯。與支讖支謙白延等所出首楞嚴經本同
　　名異文少別。見聶真道錄）

25.佛昇忉利天為母說法經二卷（太始年出。亦云佛昇忉利天品經。見聶道真錄）

26.普門品經一卷（太康八年正月出。見聶道真錄）

27.大淨法門經一卷（建興元年十二月二十六日出。見聶道真錄）

28.離垢施女經一卷（太康十年二月二日出。見聶道真錄）

29.須摩提菩薩經一卷（亦云須摩提經。亦云須摩經。見聶道真及竺道祖等錄）

30.無所怖望經一卷（亦云象步經亦云象腋經。見聶道真錄）

31.魔逆經一卷（太康十年十二月二日出。見聶道真錄）

32.彌勒菩薩所問本願經一卷（大安二年五月十七日譯。一名彌勒菩薩本願經。一名彌
　　勒難經。見聶道真錄及竺道祖錄）

33.彌勒成佛經一卷（太安二年出。一名彌勒當來下生經見聶道真錄）

34.寶施女經一卷（一名須摩提法律三昧經。見聶道真錄）

35.佛為菩薩五夢經一卷（太安二年五月譯。一名佛五夢。一名太子五夢。一名仙人五
　　夢。見舊錄及聶道真錄）

36.四不可得經一卷（見聶道真及正度等錄）

37.鴦掘魔經一卷（一名指鬘經或作鴦掘魔羅經。見聶道真錄）

38.所欲致患經一卷（太安三年正月譯。見聶道真及王宗等錄）

39.五蓋疑結失行經一卷（永寧二年四月十二日出。見聶道真錄）

40.無極寶三昧經一卷（永嘉元年三月三日譯。見聶道真錄及別錄）

41.寶網童子經一卷（亦云寶網經。見聶道真錄）

42.普法義經一卷（亦云普義經第二譯與漢世安世高譯者大同小異見聶道真錄）

43.滅十方冥經一卷（光熙元年八月十四日出。一本無滅字。見聶道真錄）

44.溫室洗浴眾僧經一卷（一名溫室經。見聶道真錄）

45.當來變經一卷（見聶道真錄）

46.五百弟子自說本起經一卷（太安二年五月譯。舊錄云五百弟子說本末經。見聶道真
　　錄）

47.師子月佛生經一卷（大安年譯。見聶道真錄）

48.迦葉結集傳經一卷（或云結集戒經。見聶道真錄）

49.柰女耆域經一卷（太安年出。一名柰女經。見聶道真錄）

50.胞胎經一卷（太安二年八月一日譯。或云胞胎受身經。見聶道真錄）

51.維摩詰所說法門經一卷（太安二年四月一日譯。是第三出。與漢世嚴佛調吳世支謙
出者大同小異見聶道真錄）

52.幻士仁賢經一卷（見聶道真錄）

53.無言童子經一卷（或二卷亦云無言菩薩經。出大集。見聶道真錄）

54.聖法印經一卷（元康四年十二月五日。於酒泉郡出。竺法首筆受。亦直云聖印經。亦云
慧印經。道安云。出雜阿含。見聶道真及寶唱錄）

55.光世音大勢至受決經一卷（元康年出。亦直云觀世音受記經。見聶道真錄）

56.普首童真經一卷（見聶道真錄）

57.阿闍貰女經一卷（建武元年出。第二譯。與吳世支謙譯者小異。亦名阿述達經亦名。
阿闍世王女經。亦名阿述達菩薩經。見聶道真及支敏度錄）

58.首楞嚴經二卷（元康元年出。是第五譯。與二支一白一竺出者文異本同見道真錄）

（本論文刊載於外審期刊《新世紀宗教研究》2014年3月25日第
十二卷第三期，頁139-190。）

一、〈聶道眞譯經之研究〉接受刊登證明

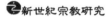
新世紀宗教研究

台灣新北市 234 永和區中山路 1 段 236 號 6 樓
Tel:886-2-8231-6789#1807,1811　Fax:886-2-8231-1010

刊　登　證　明

茲證明投稿人釋永東教授（任職單位：佛光大學佛教學系所　職稱：副教授）於
2013年02月03日，投稿〈聶道真之譯經研究〉論文乙篇至《新世紀宗教研究》
季刊。期間經新世紀宗教研究編輯委員會與兩位外聘審查委員之審核，於2013
年05月26日審查通過予以採用，將刊登於本刊《新世紀宗教研究季刊》，特此函
告。

《新世紀宗教研究》編輯部

中華民國 102 年 10 月 23 日

二、〈無垢施與維摩詰問難之比較〉接受刊登證明

新世紀宗教研究

台灣新北市 234 永和區中山路 1 段 236 號 6 樓
Tel:886-2-8231-6789#1807,1811　Fax:886-2-8231-1010

刊　登　證　明

茲證明投稿人釋永東教授（任職單位：佛光大學佛教系所　職稱：副教授）於2013
年09月07日，投稿〈無垢施與維摩詰問難之比較研究〉論文乙篇至《新世紀宗
教研究》季刊。期間經新世紀宗教研究編輯委員會與兩位外聘審查委員之審核，
於2013年10月11日審查通過並已依審校意見修改完畢，故予以採用。將刊登於
本刊《新世紀宗教研究季刊》，特此函告。

《新世紀宗教研究》編輯部

中華民國 102 年 10 月 23 日

三、〈聶道眞翻譯《大寶積經・無垢施菩薩應辯會》
之譬喻及其特色〉接受刊登證明

新世紀宗教研究

台灣新北市 234 永和區中山路 1 段 236 號 6 樓
Tel:886-2-8231-6789#1807,1811　Fax:886-2-8231-1010

刊　登　證　明

茲證明投稿人釋永東教授（任職單位：佛光大學佛教系所　職稱：副教授）於2014
年01月19日，投稿〈聶道眞翻譯《大寶積經無垢施菩薩應辯會》之譬喻及其特
色研究〉論文乙篇至《新世紀宗教研究》季刊。期間經新世紀宗教研究編輯委
員會與兩位外聘審查委員之審核，於2014年03月10日審查通過予以採用，將刊
登於本刊《新世紀宗教研究季刊》，特此函告。

《新世紀宗教研究》編輯部

中華民國 103 年 3 月 10 日

國家圖書館出版品預行編目資料

西晉聶道真居士譯經考/ 釋永東 著 --初版--
臺北市：蘭臺出版 2014.5
ISBN：978-986-6231-82-7（平裝）
1.佛經 2.翻譯 3.研究考訂
221   103007075

佛教研究叢刊 8

西晉聶道真居士譯經考

作　　者：釋永東
美　　編：康美珠
封面設計：鄭荷婷
執行編輯：張加君
出 版 者：蘭臺出版社
發　　行：博客思出版社
地　　址：台北市中正區重慶南路1段121號8樓14
電　　話：(02)2331-1675或(02)2331-1691
傳　　真：(02)2382-6225
E—MAIL：books5w@gmail.com
網路書店：http://bookstv.com.tw/
　　　　　http://store.pchome.com.tw/yesbooks/
　　　　　博客來網路書店、博客思網路書店、華文網路書店、三民書局
總 經 銷：成信文化事業股份有限公司
劃撥戶名：蘭臺出版社 帳號：18995335
香港代理：香港聯合零售有限公司
地　　址：香港新界大蒲汀麗路36號中華商務印刷大樓
　　　　　C&C Building, 36,Ting, Lai, Road, Tai,Po, New,Territories
電　　話：(852)2150-2100　傳真：(852)2356-0735
總 經 銷：廈門外圖集團有限公司
地　　址：廈門市湖裡區悦華路8號4樓
電　　話：86-592-2230177
傳　　真：86-592-5365089
出版日期：2014年5月 初版
定　　價：新臺幣450元整（平裝）
ISBN：978-986-6231-82-7